Kronik

TÜRKLERİN TARİHİ
Orta Asya'nın Bozkırlarından Avrupa'nın Kapılarına

—

İLBER ORTAYLI

KRONİK KİTAP: 321
Türkiye Tarihi Dizisi: 40

YAYIN YÖNETMENİ
Adem Koçal

YAYINA HAZIRLAYANLAR
Engin Atatimur
Adem Koçal
Yunus Emre Tozal

EDİTÖR
Can Uyar
Serkan Acar

KAPAK TASARIMI
Kutan Ural

MİZANPAJ
Kronik Kitap

1. Baskı, Eylül 2022, İstanbul
17. Baskı, Mart 2026, İstanbul

ISBN
978-625-8431-82-7

KRONİK KİTAP
Şakayıklı Sk. N°8, Levent
İstanbul - 34330 - Türkiye
Telefon: (0212) 243 13 23
Faks: (0212) 243 13 28
kronik@kronikkitap.com

Kültür Bakanlığı Yayıncılık Sertifika No: 49639

www.kronikkitap.com
kronikkitap

BASKI VE CİLT
Optimum Basım
Tevfikbey Mah. Dr. Ali Demir Cad. No: 51/1
34295 K. Çekmece / İstanbul
Telefon: (0212) 463 71 25
Matbaa Sertifika No: 41707

TÜRKLERİN TARİHİ

ORTA ASYA'NIN BOZKIRLARINDAN AVRUPA'NIN KAPILARINA

İLBER ORTAYLI

Kronik

İLBER ORTAYLI

1947 yılında doğdu. İlk ve orta öğrenimini İstanbul ve Ankara'da tamamladı. Ankara Atatürk Lisesi'nden mezun oldu. Ankara Üniversitesi Siyasal Bilgiler Fakültesi (1969) ile Ankara Üniversitesi Dil ve Tarih-Coğrafya Fakültesi Tarih Bölümü'nü bitirdi. Viyana Üniversitesi'nde Slavistik ve Orientalistik okudu. Chicago Üniversitesi'nde yüksek lisans çalışmasını Prof. Dr. Halil İnalcık ile yaptı. *Tanzimat Sonrası Mahalli İdareler* ile doktora derecesi, 1979'da *Osmanlı İmparatorluğu'nda Alman Nüfuzu* çalışmasıyla da doçent unvanı aldı. 1983'te istifa etti. Viyana, Paris EHESS, Kudüs, Oxford, Berlin ve Moskova üniversitelerinde misafir öğretim üyeliğiyle birlikte seminerler ve konferanslar verdi. Yerli ve yabancı bilimsel dergilerde Osmanlı tarihinin 16.-19. yüzyılı ve Rusya tarihiyle ilgili makaleler yayımladı. 1989'da Ankara Üniversitesi Siyasal Bilgiler Fakültesi İdare Tarihi bilim dalı başkanı olarak göreve başladı. Bilkent Üniversitesi'nde öğretim üyeliği yaptı. 2005-2012 yılları arasında Topkapı Sarayı Müzesi Başkanlığı görevini sürdürdü. 2002-2014 yılları arasında Galatasaray Üniversitesi Hukuk Fakültesi'nde Hukuk Tarihi bilim dalı başkanlığı yapan Ortaylı, hâlen bu üniversitede ve Medipol Üniversitesi'nde öğretim üyesi olarak ders vermeye devam etmektedir. Kendisiyle Almanca, İngilizce, Fransızca, Rusça yazışmak mümkündür. Ortaylı ayrıca Uluslararası Osmanlı Etüdleri ve Avrupa İranoloji Cemiyeti üyesi, Rusya Federasyonu Bilimler Akademisi Şarkiyat Şubesi onursal profesörü ve Bosna Hersek, Makedonya ve Karadağ Bilim ve Sanat akademileri üyesidir.

YAYINEVİMİZDEKİ DİĞER KİTAPLARI:

Osmanlı Devleti'nde Kadı
İlber Ortaylı Seyahatnamesi
Cumhuriyet'in İlk Yüzyılı
Türklerin Altın Çağı
Türkiye'nin Yakın Tarihi
İmparatorluğun En Uzun Yüzyılı
Osmanlı İmparatorluğu'nda Alman Nüfuzu
Osmanlı Toplumunda Aile
Gazi Mustafa Kemal Atatürk
Defterimden Portreler
Bir Ömür Nasıl Yaşanır?
Ottoman Studies
İstanbul'dan Sayfalar
Discovering the Ottomans
Eski Dünya Seyahatnamesi
Yakın Tarihin Gerçekleri
The Empire's Longest Century
Türkiye Teşkilat ve İdare Tarihi
İnsan Geleceğini Nasıl Kurar?
Türklerin Tarihi 2
Atatürk ve Dünyası
Zaman Kaybolmaz
Dakikalar İçinde Atatürk ve Dünyası
Cumhuriyet'in Doğuşu
Fâtih Sultan Mehmed
Kuruluş

İÇİNDEKİLER

	ÖNSÖZ	7
1	TÜRKLERİN ORTADOĞU SAHNESİNE ÇIKIŞI	11
2	TÜRKLERİN DEVLET ANLAYIŞI VE İSLAM'LA TANIŞMALARI	29
3	DÜNYA TARİHİNDE TÜRKLERİN YERİ	45
4	TÜRK YAZISI, ALFABESİ VE DİLİ	61
5	SÂSÂNÎLER	77
6	KARAHANLILAR	93
7	GAZNELİLER	105
8	SELÇUKLULAR VE MALAZGİRT SAVAŞI	119
9	SELÇUKLULARDA DEVLET YÖNETİMİ	137
10	SELÇUKLULARDA TOPLUMSAL YAŞAM VE DİL	149
11	SELÇUKLULARDA ŞEHİR HAYATI	167
12	ANADOLU SELÇUKLULARI VE BİZANS	177
13	II. KILIÇARSLAN DÖNEMİ	195
14	BEYLİKLER DÖNEMİ VE OSMANLI BEYLİĞİ	205
15	OSMANLI'NIN KURULUŞ ZAMANINDA ORTA ASYA VE ANADOLU	219
16	OSMANLI'NIN DOĞUŞU	233
	SON SÖZ	251
	İNDEKS	255

ÖNSÖZ

Eski dünya kıtaları tarihinin hemen hiçbir safhası, dünya coğrafyasının hemen hiçbir önemli parçası yoktur ki orada Türkler olmasın. Türkler olmadan hiçbir önemli Avrupa devletinin millî tarihi incelenemez. Yine aynı şekilde hiçbir Ortadoğu ülkesinin, hiçbir Rus-Slav ülkesinin millî tarihi ve kimliği Türkler hesaba katılmadan anlaşılamaz. Bu, Orta Çağların derinliklerinden başlar ve yakın zamanlara kadar devam eder. Öyle ki Türkler olmadan Orta Çağ olamaz, Rönesans olamaz, I. Cihan Harbi anlaşılamaz.

En mühimi ise şudur: Bazılarının iddialarının aksine, Türk tarihi ve Türk milliyetçi düşüncesi bir eğitim aracı değildir. Okullarımızda faşist bir eğitim verildiğini, tarih ders kitaplarımızın insanları körü körüne milliyetçi yaptığını iddia ediyorlar. Bu memleketin ortaokullarında, liselerinde okudum. Yıllardır bu sahada çalışan, araştırma yapan biri olarak böyle bir yapının etkin olduğunu ileri süremem. Tam aksine, Türk tarih eğitiminin yetmezliğini, hatta sefaletini müşahede ettim. Fakir bir edebiyata dayanan, yorumların fakirliğinden çok Avrupa ve dünya için dış kaynaklardan anlamsız alıntıların varlığı sözkonusudur. Söz konusu eğitimin ne demokrasi ne de totaliter bir ideolojinin altyapısını getirmesi mümkündür.

Peki Türkler nasıl oluyor da millî bir kimlik çizgisine sahip olabiliyorlar? Çünkü bu coğrafya üzerinde kazanılan önemli zaferlerle büyük değişiklikler meydana geldi. Yine çok önemli savaşlar ve geri çekilmelerle, dahası ızdırablı toprak kayıplarıyla bugünkü Türk vatanı oluştu.

Demek ki objektif olarak, büyük bir mirasa, güçlü bir yapılanmaya, önemli bir potansiyele ve tarihî zenginliğe sahip bir milletten söz ediyoruz. Bu hiçbir zaman değişmeyecektir. Bu yapının, ortadan kalkması fevkalâde güçtür. Bunun çeşitli sebepleri vardır. Türkiye'nin bugünkü toprakları, dünyanın etnik yapısı en geç değişen bölümlerinden biri üzerinedir. Bu topraklar Miladî 12. asırda Türkleşmiştir. Memleketimizin adını Turchia, Turchomania olarak koyanlar da biz değiliz; İtalyan gözlemcilerdir. Çünkü tüccar İtalyanlar o tarihte Akdeniz medeniyetinin sözcüleridir. Coğrafya ve dünyayı çok iyi bilirler. Bizim koyduğumuz isim ise Roma İmparatorluğu'dur (İklim-i Rûm veya Devlet-i Rûm). Birinci Dünya Savaşı ve sonrasındaki çalkantılar, bu özellikleri kısmen değiştirdi ama esas ortadadır.

* * *

Çağdaş Türkiye tarihine giriş ise hiç şüphesiz ki her şeyden evvel bir coğrafya sorunudur. Türkler tarihin çok geç bir zamanında alıştıkları coğrafî çevreye yabancı bir bölgeye, Akdeniz'e adım atmışlardır. İster reddedelim ister bilmemekte ısrar edelim; Türkler 12. asırdan itibaren bir Akdeniz toplumudur. Doğal coğrafya aynı zamanda bir kültürel çevredir. Bu nedenle hem Türk kavminin kültürel yapısında bir değişim meydana gelmiştir hem de bu yeni gelen sahipleriyle Küçük Asya'da yeni bir renklenme hâsıl olmuştur.

Türkiye'nin derin tarihi dediğimiz bu asırlar Çağdaş Türkiye'nin en önemli dönemidir; bilhassa hâlen yaşadıklarımız tamamen söz konusu biçimlenmenin sonucudur. Bu görkemli oluşum bütün Ortadoğu ve Avrupa için fevkalâde önemlidir ve temelde sadece üç asrı kapsamaktadır.

Türklerin Tarihi de her konferansımda okurlarımdan birçok soru aldığım bir dönem... Bu projenin ortaya çıkışında da tarih programlarımın unutulmaz yapımcısı Engin Atatimur'un büyük rolü var; onunla editöryel bir iş birliği içinde bu kitabı hazırladık. Metnin gözden geçirilip düzenlenmesinde editörüm Adem Koçal'ın payı için müteşekkirim.

Projeyi iki kitaplık mini bir seri olarak düşündük. Elinizdeki ilk kitapta Türklerin Orta Asya'dan Ortadoğu'ya gelişine ve burada tarihi değiştirmesine tanıklık edemeyiz. Selçuklular devri ve kısa zamanda cihana hükmedecek Devlet-i Aliyye'nin bugünlerde çok tartışılan kuruluş dönemiyle de kitap sonlanıyor. Serinin ikinci kitabında ise Marmara bölgesinde küçük bir beylik olarak doğup gelişen ve kurulduğu ilk yılların üzerinden henüz 150 yıl geçmeden Balkanlar ve Ege'de hâkimiyeti tesis eden, Akdeniz dünyasının son muhteşem imparatorluğu Osmanlı'nın Rumeli'yle başlayan fetihlerinden üç kıtaya yayılmasına ve ardından Modern Türkiye'nin doğuşuna şahitlik edeceksiniz.

Bu kitaptaki görüş ve analizlerim şüphesiz hem meslektaşlarımın hem de okurlarımın eleştirisine açıktır. Zira bu metin dönemin sentez niteliğindeki bir tarihi olmayıp bir giriş mahiyetindedir. Ayrıca söz konusu kitap, ileride planladığım bir tarih çalışması için görüş ve yöntemimi okuyucunun değerlendirmesine de açıyor. Her türlü eleştiriyi şükranla karşılayacağımı belirtmek isterim.

İlber Ortaylı
Galatasaray Üniversitesi
10 Ağustos 2022

1

TÜRKLERİN ORTADOĞU SAHNESİNE ÇIKIŞI

TÜRKLERİN ORTADOĞU SAHNESİNE ÇIKIŞI

Türklerin tarih sahnesine çıkışı nasıl gerçekleşti?

Türklerin tarih sahnesine çıkışı eski Mısırlı, İranlı, Helen ve İbranîlerin çıkışı gibi değildir. Söz konusu uygarlıklar hakkında yazılı kaynaklar oldukça aydınlatıcı bilgiler verir, arkeologya da bu varlığı parlak örneklerle destekler. Oysa çok eski zamanlarda ortaya çıkan (dilinin yapısı, örgütlü yaşam biçimi ve atçılığı gibi öğelerden anlaşılan) Türk kavmi veya kavimler topluluğu üzerinde isim, menşe, hatta coğrafî mekânın tespiti konusunda büyük zorluklar yaşanır. Buna rağmen şurası da bir gerçektir ki Türkler olmadan bir dünya tarihi yazmak da mümkün değildir. Çünkü Çin, Hind ve İran gibi yerleşik, yazıya sahip eski halkların tarihini yazarken; Türklerin kökeni olan kavimler sık sık söz konusu uygarlıkların siyasî tarihine girmekte ve kendilerinden söz ettirmektedirler. Öyle ki Kuzeyli Hun komşularının kim olduğunu ve tarihî maceralarını tespit etmeden, Çinlilerin tarihini resmetmek ve tanımlamak mümkün değildir.

Yine aynı şekilde 6. yüzyılda Bizans ve İran tarihini; yani bir bakıma o devrin dünya tarihinin odak noktasını teşkil eden bu iki uygarlığın (Justinianus ve Nûşirevân-ı Âdil, yani I. Hüsrev devri) tarihini yazarken olayların kilit noktasında Göktürklerin yer aldığı görülür ve dolayısıyla Göktürklerin tarihini incelemeden iki imparatorluğun arasındaki gerilimi anlamak mümkün değildir. Tarih yazıcılığının sorunu da burada başlar. Çünkü Türklerle ilgili tarihî kayıtlar kendine özgü güçlüklerle doludur. Meselâ Çin tarihi

"Türkler olmadan bir dünya tarihi yazmak mümkün değildir."

ve dilinin iyi incelenmemiş ve az bilinen Shang ve Chou dönemlerine ait tetkiklerinde ve Merkezî Asya'nın Tohar, Soğd gibi Arî kavimlerine ait iyi çözülemeyen kayıtlarda; yine aynı şekilde eski İran filolojisi ve tarihinin eksik tetkikleri ve Sanskrit, Bizans, Ermeni dönemine ait kayıtlarda İlk Çağlardan beri tarihin her döneminde görünen ve ihmal edilemeyecek bir unsur olan Türkler hakkındaki bilgilere rastlanır. Ancak bunlar çok bölük pörçük ve kesin bilimsel tasvirler yapabilmek için münakaşalıdır. Kuzey Avrupa (Germanya, Britanya) kavimlerinin tarih sahnesine klasik Roma kayıtları, yani Latince eserlerle girdiğini, pek görkemli parçalar olmasa da yardımcı arkeolojik malzemeyle bu iyi işlenmiş bilgilerin tamamlandığını düşünürsek; henüz kendisi karanlık ve az işlenmiş Sinoloji, Hindoloji, eski İran ve bir nebze Slav, Bizans, Ermeni, Arap kaynaklarından Türkler için bilgi edinmenin güçlüğü bir ölçüde anlaşılır. Üstelik saydığımız bu dalların hizmetkârı olan bilginler Türkolog değildirler; asıl tarihin sahibi olan Türk dünyası ise bu dallarda yeterli uzman yetiştirmiş ve bu malzeme üzerinde tetkikat yaparak sorunlara eğilmiş değildir. Bu bakımdan İslamiyet öncesi Türk kavimleri; bilhassa Orta Asya ve Maveraünnehr, hatta Kafkasya, Volga boyu ve Yakındoğu'da ağırlıklarını hissettirmekle beraber, maalesef düzenli bir tarih yazıcılığının konusu olmamakta ve vuzuha kavuşmuş bilgiler geniş kitlenin tarih bilgisi ve bilincine sunulamamaktadır.

Türklerin tarih sahnesine çıkışıyla birlikte, Türk dilindeki ilk yazılı belgeler ne zaman başlar?

Türk dilindeki yazılı belgeler bilindiği üzere Miladî 8. asırda başlar; artık tarih değişti. Günümüz Moğolistan'ının sınırları içinde kalan Orhun Vadisi'ndeki, son yapılan araştırmalarla bugüne kadar bildiğimizden daha çok sayıya ulaşan anıt kitabelerden söz ediyoruz. Orhun bölgesinde Rus Türkolog Dmitriy D. Vasilyev tarafından yapılan yüzey araştırmaları ve kısmî kazılarda hem bir yerleşim ortaya çıkıyor hem de yazıtlar şu anda dahi bilinenden iki asra yakın bir süre geriye gidiyor. Ayrıca bu bölgede kullanılan "Göktürk" dediğimiz runik yazının kaynağı da tartışmalıdır. Kâtipler sınıfının Soğdlar olduğunu ileri sürenler de vardır.[1] Yine söz konusu bölgedeki Dokuz-Oğuz ve Uygur Konfederasyonu'nun üyeleri de tarihçiliğin tartışmasına açıktır. Kaldı ki birazdan değineceğimiz gibi, Oğuzların Döger kolunun eski Toharlardan geldiği kabul edilse de, Toharlar Aryen bir grup olarak bilinmektedir. Öte yandan bugün bu bölgedeki Kırgızların da Oğuzlardan olduğu ileri sürülür (Kırgız bilginler içinde yöntemsiz iddialarla kendi kavimlerini İskitlere ve Toharlara bağlayanlar olduğunu da unutmayalım). Karşı bir teori olarak, İskit tipi Aryen göçebeleri, bölgenin eski sakinleri ve o halkların cedleri olarak gösterenler de vardır. Fakat bunların hiçbiri vuzuha kavuşmamıştır. Böyle problemler başka uluslar için de mevcuttur. Avrasya'nın büyük halklarından olan Rusların tarihi için Slav ve Norman teorileri ileri sürülmektedir. Rusların isminin İsveçli Varegler tarafından konduğunu ve oluşumlarını bunlara bağlayan Norman teorisi gibi... Şüphesiz ki tâ Mihail Lomonosov'dan beri her tür Rus münevverinin tepkisini çeker bu görüş ve karşısına Rus teorisi çıkarılmıştır. Müteveffa Omeljan Pritsak üçüncü ayrı bir Rus görüş ortaya koydu ve Rus Devleti'nin oluşumuna Türkleri de kattı.

Her hâlükârda Türk tarihçiliğinin mevcut kaynakları değerlendirmesi, bölgenin eski dillerini inceleyip mukayese yapması ve açık bir kuramı ortaya koyması gerekir. Görüldüğü gibi Türk tarihi üniversal tarihin önemli ve dışlanamaz bir dalıdır ama aynı nedenle Türk tarihini incelemek için de üniversal tarihin bütün dallarında, bir dizi kavmin dili ve tarihi üzerine uzman yetiştirmek ve söz sahibi olmak gerekmektedir. Bugünkü akademik düzey ve durumuyla Türk tarihini kendi dilindeki kaynaklardan incelemek, ancak 6.

1 Bugünkü Taciklerin ve Asya İranîlerinin ataları olan kavimdir.

asırdan itibaren mümkündür; Türklerin hiç de genç bir tarihî topluluk olmadığı açıktır ama son on üç asırlık yazılı tarihin kaynakları incelenme bakımından zorluk ve dağınıklık arz eder.

Türkler kimlerdir ve ilk olarak Anadolu'ya ne zaman gelmişlerdir?

Türkler; tarihî özellikleri olan, çok coğrafya değiştiren, aşağı yukarı bir ırkın tarihinde fazla bir süre sayılmayan 1200 yıl içinde bugünkü Çin'in iç sınırlarından Tuna boyuna kadar gezinen bir kavimdir; yani Anadolu'ya gelişimiz 1100'dür aslında. Çünkü Malazgirt Savaşı'nı kazanan Sultan Alparslan'ın açıktır ki oradan batıya, Anadolu'ya gitmeye pek niyeti yoktu. Onun gözleri Suriye ve Mısır'daydı; keza o zamanki dünyada zenginlik ve hâkimiyet demek, Mezopotamya, Suriye, Filistin ve Mısır demekti. Öyle kimse Malazgirt'ten öte yerler için uğraşmaya, kan dökmeye fazla niyetlenmezdi. Hani Bismarck, Balkanlar için söylemiş ya, "Balkanlar Pomeranyalı başıbozuk bir askerin (*Landsknecht*) kemiklerine değmeyecek bir yer" (Macarlar "hönved", biz "başıbozuk" deriz; talimsiz yarı asker, sivil asker demektir; sivil asker ise en eğitimsiz, en donanımsız asker tipidir). En küçük görülen Pomeranyalı askerin kemiklerine değmeyecek bir yer olan Balkanlar gibi Anadolu da Alparslan için o zamanlarda çok da çekici görünmüyordu. Konstantinopolis ve Ege bölgesi de Sultan Alparslan için fazla değerli değildi. Asıl devlet, memleket demek, Mısır ve Suriye tarafları demekti. Bu alana el atan kendisinin torunu mesabesindeki I. Süleyman Şah'tır.

Anadolu tam olarak ne zaman Türkleşmeye başlamıştır?

Göz önüne getirmeyi ihmal ettiğimiz, hatta tasavvur etmekte zorlandığımız çok mühim bir nokta vardır. Bu da Anadolu'nun, 11. asırda Malazgirt'te, İmparator Romanos Diogenes'le yapılan meydan muharebesi sonunda Türkleşmeye başlamasıdır. Daha önce Peçenekler gibi Hıristiyan-Türk kavimler Anadolu'ya yerleşmiştir ve Danişmendli akınları vardır ama bunlar esasa girmez. Lakin dediğimiz gibi Anadolu'da Malazgirt'ten önce de bazı Türk akınları olduğu anlaşılıyor, nitekim 1071 kesin bir tarih olmaktan çok, bu olayın adının konduğu bir zirvedir. Demek ki Anadolu, esas itibariyle 11. asır sonlarından itibaren ve 12. asır boyunca Türkleşmiştir. Tabii ki bu konuda kesin tarihler tespit etmek çok zordur. Kesin olan bir şey var ki, o da bizim bazı kaynakları kullanamadığımızdır. Dahası maalesef Türk tarihçiliğine ilişkin Gürcü, Ermeni, Bizans, İran ve o asırların İtalyan kaynaklarını, özellikle de Papalık arşivini bilmiyoruz...

Papalık arşivleri tarihçiliğimize nasıl katkılar sağlar?

Papalık arşivleri; 1135'ten beri çok düzenli ve zengin bir şekilde tutulmaktadır. Üstelik arşivde söz konusu tarihin öncesine dair bölümler ve parçalar da (*fragment*) vardır. Bütün bu kaynakların hepsini inceleyip bir arada değerlendirmek maalesef Türk tarihçiliğinin iktidarı dâhilinde olmamıştır. Tabii ki, söz konusu kaynakların bundan sonra tarihçiliğimize dâhil olmaması için bir sebep yoktur. Yeter ki tarih eğitimimizi ve düşüncemizi buna göre ayarlayalım.

Aslında birçok milletin tarihi için Yakın Orta Çağ yahut Geç Orta Çağ dediğimiz bu dönem, Türkiye'de ancak spekülasyonlarla değerlendirme konusu yapılmaktadır. Türk halkı ve aydınları bu konuyu hâlâ, "Anadolu'ya bir milyonla mı, yoksa üç milyonla mı geldik? Bölge ne derece Türkleşti?" gibi muallâkta yorum ve münakaşalarla ele almaktadır. Şu gerçeği unutmayalım: 11-12. asırlar, dünya tarihi ve artık bizim de içinde bulunduğumuz Akdeniz ve Avrupa tarihi için geç devirlerdir. Dolayısıyla Türk vatanının kurulması, Anadolu'nun Türkleştirilmesi oldukça geç bir tarihe tekabül eder. Bizim gibi vatanını coğrafî göçlerle ve asıl fetihlerle kuran milletler, ana yurtlarının biçimlenmesini ve tarihî kimliklerinin oluşmasını söz konusu tarihlerde çoktan tamamlamışlardı. Meselâ Fransa'nın o tarihte artık dört asırlık millî ve muasır bir coğrafyanın temelini oluşturduğu söylenebilir. En azından Fransa'yı oluşturan ana unsurlar şekillenmiştir. Almanya ve İspanya için de aynı durum söz

> *"Anadolu, esas itibariyle 11. asır sonlarından itibaren ve 12. asır boyunca Türkleşmiştir."*

konusudur. Gerçi İspanya toprakları 8. asırda Müslüman Arapların ve Berberîlerin eline geçmiştir ama yine de İspanyol halkı ve kimliği bir yere gitmemiş, kaybolmamış, oralarda kalmıştır. Dahası bugün İspanya artık tarihî gelişimini tamamlamaktadır. Özellikle ülkenin kuzeyi için bu oldukça nettir. Meselâ Katalunya, Katalunya olarak biçimlenmiştir ve öyle de devam etmektedir.

Böyle bir gerçeklikte Türklerin tarihî kayıtlarının noksan olması, değerlendirilmemesi söz konusu değildir. Bütün mesele bu kaynakların kullanılmasındadır. Türkiye bunu yapamıyorsa, bunun sebebi, nesillerimizde tarih şuurunun eksik olmasıdır. Evet; Türkiye, bir göçle, bir fetihle, sonradan yerleşmeyle vatanını en geç kuran ülkelerin arasında yer alır. Şüphesiz bu önemli bir gerçektir ancak söz konusu kimliğin (*ensoi*) oluşumunu engellememiş, aksine bunun getireceği bilinç (*pour soi*) için yararlı olmuştur.

Bu coğrafyaya ne zaman Türkiye denmeye başlandı?

12. asırda insanlar bizim yurdumuza "Türkiye" demekteydiler. İtalyan kaynaklarında bunu görüyoruz. Artık kırsal bölgelerin Türkmen göçebe ve köylüler, şehirlerin ise büyük bir Türk nüfus tarafından doldurulduğu anlaşılıyor. Türkler Batı'ya doğru ilerlemekte, Bizans İmparatorluğu ise artık gerilemekteydi. Bilhassa Malazgirt Savaşı'ndan sonra vuku bulan Miryokefalon Savaşı, bu tarihî oluşumun nihaî noktasıdır. 12. asrın sonunda başlayan ve ilk önce Anadolu'dan geçen Haçlı Seferleri dahi bu tarihî hareketlilik ve oluşumu önleyememiştir. Seferler kısa bir müddet sonra güneye kaymış, 1204'te vuku bulan IV. Haçlı Seferi de İstanbul'un istilasıyla yetinmiştir.

Anadolu ismi nereden geliyor?

"Anatolia" bilindiği gibi Yunancada "doğu" anlamına gelir. Küçük Asya da, yine Yunanların tabiriyle, Büyük Asya'nın bir uzantısı manasındadır. Bizse buraya geldiğimizde söz konusu topraklara "Roma ülkesi" dedik, yalnız "Roma ülkesi" derken etnik bir adlandırma kastedilmemiştir. Zaman içinde Diyâr-ı Rûm'a da "Anadolu" dedik. Ama buralar daha çok Diyâr-ı Rûm olarak kaldı. Balkanlara geçtikten sonra, bu sefer buraya "Rumeli" demeye başladık. Hiç şüphesiz bu da etnik bir tanımlamadan ziyade, Roma ülkesi anlamına gelen bir isimlendirmeydi. "Balkan" ismi de Türklerden gelen coğrafî bir tabirdir. Bugün bu ismi kaldırmaya çalışıp Balkanlara "Güneydoğu Avrupa" diyorlar. Evvelâ iki kelime ekonomik değil, ikincisi Güneydoğu ama kime göre Güneydoğu? Tabii ki Almanya ve Fransa'ya göre... Bize göre niye Güneydoğu Avrupa olsun ki?

"Türkiye, bir göçle, bir fetihle, sonradan yerleşmeyle vatanını en geç kuran ülkelerin arasında yer alır."

Bugün kullandığımız "Türkiye" ismi nereden geliyor?

Önceki kuşaklar "Türkiya" derdi; hatta bizi okutan ortaokul ve lise öğretmenlerinin bazılarından bu telaffuzu aldık. Gerçekten "Türkiye" diyenler, bir ara dilimizin ses uyumu kuralına uygun bu söyleyişi korumak için kanun yoluna müracaat ettiler; 1950'de TBMM'ye seçilen Nazlı Tlabar'ın bu konuda teklif ettiği bir kanun kabul edildi. Ama "Türkiye" şeklindeki telaffuz ve yazım zaten çoktan harita ve kitaplarda kabul görmüştü. Aslında ülkemizin böyle adlandırılması, tuhaftır ki bizim dedelerimizin değil, bu ülkeyi başlangıçtan beri çok iyi tanıyan İtalyanların işidir. Bizim dedelerimiz buraya "İklim-i Rûm" derlerdi. Onların siyasî hedef ve misyonları Roma İmparatorluğu'nu ele geçirmekti. Anadolu toprağındaki Roma'yı, yani Garplıların sonradan "Bizans" dedikleri imparatorluğu ele geçirmeye başlamakla elhak bu yolda da ilerlediler. Onların "Rûm-Roma" dedikleri yere, İtalyanlar "Turchia" veya "Turchomania" derlerdi. Bütün orta zaman Alman seyyahları "Turkei, Türkenland" veya Fransızlar "Turquie" derlerdi. 16. asırda İngilizce seyahatname kaleme alan Nicolas de Nicolay ise "Turkie" diyor, dikkat ederseniz bizim bugünkü söyleyişimize oldukça yakın...

Peki, "Turkie" nasıl bugünkü İngilizcedeki "Turkey" hâlini aldı?

Sonradan İngilizce konuşup yazanların, bu "Turkie" yazılışını nasıl "Turkey"e çevirdikleri doğrusu hâlen bir muamma... Muhtemelen bu telaffuzda Hind Adaları'nın ünlü kuşunun yanlış bir bağlantısını kurdular. Aslında Hindî diye söz ettiğimiz ülkenin de yerli adı "Baharat"tır. Egzotik, uzak ülkelerin isimleri otlarla, hayvanlarla gayet kolay karıştırılıyor. Viyana'da halk deyişiyle "Schottenstiftung İskoç Vakfı" aslında İrlandalı Katolik rahiplerin kurduğu bir okul ve imaretti. Ama halkın öyle diyeceği tuttu. 18. asrın Batı Avrupa'sında halk Yunanlar, yani Helenlerle Türkleri birbirine karıştırırdı; aydınlar istediği kadar Neo-Helenizmi temsil etsinler.

"Turkey" ismini değiştirmeyi tartışanlar da var.

Az önce bahsettiğim gibi, 16. asır seyyahı Nicolas de Nicolay seyahatnamesinde "Turkie" diyor. Bizim İngilizce bilen (!) kesimde bu dildeki "Turkey" ismi büyük tepki uyandırdı. Oysa hindi küçük harfle, bizim ülkenin adı ise büyük harfle ve harf-i tarifsiz yazılır. Gerçekten bu ismi değiştirmeye kalkanlar var; onların bu safdil çabasına karşı, fırsat bu fırsat diyerek saldıran anti-milliyetçiler var. Bizim ülkemizde milliyetçi takımın açıkları kadar bu sözde milliyetçilik düşmanlarının da grotesk, gülüncün ötesinde davranışlar gösterdiği ortada... Milliyetçiliğin kendisi kadar karşıtı olan görüşte de ileri gidilince sadece mantık sapması değil, fuzuli laf edildiği görülüyor. Kim ne derse desin, açık hakaret taşımayan ülke adlandırmalarına itiraz etmek gereksizdir. Etiyopya'ya "Habeşistan" denemez, çünkü küçültücü bir deyim olarak görülüyor. Benzer şekilde Yunanistan'a "Yunanistan" diyemezsin, orada yasaklanıyor ama buna ancak gülünür. Habeşistan maalesef köleliği çağrıştırıyor, Yunanistan ise "İyonyalılara" Şark milletlerinin verdiği isim, daha doğrusu bir telaffuz biçimi... Niye yasaklanıyor? İyonyalılar Helen sayılmıyor mu?

Bir de ülkelerin alegorik olarak hayvan resimleriyle temsil edilme meselesi var.

Evet, bütün 19. asır basınında ülkeler alegorik olarak hayvan resmiyle temsil edilirdi. Rusya ayı, Fransa horoz, Osmanlı İmparatorluğu da "Turkey" olarak fesli bir hindi ile temsil ediliyordu. Hayvanla temsil edilmek diğer ülkeler için büyük bir sorun değildi.

Zaten hayvan adını soyadı olarak alanlar pek çoktur. Rusya'nın başbakanı "Medvedev", yani "ayızâde"; bir alay Alman'ın adı "Baer", yani "ayı"; soyadı "Katz", yani kedi olanlar; hatta "Hund", yani köpek olanlar da var. "Haase", yani tavşan da Almanya ve Hollanda'da sevimli ve yaygın adlardan...

"Türkiyeli" tabiri nereden çıktı?

Türkiye, hâkim etnik gruba göre, ülkemize başkalarının verdiği bir isimdir. Şimdi bir de Türkiyeli tabiri yaratmanın mantıkla bağdaşır bir yanı olamaz. Kaldı ki bu gibi mantık çıkmazlarını önlemenin mühim bir yolu tercüme etmekten geçer. Bir çevirin bakalım, Türkiyeliyi hangi gümrükten çevirip geçireceğiz? Size kimlik soruyorlar, kimliğinizi açık söyleyin. Türkiyeli bir üst kimlik olamaz. Başkaları da bu ülke ve halkı için (Küçük Asya) başka etnik kökenli bir kelimeyi üst kimlik olarak kullanmaya kalkarsa ne dersiniz?

"Türkiyeli" ile "Türk" arasındaki fark nedir?

Türkiye konusunda asıl tartışılacak ve rahatsız edici manasızlık burada işte; bazı kişilerin uydurduğu "Türkiyeli", "Türkiyelilik" gibi deyimler! Bazı safdiller veya herkesi bir şey bilmiyor zanneden tipler; "Efendim ne var bunda, Amerikalı oluyor da Türkiyeli niye olmasın?" diyorlar. Amerika, Kolomb'un keşfettiği kıtanın ayrı bir kıta olduğunun farkına varan Cenovalı kaptan Amerigo Vespucci'nin adından geliyor. Amerikalılık Anglo-Sakson göçü ve İngiliz dili etrafında oluşan göçmenler için uygun, Türkiye ise içinde Türk adı taşıyor, böyle bir benzerlikle ilgisi yok. Ülkemizin geniş ölçüde Türkleşmesinden beri, bir bölgenin böyle bir etnik kimliğe kavuştuğunu ecnebilerin bile görmesiyle kullanılan bir isim... "Türkiyeli" ismi tercüme edilemez, içeriği bakımından bu kelimeyi teklif edenlerin amacını da zaten karşılamaz. Başka bir kimlik kullanmak isteyenler bu ifadeyi kullanabilirler ama bu amaçla ülke yurttaşlığının

> *"'Türkiyeli' ismi tercüme edilemez, içeriği bakımından bu kelimeyi teklif edenlerin amacını da zaten karşılamaz."*

"'Avrupa'daki Türkiye' mevzuu, öyle kolay halledilebilecek bir sorun değildir."

ve kimliğin adını değiştirmelerine lüzum yoktur, hakları olduğunu da zannetmiyoruz.

Türkiyelilik, Belçikalı gibi bir tabir de olamaz. Zaten Belçikalı kimliği ve varlığının da nerelere gideceğini Allah bilir. 1830'dan beri hiçbir şeyleri yerine oturamadı; iktisadî vaziyetleri büyük sıkıntılar taşımamasına rağmen, ülkenin içinde kullanılan dil açısından dahi çeşitli sorunlar var. Bu, yeri geldikçe ele alınacak bir konudur; birtakım Flaman çevrelerin Fransa'ya "Alın Valonlarınızı da gidin" dedikleri dahi bir gerçektir. Bazı mevzuları çözmek için sorun yaratmak, tarih ve coğrafyaya müracaat etmeyen ucuzcu bir yöntemdir.

"Türklük", sanki tabiri caizse "kaba saba" insanlar anlamında mı kullanılıyordu?

Sorunuzla çocukluğuma gittim. Hatırlıyorum; çocukluğumda Çorum şimdiki gibi sınaî patlama yapıp zenginleşen bir yer değildi, fakir bir Anadolu kasabasıydı. Çorumlu ameleler yazın hasat zamanına kadar Ankara inşaatlarında çalışmaya gelirlerdi. Bir gün içlerinden biri Etlik bağlarında ağaca çıkmış, meyve yiyordu. Onu gören Üsküdarlı ihtiyar bir hanım da "Türkler ağaca çıkmış!" diye bağırdı. Yani Türk demek; "köylü, kaba, Anadolulu" anlamındaydı. Karagöz'de en ahmak, laf anlamaz tiplerden biri Baba Himmet'tir, Kastamonuludur. Ona da "Türk" denir. Orta oyununda da aynı şekilde... "Al Türk'ü vur turpa, yine yazık o turpa" gibi bayat meseller vardır. Böyle bir edebiyat var ama öte yandan vakayinamelere bakarsanız, Türkmen geleneği ile Osmanlı İmparatorluğu'nun kurulduğu da anlatılır. Konuştuğumuz dil Türkçe, yazdığımız dil Türkçedir; hiç tartışmasız ordunun komuta dili de Türkçeydi. Keza bu, bütün tarih boyunca böyle olmuştur. Selçuklu devrinde kâtib sınıfı Arapça kullandığı, ulema sınıfı ise Arapça düşündüğü ve yazdığı hâlde, orduda her zaman Türkçe kullanılmıştır. Bu; unsurların, komutan ve askerlerin Türk olmasından ileri geliyor. Dahası Türkçe komut vermeye yatkın bir dildir; Farsça bir komut Türkçede olduğu kadar etkili olmaz ve kuşkusuz bu da dikkat edilen bir unsurdur.

Meselâ, son devir Osmanlı vesikalarında bile "Arabistan ordusunda hemcinslik çoğaldı" deniliyor. Bu hemcinslik "coethnicité" demektir. Demek ki Arabistan ordusunda Arap uşağı artmaya başlamış, bunun üzerine "Anadolu'dan asker getirin" deniliyor. Görülüyor ki, orduların içinde Türk etnik unsurunun ağırlık kazanmasına her zaman dikkat edilmiştir.

Peki "Avrupa'daki Türkiye" meselesi nedir? Türkiye'ye karşı belirli bir görüş var mı?

Anadolu'nun etnik oluşumu tarihî seyrine devam etmektedir. 16. yüzyılın ikinci yarısından itibaren bugünkü Trakya bölgemiz, Kuzey Yunanistan, Güney Bulgaristan, Doğu Sırbistan, Türk devlet idaresi olan Osmanlı'ya katılacaktır. İşte böylece "Avrupa'daki Türkiye" diye tarihî bir mesele ortaya çıkmıştır ve hâlen de söz konusudur. "Avrupa'daki Türkiye"ye dair düşünce, tavır ve tutumlar zıt nitelikler göstermektedir. Konuya hayırhah bir şekilde bakanlar olduğu gibi, nötr bakmaya çalışanlar ve hâlen 13-14. yüzyıldaki kilise ve idare çevrelerinin bakışını paylaşanlar da vardır. "Avrupa'daki Türkiye" mevzuu, öyle kolay halledilebilecek bir sorun değildir. Bu hususta; içine kapanık, kendine dönük bir kötümserliğe gerek olmadığı gibi, safdil bir iyimserliğe de gerek yoktur. Vakıaları ve gerçeği olduğu gibi kabul etmeliyiz. Zira coğrafya, itaat edilmesi gereken âmir ve temel bir kategoridir.

Bu konuda zaman zaman Balkanlardaki Türkler hakkında da tartışmalar çıkıyor.

Anadolu kıtasının Türkleşmesi, Türkiye olması nasıl artık tartışılmıyorsa Balkanların da tartışılmaması gerekir. Balkanlardaki nüfusun bu dönemden sonra bölgeden sürülmesi, oradaki halkın yerlerinden edilmesi mümkün görünmemektedir. En son Todor Jivkov döneminde, Bulgaristan Halk Cumhuriyeti 300 bin Türk'ü bir anda sınırlarının dışına atmış; Edirne'de sınır kapısının önüne yığarak, "Gelin, halkınızı alın" demiştir. Nitekim aldık da... Başlarda bazı sıkıntılar çekilse de Türkiye'nin dinamik sınaî ve kentsel yapısı, söz konusu Osmanlı tebaası Türkleri çok çabuk içine alabildi. Aslında buna ihtiyacımız da vardı. Öyle ki oradan gelen sağlık personeline, zanaatkâra, usta ve teknisyenlere muhtaçtık. Zira değişen bir yapı vardı ve 1940-50'ler Türkiye'sinde değişen, patlama gösteren tarımsal yapı, tarımla uğraşan insanlara ihtiyaç duymuş ve Türkiye, sayısı 100-200 binle ifade edilen Balkan göçmenini bağrına basabilmişti. Şüphesiz ki bu tür dalgalar büyük sıkıntı yaratır. Ancak bugün mevzuya tarihçi gözüyle baktığımızda, Türkiye'nin bu gibi göçleri birçok ülkeye göre daha ustalıkla karşıladığını, gelenlerden bir şekilde yararlandığını söyleyebiliriz.

Bugün itibariyle Avrupa'daki Türkiye'nin oluşumunun bittiğini söyleyebilir miyiz?

Evet, Avrupa'daki Türkiye'nin oluşumu bitmiştir. 19. yüzyılın sonlarında sınırlar artık tespit edilmişti. Bu tarihten itibaren Osmanlı İmparatorluğu, Avrupa'daki topraklarını geri vermiştir. Kuruluşundan iki yüzyıl sonra Macaristan'a, Tuna'ya yerleşen bir imparatorluk, bu tarihi takip eden 2-3 asır içinde söz konusu toprakları kaybetmiştir. Ama şu da bir gerçektir ki; dört asrı, bazı yerlerde ise 5-5,5 asrı bulan Osmanlı hâkimiyeti, Avrupa kıtasının orta ve güneydoğu kısımlarına, hatta kuzeye doğru gelişen bölümlerine damgasını vurmuştur.

Balkanlar Türkler için sanki daha hassas bir bölge...

Balkanların her köşesinde Osmanlı izleriyle karşılaşmanız mümkündür. Meselâ Bulgaristan bölgesine baktığınızda Midhat Paşa gibi büyük bir valinin varlığını ve buradaki icraatlarını anlarsınız. Bunlar, Bizans denen Doğu Roma'dan sonra Balkanların tekrar bir imparatorluk, bir siyasî-askerî birlik hâlinde bütünleştiğini gösteren delillerdir.

Doğru, Osmanlı askerî bir imparatorluktur. Ama askerî amaçlarla kurduğu tesisler, iktisadî anlamda da önemli olmuştur. Kuşkusuz imparatorluk askerî gelişmeleri ve yeni teknikleri ânında uyarlamak zorundaydı, zira akıbeti buna bağlıydı. Bunları uyarlayabildiği için de Yeni Çağ imparatorluklarına ve dünya şartlarına uyum sağlayan bir eski imparatorluk düzeni kurabilmiştir. 20. yüzyılda demiryolu ve modern eğitimden istifade edebilmiş, mühendislik ve tıbbı kendine göre geliştirmiş; bu sayede 21. yüzyıla hazırlanabilmiştir.

Türkler Avrupa'daki hâkimiyetini ne zaman kaybetmeye başlamışlar?

Türklerin Avrupa'daki hâkimiyetinin çözülüşü açısından, hiç şüphesiz ki II. Viyana Kuşatması sonrası dönem önemli bir başlangıç noktasıdır. Hıristiyanların çoğunluk olduğu vilayetlerin kaybından sonra; 1774'teki Osmanlı-Rus Savaşı'ndan itibaren imparatorluğun Müslüman ve Türk eyaletlerinin de kaybıyla, bu çözülüş yeni bir evreye girmiştir. Artık hayatımız, idarî ıslahat anlayışımız, var oluş kavgamız başka bir safhada seyretmiştir. Nihayetinde 19. yüzyılın sonundan itibaren, bilhassa Rumeli'deki vatan topraklarının kaybıyla, sadece Türk İmparatorluğu'nun değil, vatanın parçalanma süreci başlamış, dahası bu durum gittikçe belirgin bir hâl almıştır. Bu mevzuların üzerinde ayrıca durmak gerekiyor. Zira bugünkü Türkiye'nin yaşadığı problemleri anlamak, o dönemi bilmekle mümkündür.

1800'lü yıllardan günümüze Avrupa'daki milliyetçilik tartışmalarını da göz önüne alırsak "Türklük şuuru" nedir?

Türklük bir şuur olarak ortaya çıkmıştır. Yani Osmanlılık ve İslamlık değil, ön planda Türklük vardır. 1800'lü yıllar, bir milletin kimliğinin önemli bir kısmının tespit edildiği bir devirdir. Fakat Türk kimlik ve şuurunu yerleştiren olaylar, şüphesiz ki böyle münevverlerin faaliyetleri, tarih ve dil kitapları değildir sadece. Herkesin bildiği gibi Balkan muharebeleridir, Çanakkale savaşlarıdır, Yemen'dir, Galiçya'dır, Kafkasya'dır. Yani her ailenin şehit verdiği, cemiyetin altüst olduğu, hakikaten toz dumanın ortalığı kapladığı söz konusu dönemlerde, vatan savunması denilen olayların etrafında insanların millî kimliği oluşur. Bu çok önemli bir keyfiyettir. Peki bu hususun Avrupa'ya girerken ne önemi var?

Dünyanın her ülkesinde milliyetçiliğin, millî kimliğin ortaya çıkışı ve kabul edilişi kendine özgü şartlarla, gelişmelerle olur. Fransız'ın millî kimliği doğrudan doğruya Fransa Krallığı, Fransız Birliği, Fransız İhtilali gibi olaylara bağlıdır. İtalyan'ınki (*irredantizm*) birleşmedir. Türk'ün millî kimliği ise imparatorluğun parçalanması sırasındaki kan, barut, ateş, ter ve gözyaşıdır. Yani kaç asırdır oturduğu Rumeli'nin köylerinden birkaç günün içerisinde sökülüp atılması, perişan olması, yollarda ölmesi, mahvolmasıdır. Kuşkusuz Balkan Muharebesi feci bir olaydır. Biz söz konusu savaşı kitaplardan şöyle bir okuyup geçiyoruz. Ama aslında sonuçları itibariyle tarihteki etkisi çok daha derindir. Öyle ki daha önce de belirttiğim gibi Balkan savaşlarıyla Türkiye sadece imparatorluğu değil, ana vatanın önemli bir parçasını kaybediyor. Bu çok önemli bir olay! Sorsak kim bilir kaç kişinin anasının, babasının, dedesinin ya da büyük dedesinin mezarları bugünkü Bulgaristan'da, Makedonya'da yahut Yunanistan'dadır.

O devrin yazılı malzeme ve fotoğraflarına bakın; Balkan savaşlarında bir kalabalığın çamura bata çıka geldiğini görürsünüz. Orada bir kız çocuğu, 12-13 yaşlarında, üstünde bir hırka bile yok; 1912-13 kışında kaçıyor. Bir yerlerden Bulgar ordusu, Yunan ordusu geliyor, insanlar kaçıyor. Yunanların Selanik'e girdikleri an ilk yaptıkları iş Yahudi mahallesine saldırmak oldu. Bunu Rena Molho başta olmak üzere bölgenin Yahudi tarihçileri yazar.

Selanik ağırlıklı bir Yahudi şehriydi. Buradan katliamdan dolayı Yahudiler de Müslümanlarla kaçıyor ve İstanbul, İzmir, Edirne söz konusu göçmenlerle doluyor. Bugün en büyük Yahudi şehri New York... O zaman 15. yüzyıldan sonra Osmanlı şehirleri o görevi görmüş; yani İspanya ve İtalya'dan kovulan Yahudiler Selanik, İzmir ve İstanbul'a gelmişler ve yerleştikleri en büyük şehir ise Selanik olmuş.

Türk kimliğini meydana getiren unsurlar nelerdir?

Türk kimliği ve şuuru; tarih kitabı okutarak, tarihî piyes seyrederek, tarihî film çekerek veya şiirle, müzikle oluşmuş değildir. Doğrudan doğruya kan, ateş ve kavga ile oluşmuş. Bu nedenle Türk kimliğine sahip olan adam, *Xénophobia* (yabancı düşmanı) olmuştur; ister kabul edin ister etmeyin ama bu böyledir. *Xénophobia* böyle dramatik bir tarihin sonucudur. Halk nezdinde bunun düzelmesi çok zaman alabilir, dahası bunun aksine durumlar tezahür ettiği takdirde toplumda bu duygu devam edecektir.

Toplumları sosyal mühendislik açısından okuyabilir miyiz? Sizce toplumların gelişimi tarihin tekerrür edişinden mi ivme kazanıyor?

Tarih, bir yönüyle değişmeyi gösteren fakat değişmeye fazla da müdahale edilemeyeceğini ihsas eden bir disiplindir. Başka bir deyişle değişimi gösterir ama buna fazla müdahale edilemeyeceğinin altını çizer. Meselâ, geçen günlerde bir arkadaşımız, "Tarih tekerrürden ibaret midir?" diye sordu. Bir kısım düşünür ve bilim adamımız için tarih hiç de tekerrürden ibaret değildir. Çok kesin bir kural koymuşlar, hâlbuki bu o kadar kolay değil. Evet, tarih belki tekerrürden ibaret değil, çünkü "Aynı nehrin suyunda iki kere yıkanmıyoruz" demiş İyonyalı filozof. Böyle bir cümle sarf etmiş ama netice itibariyle ırmaktan sular hep belirli bir mecrada akıyor, debisi belli ve bazen bunun büyük ölçüde değişmesi çok zaman alıyor. Bu sebeple insan cemiyetlerinin hareketlerinde, o kadar çok olmasa da, hem arı ve karıncaların hareketlerine benzer bir monotonluk hem de bir tekrar var. Bazı şeyler tekerrür ediyor, her yerde aynı eğilimler var, bunun çok önüne geçemeyiz; maalesef modernleşmeye de aslında fazla anlamı olmayan bir kurum olarak bakmak gerekir. Çünkü modernleşme, insan cemiyetinin

"Türk kimliği ve şuuru; tarih kitabı okutarak, tarihî piyes seyrederek, tarihî film çekerek veya şiirle, müzikle oluşmuş değildir."

değişmesini belirli kalıplarla izah etmeye çalışan fakat bunun ötesinde inşa etmeye de kalkan görüşü ifade eden bir sözcük oluyor. Bunun için bunu dikkatli kullanmamız lazım.

Görülüyor ki maalesef toplumlar hiçbir şekilde *social engineering* (sosyal mühendislik) için müsait değil. Çünkü az tekerrür payı dışında toplumun esas özelliği olan değişme, sosyal mühendisliği kabul etmez. Akan su tersine de akmaz, dahası akacağı yeri inkılâpçılara da tespit ettirmez.

2

TÜRKLERİN DEVLET ANLAYIŞI VE İSLAM'LA TANIŞMALARI

TÜRKLERİN DEVLET ANLAYIŞI VE İSLAM'LA TANIŞMALARI

Genel Türk tarihine bir giriş olarak önce Türklerin devlet anlayışları ve İslam'la ilk tanışmalarına odaklanırsak... Devlet anlayışları nasıldı, tarih boyunca neye önem vermişlerdi, tarih yazımında bu anlamda karşılaştığımız sorunlar nelerdir?

Türkler fevkalâde hareketli ve asker bir kavim... Öyle ki askerlikle ilgili pek çok endüstrileri var. At yetiştiriyorlar, silah üretiyorlar, demiri iyi kullanıyorlar. Ayrıca bunların ticaretini de yapıyorlar. 12. yüzyılın düşünürü Kadı Ahmed Endülüsî diyor ki, "Türklerin medeniyete felsefe, matematik, coğrafya, tarih yapma/yazma konusunda katkıları yok ama pratik zekâlıdırlar, silah ticareti yaparlar." Çinliler için de benzer şeyler söylüyor. Bunları aslında bir nevi ikinci kategori gibi değerlendirip, "Medeniyete temel büyük katkıları yok ama faydalı ve önemli bir tâife" diye tarif ediyor.

Türklerin bir devlet anlayışı var. İslamiyet öncesi devirleri; Araplar, Sâmî ırktan gelen Suriyeliler, Mezopotamya Arapları veya Hâmî bir ulus olan Mısırlılar veya İranlılar gibi değil. Onların İslam öncesi devri, Anadolu macerası başlamadan bitiyor. Belki de Türklerde İslam öncesinden gelen en belirgin şey, Toroslar ve Orta Anadolu'daki Şaman Türklerin durumudur; bunlar İslamlaşma kadar Hıristiyanlığa da geçiyorlar ve "Karamanlı" dediğimiz grup böyle neşet etmiş gibi görünüyor. O devirden kalan birtakım alışkanlıklar var: İktisadî meşgaleleri, organizasyon kapasiteleri gibi... Çöl Arapları gibi müthiş bir sürü gütme kabiliyetleri var; attan besleniyor ve yine onunla savaşıyorlar. Keza at üzerine olan Türk lügati çok zengindir. Bugün izleri var ama bunları tamamen bilmiyoruz. Atların renklerine, yaşlarına, cinsiyetlerine göre farklı isimleri var. Öyle ki teferruata girildiği zaman bu isimlendirme binleri buluyor. Araplar hiçbir zaman "on dört yaşındaki boz renkli dişi deve" demezler; onun kısa bir adı vardır. Çünkü çölde güdülürken o deve öyle çağırılır. At ve deve üzerine bu zengin lügat, bir yandan da militer bir hareket tarzını getiriyor; örgütlenme ve çabuk hareket kabiliyeti. Bunun yanında bir de silah ve demir işçiliği var. Demir; uygarlaşmış, felsefe üreten bir milletin işi değil. Avrupa tarihinde Kuzey Avrupa'nın Barbarları için "Holstein Kültürü" denilen bir devre var; bu kavimler daha okuma yazma bilmedikleri zamanlarda demir işliyorlardı. Demir işi çok büyük şehir merkezleri kurmayı gerektirmiyor. Anadolu'ya da demiri getiren Hititlerdir. Naşili dediğimiz bu kavim, muhtemelen Güney Ukrayna'dan Anadolu'daki Hattilere saldırdı, demir ve silah da onlarla birlikte geldi. Sonrasında hükmettikleri yerli halkın adını aldılar, kendilerine "Hatti" denildi. En önemli unsur da devlet mekanizması... Bizim Göktürk Kağanlığı ve Türgişler var. Bunlar birer devlet; dış ilişkileri var, vergi toplamayı, ganimet paylaştırmayı biliyorlar.

Biz bunların teferruatını ne kadar biliyoruz?

Hiç bilmiyoruz. Türkiye tarihçiliği maalesef tarih disiplinine çok uygun şekilde ilerlemiyor. Bize coğrafya konusunda, Zeki Velidi Togan seviyesinde on tane coğrafyacı lazım. Rus doğu bilimci Vasiliy V. Radlov gibi dil bilen yirmi tane adam lazım. Birçok Sinolog olacak...

Biz Avrupa tarihçisi gibi değiliz; sadece Julius Caesar'ı, Tacitus'u okuyarak ve Germanya'nın milat sıralarındaki durumunu kavrayarak tarihimizi kısa sürede öğrenemeyiz. Bugün bir Alman'ın, bir Fransız'ın, bir Britanyalının kaynakları Romalılardır; onları okurlar, öbür diller zaten yazısız dillerdir. Ama eldeki kaynaklar işlenmiştir, kolaydır. Tarihte her zaman boşluklar vardır ama söz konusu kaynaklarla kolay duvar örülüyor. Türkçe öyle değil, ilgili tarih içinde henüz üzerinde tartışılmamış Çin, Hind ve İran epigrafik ve paleografik malzemesi çoktur. Bunun yanında Sanskritçe, eski Pehlevî dili gibi dillerde okumalar yapmak lazım. Kurgandan (mezar) halı çıkıyor meselâ; gel de o halının yerini tespit et. Oradaki kavim söz konusu halıyı kullanmış ama kavmin tavsifi kolay iş değil. Tarihçiliğimizin bu bakımlardan çok büyük problemleri var.

İslamiyet öncesi Türk tarihinin Türkiye için önemi nedir?

İslamiyet öncesi Türk tarihinin, özelikle Türkiye tarihinin idarî yapısı açısından önem arz eden kısmı askerî tarihtir. Çünkü kesin olan bir konu; gerek İran, gerekse Anadolu Selçukluları ve Osmanlı devlet yapısı içinde ordunun, -savaş teknikleri, örgüt ve terminoloji açısından- bu dönemin mirasını taşıdığıdır. Öyle ki Türkçenin kançılarya dili olmadığı zaman ve ortamlarda dahi (İran Selçukluları dönemi gibi) ordunun komuta dili ve askerî deyimler her daim Türkçeydi. Bunun haricinde hukukî yapı ve idare sisteminde Asyaî gelenekten izler kalmıştır.

İslamiyet öncesi Türklerin, "Şaman" geleneği de dâhil; Budizm, Manihaizm ve Ortadoğu'dan çıkan bütün monoteist dinlerden etkilendiği, muhtelif kültür çevrelerine dâhil olduğu görülmektedir. Bu durum, mensup olunan dinî çevreye göre çeşitli yazıların da kullanılmasını birlikte getirdi ama bunlar Türkçenin yaşamasına engel teşkil etmedi. Yaşayan ve gelişen Türkçenin dalları, lehçeleri, tarihî tekâmülü; çok defa fonetik özelliklerini iyi izleyemediğimiz, bu muhtelif alfabelerle kaleme alınan metinlerde mevcuttur. Yazılı dilin bu fonetik noksanlıkları, hukuk ve idare tarihiyle ilgili deyim ve kurum adlarının fonetik yönden saptayamadığımız muammalar dizisi olarak karşımıza çıkmasının nedenidir.

İslam'ın o dönem Batı'da ve Doğu'da çehresi nasıldı?

Batı'da İslam, Miladî 711'de en uç noktasına ulaşmıştı. Doğu'da ise İran ve Maveraünnehr (Transoxiana) bölgesinde fütuhat bu kadar hızlı ve göze görünür biçimde sürmedi, biraz zaman aldı; askerlik kadar kültürel sızma ve ticaretle de nüfuz sahasını genişletti. Yine Emevîyye devrinde Bizans'ın Küçük Asya topraklarına yapılan seferler ve Konstantiniyye Kuşatması da sonuçsuz kalmıştı. Doğuda

"Türk kavimlerinin İslam camiasına giriş süreçleri bugün elan teferruatlı ve kesin olarak bilinmiyor."

ise Çinliler Talas Irmağı kıyısında Müslümanlarla savaşarak sınırlarını korudular. 8. yüzyılda Kuteybe bin Müslim'in Orta Asya fethi, 7. yüzyıl savaşları gibi kesin ve süratli neticeler getirmiş değildir. Şurası da bir gerçek ki Asya'nın Turanî ve Türk kavimlerinin İslam camiasına giriş süreçleri bugün elan teferruatlı ve kesin olarak bilinmiyor. Örneğin; bu dönemde Göktürklerden sonra kendilerini gösteren Türgiş Devleti'nin tarihi ve özellikle bu bölgede Arap ilerlemesine karşı direnişi hakkında yeterli bilgi sahibi değiliz.

681'de Göktürk Devleti'ni yeniden kuran İlteriş Kağan ve halefi Kapgan Kağan devrinde, Maveraünnehr'deki Soğdlar (Soğdianalı) tekrar itaat altına alınmak istendi. Araplar ise 644 yılında Horasan'ı fethetmiş ve sınırdaş olmuşlardı. Kapgan'ın Kül Tigin'i bu havaliye sefere yollaması ile Arap-Türk çatışması başladı. Her ne kadar Orta Asya'nın göçebeleri arasındaki çatışmalar Arap fütuhatını kolaylaştırsa da bu fütuhatın öncekiler kadar kolay olmadığı görülüyor. Bir yüzyıl kadar göçebe aşiretler ve Buhara, Semerkant, Baykent gibi şehirler istilaya direnmiş, teslim olduktan sonra da ayaklanmaya devam etmişlerdir. Yukarıda da değinildiği gibi Orta Asya tarihinin bu dönemi, Türgiş Devleti'nin siyasî, toplumsal ve kültürel tarihi iyice bilinmeden anlaşılacak gibi değildir.

Gerçi Haccac-ı Zalim, Kuteybe bin Müslim, Abdurrahman gibi kan dökücü fakat yetenekli komutanların yönettiği Arap ordularının zor ilerleyişinin bir başka nedeni de olabilir; Bedevîlikten ileri gelen askerî yetenek, sürat ve organizasyonla Müslüman Araplar; Mısır, Suriye, Mezopotamya ve İran'da kolay, etkin ve çabuk başarı elde etmişlerdi. Fakat göçebe devlet ve ordu sisteminin getirdiği benzer niteliklere sahip Türk aşiretleri karşısında bu hızlı başarıyı elde edememeleri olağandı. Diğer taraftan 730'lu yıllarda Göktürk Kağanlığı henüz yaşıyordu. Daha önce de belirttiğim gibi bu devletin Orhun Irmağı bölgesinde diktiği anıt kitabeler, Türk yazılı edebiyatının başlangıcı sayılır. Türk kavimleri arasında Hazar Devleti aristokrasisi içinde rastlandığı gibi Musevilik ve İç Asya'ya doğru Nestûrî Hıristiyanlık da adacıklar hâlinde rastlanan semavî (*monotheist*) dinlerdi. Bir ara Manihaizm ve Budizm gibi dinlerin de var olduğunu hatırlayalım. Böyle bir renklilik İslamiyet'in yayılışını uzatmıştır. Nitekim muhtelif Türk kavimlerinin İslamlaşması sanıldığından daha uzun sürede gerçekleşmiştir. Sözü geçen tarihlerde İç Asya'nın doğusunda, İslamiyet'in kültürel ve inanca ait izlerine bol miktarda rastlandığını söylemek bugünkü bilgilerimiz ile pek kolay değildir.

Türklerin İslam'a giriş süreci ve ardından yaşananların Ortadoğu tarihinin de seyrini değiştirdiği söylenebilir mi?

İslam'ın Orta Asya'da yayılışı esnasında bölgedeki İranî nüfusun yanında Türk nüfusu da yerleşmeye ve tutunmaya başladığından, Türk kitleleri Afşin denen liderlerinin başkanlığında İslam İmparatorluğu ile bütünleşip onların hizmetine girdiler. Askerî örgütleri ve teknikleri kendilerine özgüydü.

Kuşkusuz bu, bütün bölgenin İslamiyet'e girdiği anlamına gelmez. Nitekim Volga boyunda Bulgarlar arasında ancak 10. asırda İslamiyet'in yayılmaya başladığı (tam yayılma değil) görülür. Bazı bölgelerde bu süreç 13. asrı bulur. Dahası Kafkasya'da 18. asırda Müslümanlığı kabul eden Türk kabileleri de vardır (Karaçaylar gibi). Fakat genelde Ortadoğu tarihinin seyrini değiştiren Oğuz boyları, 10. asırda İslamiyet'i kabul etmiş ve Ortadoğu tarihinde bir güç olmalarıyla İslam tarihinin de seyrini değiştirmişlerdir.

İlk Müslüman Türk devleti ne zaman ortaya çıktı?

11. asrın sonu ve 12. asrın başlarında Anadolu'da Selçukîler ortaya çıktığı zaman, ilk Müslüman Türk devleti bugünkü Doğu Türkistan'da çoktan ortaya çıkmıştı: Karahanlılar... Karahanlılar zamanında Gazneliler de var. Gazneliler, Müslüman bir devlet ama fethettikleri yerlerde Müslümanlar azınlıktı; özellikle de Kuzey Hindistan'da... Onlar henüz tam olarak Müslüman olmayan bir milleti idare ediyorlar ve orada kesinlikle Farsça konuşuluyor. Bu yüzden Gazne hükümdarlarına "Melik-tâzî-guyend", yani "barbar dili

konuşan melik" diyorlar. Mamafih İslam'ın İran'da tutunması Türklerden çok önce olmakla birlikte, bazı dinî liderlerin destek bulması ve bu alandaki kurumlaşma askerî yapılı Türk devletlerini bekledi.

Çok tartışılan bir konu ama Türkler tam olarak ne zaman İslamiyet'i kabul etmişlerdir?

"Tavâif-i Mülûk" dediğimiz safhaya gelene kadar Türklerin İslamiyet'i kabul ettiğini söylemek kolay değil; keza ekseriyet Müslüman değil. Türklerin Müslümanlığı 10. asırda bile başat bir unsur değil. Müslüman dünyaya intibak etmiş Türkler var mı; elbette var. Sözleri geçiyor mu; geçiyor. Abbasî ordusunun en kuvvetli adamları Türkler; içlerinde devlete intibak edenler var. Ama bugünkü Türk dünyasını oluşturan kavimlerin çoğunun bu Müslümanlıkla ilgisi yok. Abbasîler adına Volga boyunu gezen İbn Fadlan'ın tarif ettikleri bambaşka bir durumu gösteriyor. Yazdıklarında, "Şedid kuralları olan topluluklar" ifadesi geçiyor. Meselâ bir dünya var ki az olduğu için su kullanmak yasak. Bir bölge var ki, orada ırz meselesi söz konusu olduğunda adamı feci hâlde öldürüyorlar. Birtakım komşu kavimlerde böyle bir mesele yok. Yani özgün yasakları olan bir kavim Türkler...

Türkler hem yasakları olan hem de kendi içlerinde hiyerarşi ve otoriteleri bulunan bir kavim...

Evet, at sürüleri dolayısıyla olmalı; Türklerde otorite ve hiyerarşi çok önemli. Bu vasıfların üzerinde özellikle durmak gerekiyor. Türklerin İslamiyet'e girişi 10. asırdan sonra hız kazanıyor. Bu giriş de büyük kitleler hâlinde olmuştur. Artık o zamanki devir Hz. Muhammed'in zamanı değildir, Hulefâ-yı Râşidîn'in hiç değildir, Abbasîler devrinin parlak Bağdat medeniyeti de değildir. Hoş bir tarafı var; Emevîler devrinin söz konusu dönemde Arap milliyetçiliğiyle değil de kabile kimliği ve sertliğiyle dolu Müslümanlığı da yoktur. Türkler buna hiç tahammül edemezdi. Artık durulmuş ve neredeyse gerilemeye başlayan bir İslam hâkimiyeti söz konusu...

Karahanlılar kurulduğu zaman İslam dünyası Girit, Kıbrıs ve Antakya'yı kaybetti. Mezopotamya'da gerilemeler başladı. Sicilya ve

İtalya kaybedildi; Bizans muhasaraları da öylece bitti. İslam Devleti de parçalanmaya başlamıştı. Mısır'da İhşîdîler ve Tolunoğulları, Suriye tarafında Fatımîler, İran'da Tahirîler, Saffarîler ve Samanoğulları (Samanîler) bugünkü Orta Asya ve Tacikistan'da gelişip yayılacak. Asya medeniyetinin parlak ve kalıcı mirasını oluşturdu. Samanî sikkelerini bugün İsveç müzelerinde dahi bolca bulursunuz. Hanedanın menşeini tartışmayalım; bu dönem İran medeniyeti ve Fars dilinin inkişaf devridir.

> *"Oğuz boyları, 10. asırda İslamiyet'i kabul etmiş ve Ortadoğu tarihinde bir güç olmalarıyla İslam tarihinin de seyrini değiştirmişlerdir."*

Bir önceki soruda "Tavâif-i Mülûk" bahsini açmıştınız, bu konudan biraz bahseder misiniz, bu devletler nasıl geçiniyorlardı?

"Tavâif-i Mülûk" bir kalıp olarak "Melik Grupları" demektir. Abbasîlerin parçalanmasıyla ortaya çıkan yapılar arasında devletçikler vardır ama bugünün Mısır'ı, Özbekistan'ı gibi büyük toprak parçaları da bulunur. Zaten bunların başka türlü geçinmesi mümkün değil. Çünkü Ortadoğu ve Orta Asya'da şehir devleti tipinde devletler olmaz. Sebepleri üzerinde ayrı ayrı duralım.

Bunun iki sebebi var. Birincisi; zayıf olurlar. Küçük bir arazide büyük bereket olmaz. Asker beslemek için geniş araziler lazım. Zaten Tavâif-i-Mülûk, İslam Devleti'nin geniş eyaletlerinin yeni oluşumuyla ortaya çıkar. Kuruluşunda işi ele alanlar devletin büyük komutanlarıdır. Bu sebeple burada İtalya'nın Venedik'i, Toscana'sı gibi devletçikler olamaz. İtalyan denizci cumhuriyetlerinde şehrin etrafında zayıf bir ziraî bölge olur, gemicilik işinden gelir elde edilir. Beslenme ihtiyacı Akdeniz-aşırı bölgelerden sağlanır. Yani İtalya yetmiyor; gemiler vasıtasıyla etraftan yiyecek içecek getiriliyor. İdare; hükümdarın, dükün elinde değil, aksine *patrici* denen zengin tüccarların elinde ve rekabetinde... Bunlar, yani İslam devletçikleri öyle değil; meselâ geçmişte büyük imparatorlukları besleyen yer Mısır'dır. Mısır'ın buğdayı, pirinci gelir. Papirüsü pek gelmez, çünkü o dönemlerde papirüs, Mısır'dan başka hiçbir yerde üretilmiyor; Mısır dışındakiler ya işlemeyi ya da tekniğini bilmiyorlar. Peki parşömen lafı nereden geliyor? Bergama'dan (Pergamon) dolayı... Parşömeni orada geliştirmişler, adını şehirden alıyor. Fakat parşömen, bildiğimiz kâğıtlar gibi değildir. Oğlak derisindendir. Sonradan gelişen kâğıda da aynı isim verilecektir.

Ortadoğulu şehir devletlerinin var olmamasının ikinci sebebi ise toplumların isteksiz oluşu... Ziraî topraklar var. Sulama için arklar, küçük barajlar yapmak lazım. Bunlar, ancak geniş coğrafyaya sahip devletlerin becerebileceği işler... Kısacası büyük topraklara sahip devletler kervan ticareti yaparlar. Çünkü kervan ticaretini küçük devletler organize edemez.

İslamiyet'i seçen Türk boyları Türklüklerini korurken, Hıristiyanlığı seçen Türk boylarının Türklüklerini kaybetmesinin sebebi nedir?

Bu, tarih yazıcılığı açısından tartışılacak bir problematiğin kesin cevabının verilememesiyle ilgilidir. Hıristiyanlığa geçen Türkler, gerçekten Türklüklerini kaybettiler mi? Bu, yaygın bir kanaat ve kısmen doğru da... Viyana Muhasarası ve bilhassa Küçük Kaynarca Antlaşması'ndan sonra Türklerin yaşadığı birtakım bölgeler elimizden çıktı ve buralarda misyonerlik faaliyetleri oldu. Meselâ bu konuda Rusya'da bir kilise faaliyet gösteriyor ve şaşılacak şey; bunlar, Ortodoks Kilisesi'nden daha etkili olan İskoçyalı Protestan gruplar... Bu alanda Türklerin önemli mütefekkirlerinden biri de Azerbaycanlı Mirza Kâzım Bey'dir. Kendisi molla soyundan gelir ve derin bir âlimdir. Onun yazdığı bir lügat vardır; Almanca-Rusça-Türkçe. Alman Şarkiyatçı Julius Theodor Zenker bunu geliştirip kullanmıştır (*Türkisch-Arabisch-Persisches Handwörterbuch: Dictionnaire Turc-Arabe-Persan*). Öyle ki Almanya'da Oryantalistik veya Türkoloji okuyanlar hâlâ bu lügati kullanıyor. Mirza Kâzım Bey'in *Derbendnâme* adlı başka bir eseri de vardır. Kendisinin Türklüğe büyük katkıları olmuştur ancak Hıristiyanlığa geçmiştir; Ortodoks değil, Protestan'dır. Bu tip örnekler Türkiye'de de mevcuttur. Ünlü ailelerden çocukları tanassur edenler vardı; hatta biri Vatikan'da önemli bir mevkie ulaşmıştı. Etrafındakiler ona "Kardinal Molla" derdi. Ahmed Cevdet Paşa'nın torunu da tanassur edip rahibe olmuştu; buna rağmen o tarihlerde Türkiye'ye gelip gittiğini herkes bilir. Bunlar münferit ve marjinal olaylardır.

Türklerin toplu olarak Hıristiyanlığa geçtikleri bir dönem var mıdır?

Türklerin kitle hâlinde Hıristiyan olması, Şamanizm'den geçiş sürecinde Bizans propagandasıyla olmuştur. Bunun dışında Uygurların Nestûrî rahiplerinin etkisiyle Manihaizm gibi Hıristiyanlığı kabul ettiği bir dönem de var. İlginçtir; Efes konsilinde aforoz edilen bu mezheb İran'da ama büyük ölçüde Türk ve Moğollar arasında yayıldı. Sonra 14-18. yüzyıllarda Rus Kilisesi'nin Kazan ve Sibir hanlıklarının topraklarında yaptığı misyonerlik faaliyetleri söz konusu... Buralarda vuku bulan tanassurlar nitelikçe birer facia olduğu için sayı çok abartılıyor (Mişerler). Aslında olabileceğinin en azıdır.

Şunu da söyleyelim; Türkler Hıristiyan oluyorlar ama millî kimliklerini kaybetmiyorlar. Türkler arasında; hem Yahudi olmuş hem de Yahudiliğin iki dalına birden girmiş olanlar var; hâlâ Türkçe konuşuyorlar. Kırım'da Kırımçaklar var, Karayların aksine Talmud'a inanan, Ortodoks Yahudi inançlılar var. Ancak Türk dilinden başka dil bilmezler. Ne Yidiş ne de İspanyolca, sadece Türkçe konuşurlar. Hatta "Raşi" dediğimiz İbranca harflerle duaların Türkçe yazılması söz konusudur. Meselâ Gagavuzların nesi Türklükten uzak? Türkçe konuşuyorlar. Anadolu'da da Karaman Rumları vardır; Türk'türler. İncilleri Yunan harfleriyle ama temiz bir Türkçeyle yazılmıştır. Tüm bu sebeplerle, tarihî olayları değerlendirirken, Türklüğü kaybetme meselesinin ölçüsüne bakmak lazım.

İranlılar eliyle Müslüman olduk diye İranlılaştık mı? İran'da birçok Türk var; çok iyi Farsça biliyorlar, İran edebiyatına katkıları var ancak Türkçeyi de fevkalâde konuşuyorlar. Anlayacağınız; şaşılacak derecede sağlam bir iki-dillilik, iki-kültürlülük söz konusu...

1100'lü yıllardan sonra İslam Devleti parçalanmaya başladığında Mısır'da İhşîdîler ve Tolunoğulları, sonra Fatımîler; İran'da Tahirîler, Saffarîler ve Samanoğulları gibi beyliklerin ortaya çıktığını söylediniz. Bu beylikler bir şehir devleti gibi miydi?

Beylikler bir şehir devleti gibi değillerdi. En küçükleri; Selçukîler dağıldıktan sonra bereketli Anadolu toprakları üzerinde kurulan Eretna, İsfendiyaroğulları, Tekeoğulları gibi beyliklerdir. Meselâ koca Aydınoğullarının kapsadığı yer bugünkü İzmir, Denizli'nin bir kısmı ve Aydın'dan ibarettir. Menteşeoğulları Muğla'yı kapsar. Bunlar eski Roma'nın vilayetlerine de uyuyorlar. Meselâ İsfendiyaroğulları tamamen Paflagonya (Kastamonu) civarında... Böyle bir bire birlik var, çünkü o toprakların teşkilatlanma ve kendini besleme kapasitesi bir yerde tekrarlanıyor. Bu durum Anadolu'da geçerli... Asya'ya doğru gidildiği zaman devletlerin daha büyük olması lazım; oradaki verimli topraklar Anadolu'daki kadar çok değil.

Guy Le Strange ve Zeki Velidi Togan'ın bu konuda çalışmaları var diye biliyorum.

Evet, Guy Le Strange'in tarihî İslam coğrafyası üzerindeki tetkikleri önemlidir. Bu dalın ikinci önemli adamı da Zeki Velidi Togan'dır. Bir diğeri de Mükrimin Halil Yinanç'tır. Meşhur bir olayı var; Bibliothèque Nationale'de bulunan *Düsturnâme-i Enverî* adlı eserin kopyalanması yasakmış. Gidip okumuş, dışarı çıkıp sigara paketlerine yazarmış. Onu neşretti. Dermiş ki, "Mekke'de Hz. Ali'nin evinin yerini gösterin, bütün topoğrafyayı çıkarayım." Zeki Velidi Togan gibi Volga boylarından başlayarak bütün Orta Asya coğrafyasını, eski tarihî kentleri hafızasında tutan başka bir ilim adamı yoktur. Türk Tarih Kurumu'nun ilk kongresindeki kavgası da buradan gelir. Göç Teorisi'ni anlattıkları zaman, "O gölün tarihî zamanlarda kuruduğu yok, bilmiyorsunuz" demiştir. Göç Teorisi hakkındaki görüşleri dolayısıyla çok tepki görmüştür Zeki Velidi Togan ama bu söyledikleri de zabta geçip basılıyor. Bunu da unutmayın. İç denizin kuruması jeolojik bir olaydır. Togan mealen diyor ki, "Orta Asya'da bugün de göller kuruyor ama söz konusu gölün kuruması tarihî devirlerden önce olmuş. Bu yüzden göçün sebebi bu olamaz." Zeki Velidi Togan'ın araştırmalarına bakınca anlıyoruz ki Orta Asya coğrafyasında Tavâif-i Mülûk'un çıkışı için şehirlerin bağdaşması ve bir araya gelmesi çok mühim... Halife Mutasım zamanında Horasan valisi Tahir var. Kendisine valilik verildikten bir müddet sonra ister istemez bölgenin idaresini ele alıyor, çünkü iş çok zor; isyanlar ve çekişmeler var. Tahirîler hanedanının çıkışının kaçınılmazlığı açık... Bölgeyi idare etmek gerekiyor. O dönem Horasan'a Seyhun ve Ceyhun nehirlerinin arasındaki bölge, Maveraünnehr (Transoxiana) de dâhil... Sonrasında hareket doğuya doğru gidiyor.

Tahirîlerden sonra Horasan bölgesinde hâkimiyet nasıl devam ediyor?

Tahirîlerden sonra Saffarîler gelecek. Saffarî bir komutan değil, asaleti yok. "Saffar" bakırcı demektir. Aslında burada bakırcıların isyanı söz konusudur. Saffarîlerin Tahirîleri devirdikten sonraki bu hâkimiyeti yüzyıl bile sürmemiştir, arkadan hemen bir dihkan (Sâsânî toprak beyi) çıkıyor. O dihkan reislerinden biri Samanoğullarından... Bu arada Samanoğulları Türk değil. Bunları tashih etmek lazım... Meselâ ilkokul kitaplarında Ak Hunlar için Türk denilir. Ak Hunlar, Eftalit'tir. Ordunun içinde Türkler vardır fakat Türk demek için bu yeterli değildir. İddia henüz araştırma ve mukayeseye muhtaçtır. Bizim Türk yaratmaya ihtiyacımız yok; her devirde, coğrafyanın her yerinde varız zaten. Bu sebeple Balkan tipi tarihçiliğe lüzum yok. Söz konusu tarihçilikte her ırk dünyayı kendi kendine yaratmıştır. Sırp da, Bulgar da, Yunan da böyledir.

Bu arada Türklerin askerliği tarih boyunca devam ediyor mu?

Evet, bu bir meslek ve organizasyon biçimidir. Türkler bunu çok iyi bilir.

Elçilik dediğimiz haberleşme sistemi Orta Çağ'da mı yaygınlaşıyor?

Evet, elçiler haber getirip götürmeyle meşgullerdir ve bir yerde kalıcı olmaları mümkün değildir. Her devletin de bu elçilerle alakalı farklı âdetleri var. Romalıların bir yere elçi göndermek gibi bir durumları yoktu, çünkü elçi gönderilecek bir yer söz konusu değildi. Çin'e zaten elçi pek gitmez. İranlılarla ilişkiler de savaş üzerine kurulu... Orta Çağlarda Bizans bu elçilik kurumunu geliştirmek durumunda kalıyor. Çünkü etrafta birtakım Barbar kavimler var. Bunlara elçi gönderilmeye başlanıyor ve bu iş de bir yerden sonra ananeye bağlanıyor. Belirli kurallar işletilmeye başlayınca elçilik mekanizması ortaya çıkıyor. Tıpkı bizim Topkapı Sarayı'ndaki Hünerverân atölyeleri gibi Bizans Sarayı'nda da atölyeler var. Burada kumaş, ipek dokunuyor, sanat eserleri yapılıyor; hepsi hediye üretmek için... Bu tip atölyelerin sonuncusu Hereke'dedir ve faaliyetine elan da devam eder, orada yurt dışı ziyaretleri ve misafirler için hediye üretilir. Ama asıl büyükelçilik dediğimiz müesseseyi İtalyan devletleri meydana getiriyor. Papalık, Venedik, Toscana gibi şehirlerin birbirleri nezdinde elçileri var.

"Bizim hayalî Türk kahramanlara ihtiyacımız yok; her devirde, coğrafyanın her yerinde varız zaten."

Tarihimizde 569 yılında bir elçilik olayı var, aslı nedir?

569'da Bizans, Kilikyalı Zemarkhos diye birini Göktürk Yabgusu İstemi'ye yolluyor. Çin'den gelen İpek Yolu'nun teminat altına alınması için Türklerden yardım istiyorlar. Çünkü İran, yolu kesmiş durumda... O zaman Göktürklerin doğru dürüst bir başkenti yok diyebiliriz ama var ve Zemarkhos, sefaretnâmesinde nasıl karşılandığını anlatıyor. Daha sonra da Maniakh adlı bir Soğdlu ipek taciri ve diplomat, Türklerin elçisi olarak Bizans'a gidiyor (Malûm Göktürkler kançılaryada mebzulen Soğdlu kullanmıştı. Orta Asya Taciklerinin ve İranîlerin atası). Maniakh'ın yazdığı mektup ortada... Hayret uyandıran bir husus, nasıl oluyor da bizim Orhun Yazıtları'nın tarihi 700'ler olabiliyor? 569 yılındaki bu olaya rağmen okullarda hâlâ bu tarih verilir.

Süleyman Demirel reisicumhur olarak bir heyetle yazıtların olduğu yere gitmiş; orada neler yaşandığı yazılı olarak elimizde mevcut... Heyettekiler, Dış Moğolistan'da bulunan Orhun Vadisi'ne helikopterle inerken kimisi ağlıyormuş, kimisi şaşırmış, kimisi de sükût-ı hayale uğramış; çünkü o zor tabiat şartlarının ortasında firavunların obeliskleri, Atina mabetleri gibi yapılar görmeyi bekliyorlarmış. Sebze bile yetişmeyen, her yere uzak, tabiat şartlarının çetin olduğu bir dünyada neden bunların beklentisine girersiniz?

Belli ki Türk milleti coğrafya bilmiyor. Coğrafya bilmeyince de tarihe başka türlü bakarsınız. Ziyaret sırasında orada henüz başlayan arkeolojik kazıları da görüyorlar. Kazılar o dönemde yüzeysel arkeoloji safhasında... Söz konusu kazılar sonucunda Zemarkhos'un elçi olarak geldiği dönem bilgileri açığa çıkıyor. Görülüyor ki Orhun Kitabeleri Allah'ın boş kırlarında değil, etrafında bir şehir tipi yerleşme var ve yazıtlar Miladî 8. asırdan daha geriye gidiyor.

3

DÜNYA TARİHİNDE TÜRKLERİN YERİ

DÜNYA TARİHİNDE TÜRKLERİN YERİ

Orta Çağ'da hem tarih kirliliği hem de tarihin tahrifi söz konusu... Bu kirlilik nasıl oluştu?

Meselâ, İslam tarihine bakıyoruz; Miladî 600'lerin sonu, 700'lerin başında Kuteybe bin Müslim Orta Asya'da savaşlar yapıyor. Talas'ta Türklerle savaşılıyor, ancak Türklerin tarumar edilmesi gibi bir durum söz konusu değil; çünkü ortada direnen bir güç mevcut... Anlayacağınız, iki günde Müslüman olmuş değiliz. Tarih yazımında müthiş bir tarih kirliliği var.

Claude Cahen[2] ve Karl Brockelmann'ın[3] yazdıkları mühimdir ama bunlar da bir yere kadar... Çünkü bu araştırmalar akademiyanın raflarında kalır. Ben gençlerin okullarda ne okuduğuna bakarım. Almanlar gibi ciddi tarih yazıcılığı disiplini olan bir ülkede bile, yanlış şekilde, Türklerin İran'ı 652'de fethettiği ve ahalisini Müslüman yaptığı yazıyor (*Musisches Lexikon* adlı bir Alman okul ansiklopedisinde). Bu bir zihin kirliliği yaratıyor. Bunlar sonuçta bir sanı da olsa bugünü etkiliyor, çünkü çağdaş dünyada bakış açıları değişiyor. Sizin karşınızda bir efsane, bir önyargı olarak ebedî bir Türk var. Bu; yerinde durmayan, milletleri fethedip zorla dinlerini değiştiren bir ırk... Gerçek tarih bununla bağdaşmıyor ama ideolojik bakışın saptırdığı olaylar, güncel bakışı ve nihayetinde güncel politikayı etkiliyor.

---

2 Claude Cahen, *Osmanlılardan Önce Anadolu,* Tarih Vakfı Yurt Yayınları, İstanbul 2014.

3 Karl Brockelmann, *Geschichte der islamischen Völker und Staaten (İslam Milletleri ve Devletleri Tarihi),* Olms, Georg 1977.

Türklerin tarih yazımında bulundukları konum hakkında ne diyebiliriz?

Türkler tarihte her zaman varlar ama tarih yazımındaki yerleri o kadar kesin ve berrak değil. Tarihimizin tam tespiti için Çin kaynaklarına müracaat etmek gerekiyor ama o dil de bugünkü Çince değil. Erken dönem Çin kaynaklarında Türklerden bahsediliyor; bir Çinlinin Türk illerinden geçerken yazdığı seyahatname, birtakım yıllıklar...

Bunları ilk tetkik eden 18. asırda Fransız bilgin Joseph de Guignes'tir. Tasnif edip yazdığı 1756 tarihli eseri Hüseyin Cahit Yalçın tercüme etti.[4] Liste; Wilhelm Thomsen, Vasiliy V. Radlov ve 20. asırdaki bilginlerden Annemarie von Gabain gibileriyle sürer gider. Burada, Mustafa Kemal Atatürk'ün neden Dil ve Tarih-Coğrafya Fakültesi gibi bir müessese kurdurduğu anlaşılıyor. Dünya tarihini gözden geçirme gibi Batı Avrupa'ya has bir merak, bir antropolojik yaklaşımdan çok; Türklerin geniş coğrafyadaki durumuna dair orijinal gözlemler yapma amacı var. Keza Sinoloji, Hindoloji bölümleri kuruluyor. Daha sonra başka bir metafor doğacaktı; herkes durumu Göç Teorisi'ne bağlayıp Sümerler ve Hititlerin Türk olduğunu söyleyerek onları araştırmaya başladı. Kuvvetli olan Alman ilmi ve o ilim insanlarının Adolf Hitler'den kaçışı da Türkiye'yi geniş bir filolog ve tarihçi Alman grubu için bir melce-i iltica hâline getirdi. Bu araştırmaların ardından arkeolog ve filolog yetiştirilmesi gereği ortaya çıktığı için Avrupa'ya eğitime gönderilen gençler geri gelince mesele başka bir boyut kazandı. Türkiye için sorun; İlk Çağ için başlayan bu araştırmaların, daha sonraki çağlara yönelmesinin çok geç olması... Bu bir filolojik sorundur. O yüzden bizim tarihimizde 10. ve 11. yüzyıllara doğru bakış sırasında filolojik problemler bulunur. Şu anda Hindoloji, Sinoloji, Pehlevî dili gibi dallar ve dolayısıyla İç Asya Türk araştırmaları milletimizin elinde değildir, Topkapı Kütüphaneleri'nde II. Bayezid Han'ın okuduğu metinlere bakarsak henüz muasır Türk gençlerinin Padişah'ın Çağatayca ve eski Türk metinleri bilgisine sahip olmadığını görürüz.

4 *L'Histoire des Huns, des Turcs, des Mogols et autres Tartares* (Hunların, Türklerin, Moğolların ve Daha Sair Tatarların Târîh-i Umûmîsi).

Hem Doğu'da hem Batı'da tarih yazımının çeşitli alanlarında önemli hatalar var ve hâlen de devam ediyor.

Evet maalesef, bu hatalara şöyle iki örnek vereyim; Türk milletinin macerasına yukarıda kısmen değindik. Karahanlılar, Satuk Buğra Han'dan sonraki dönemde ilk Müslüman Türk devleti oluyor. O şema da yanlış tarif ediliyor. Satuk Buğra Han bir St. István değil. St. István; Macaristan'ın Hıristiyan olan kralı Saint Stephan'dır veya Kiev Büyük Knezi Vladimir de böyledir, örnekler var. Bu tip hükümdarlar kendisi din değiştirdi diye tebaasını da zorla o dine geçirir. Dediğim gibi, Satuk Buğra Han bu kişilerden değildir. Belli ki kendisinden sonra etrafındaki savaşçılar ve kendi kabilesi de yavaş yavaş Müslüman olmaya başladı ve bir zaman sonra karşımıza Müslüman bir devlet olarak çıktılar. Kayıtları çok az olan bu devletin içinde tebaanın ne kadarı Müslüman'dı, ne kadarı farklı dine tâbiydi, bilmiyoruz. Ancak karşımızda şunu ifade eden bir olgu var: Doğu Türkistan, yani bugün Çin Halk Cumhuriyeti'ndeki Sincan (Sinkiang) bölgesi, Müslüman bir milletin kuvvetle oluştuğu yerdir.

Diğer tarafta Volga Bulgarları var. "Bulgar" bir kavmin veya bir birliğin adıdır. Menşei elan karanlıktır ve daha da karartılıyor. Çünkü Kazan Tatarları, "Biz Tatar değil, Bulgar'ız" demeye başladılar. Bu söylem, ciddi olarak münevverlerin ağzından halk takımına doğru yayılıyor. İnsanlar kendilerine henüz Tatar diyor (o da yanlış bir tabirdir) ama çok yakında Bulgar demeye başlarlar. Bahsettiğimiz Bulgar kavmi, Bulgaristan'ın Bulgarları değil. O Bulgarların üzerine buradan gidenler yerleşip onları idare etmiş, isim ve belirli bir söz hazinesi bırakmışlardır. Ancak Slav değildirler. Her ne kadar Slav olmayanlar azınlık olsalar da; bu, oraya hâkim olup izlerini bırakmalarına engel olmamıştır. Nitekim izlerini bırakıp sonrasında da eridiler.

Bugünkü Bulgaristan'ın ahalisi; orada mütemekkin olan, eskiden beri bulunan Slavlardır. Bu kişilerin Orta Avrupa'dan oraya doğru ne zaman yayıldıklarını tespit etmek Slavistik dalının işidir. O konudaki araştırmaları takip ettiğimiz zaman görüyoruz ki büyük tutarsızlıklar var; ancak bugünkü Bulgarlar, oranın otokton (yerli) halkıdır ve yazıyı ilk öğrenenlerdir. Aynı çağda, Müslüman olan Türkler de İslam'la birlikte Arap harflerini alıyorlar. Daha evvel de yazıları var tabii. Keza ilk yazımız Göktürk alfabesidir ve daha sonra da işlek bir yazı olan Uygur alfabesi geliyor.

Doğru bir tarih yazımı için filolojik metinlerle coğrafya ve arkeolojiyi birleştirmek mi gerekiyor?

O dönemde evet, diğer türlü ortaya koyduğunuz şey tarih olmuyor. Örneğin 1040'ta gerçekleşen Dandanakan Savaşı sonrası Horasan'a yerleşme durumu var. Tuğrul Bey; Horasan bölgesinde, Tus'tadır ve oraya yerleşmiştir, yerli halkla ilişkileri çok enteresandır. Kendisi Farsça bilmiyor. Horasan bugün bile çok karışık bir bölge; burada kısık gözlü veya yuvarlak Türk çehrelerinin yanı sıra, koyu İranlıları da görebiliyorsunuz.

Maveraünnehr ve şimalindeki Türklükle eski İran'ın Zerdüştî kültürü birbirinin üstüne oturmuş ama sulh ile... Birbirlerini tahrik etmediklerinin izlerini bugün bile görüyorsunuz. Tuğrul Bey burada oturuyor. Çağrı Bey'le Gaznelilere karşı orada birleşip savaş açacaklar. Gazne Hükümdarı Sultan Mesud bu yolu kesecek ve iki kardeşin kuvvetlerinin birleşmesini engelleyecek. Bu olay hakkında 12. yüzyılın tarihçisi Nişaburî'nin söylediği şudur: "Sultan Mesud; hızlı hareket eden dişi bir file bindi ve 70 kilometrelik bir mesafeyi aşarak Cem üzerinden gitti." Cem denilen yer bir şehir... Orta Çağ kroniklerinde ismi geçen ve Nişaburî'nin bahsettiği bu şehrin bizim uzmanlar tarafından keşfi 20 yıl öncesine dayanıyor. Harabe hâlinde bir kent ama yerle yeksan olup toprağın altına gömülmüş de değil. Dediğim gibi daha yeni keşfediliyor. Ortadoğu tarihçilerinin filolojik metinlerle coğrafya ve arkeolojiyi remz edemeyişinin acı bir örneğidir bu. Nişaburî bahsettiğimiz olayı biraz masalsı anlatıyor: Sultan Mesud gece filin üzerinde uyumuş, Sultan uyanmasın diye fili çeken adam yavaşlamış, o yüzden Sultan Mesud yetişemeyince Çağrı Bey, Tuğrul Bey'e katılmış. Sonra Sultan Mesud, fili çeken adamın cezalandırılmasını isteyip stratejiyi değiştirmiş ve Dandanakan'da diğer orduyla karşılaşmışlar...

Dandanakan Savaşı'ndan sonra bizimkiler Horasan'a yerleşti. Bu, tarihin önemli bir noktasıdır. Bazı insanlar, "Tarih hep savaştan ibaret" diye savaşları küçümserler ama bizde tarih hakikaten hep savaştır, Batı'da ise hep evlenmedir. Orada hükümdarlar evlenme yoluyla hâkimiyet kurmuşlardır. Savaş nasıl önemli olmaz ki? Meselâ 1912 yılı sonbaharında, olayı rüyasında görse inanmayacak insanlar bir gün Bulgaristan tebaası olarak uyanıyorlar. Türkiye'nin insanları hâlâ o Balkan travmasından kurtuldu mu, kurtulmadı mı, bilinmez. Belki orada zarar gören insanlar maddi anlamda kendilerini düzelttiler ama unutulmamalı ki düzeltilemeyen bir manevî taraf var. Bunları bilmeden tarih yapamazsınız. Sınırlarınız içinde olan Ahıska bölgesi (bugün Gürcistan toprakları) bir günde diğer tarafa geçiyor. Daha sonra da oradaki insanlar Stalin'in sürgünüyle Orta Asya'ya gidiyor. Sizce rüyalarında görseler böyle bir şeye inanırlar mıydı?

Türklerin tarih sahnesindeki konumunu ve nereden gelip nerelere yerleştiklerini anlamak için hangi alanlarda okumalar yapılabilir?

Biz 1100'den itibaren aslında buraya yerleşmeye başladık. Bunu niye hatırlatıyorum size: 900 senedir Türkiye'de, Küçük Asya'dayız ve bu aslında çok yakın bir tarih... Dünya tarihinde bir coğrafyada etnogenezi ve etnik yapıyı değiştiren böyle yerleşmeler vardır. Hangileridir bunlar? Neresi değildir ki... Koca Romalıların Avrupa'dan atılmasıyla yerine yeni Germen kabileler geldi. Franklar Fransa'ya yığıldı. Ruslar bile ilk başta bazı Finli kabileleri attılar. Slavlar yerleştiler ama birkaç yüz sene sonra onlar da bir sürü yerden atıldı. Doğudan gelen Tatar, Kıpçak gibi kabileler yerleşti. Fakat bunların içinde Türklerin yerleşimi çok gençtir, çünkü Fransa bu işi MS 4. ve 5. yüzyıllarda tamamladı. Öyle ki 500'lerde millî bir ülke ve devlet olarak ortaya çıktı. Belki kendi bilincinde (*pour soi*) henüz bu kimlik güçlü değil ama (*en soi*) bizatihi artık bir Fransa ve Franklar ülkesi vardı. Bu sancılı süreci birkaç yüz sene sonra Almanya ve Avusturya, en geç 9. asırda da Polonya ve Macaristan gerçekleştiriyor. 1000 yılından itibaren Macaristan Hıristiyan olup Hıristiyan tacını

"Türk kimliğini anlamanız için sadece etrafındaki bölgeyi değil, tüm dünyayı bilmeniz gerekiyor."

taktı. İleride kutsal sayılan bu taç (St. István tacı) Macaristan'ın vaftiz edilen hükümdarının tacı olarak tarihe geçti (997-1037). Daha sonraki tarihlerde bu tacı giymeyen hiçbir kral Macar imparatoru olarak kabul görmemiştir. Bizans üslubunda bir taçtır ve Kral István da ülkeyi Hıristiyanlaştıran apostolik bir kraldır.

Şimdi düşününüz, Türkler aslında Anadolu'ya ne kadar da geç gelmiş... Üzerinde durmamız gereken bir husus var; Türkler coğrafyada çok hareketli olduğu için her zaman dünya tarihi içindedirler. Türk kimliğini anlamanız için sadece etrafındaki bölgeyi değil, geniş bir dünyayı bilmeniz gerekiyor. "Roma bize ait değil" diyemezsiniz. Girdikleri medeniyet dolayısıyla böyledir. İslam medeniyeti dediğiniz Arap medeniyeti değildir. Dilinde Yunanca vardır, İbranca vardır; yani Yunan felsefesini, bilimini ölümden kurtaranlar Müslümanlardır, oradan girmişiz. Meslektaşın biri, bana, "Yunanca ayrı bir medeniyetin dili" demişti. "Hangi medeniyet?" diye sorduğumda, "Eski Yunanca meselâ" diye cevap verdi. "İnsaf!" dedim, "800'lerde İslam tâifesi bu tarafta Yunanca tercüme yapıp kullanırken diğerleri daha ağaçların üstündeydi." İşte tarih yazımını doğru öğrenip yorumlamazsak bu kadar vahim olur. Dolayısıyla ayrım yapamazsınız, tarihi tümüyle okumak ve bilmek zorundasınız. Sonra tabii pratik bir netice geliyor: Söz konusu coğrafyaya bu kadar geç gelip yerleşen bir kavmin hesabı kesilmemiştir. Siz elbette bunun farkında değilsiniz, bölgeyi verilmiş olarak düşünüyorsunuz...

Dünya tarihine baktığımızda, kavimler arası savaşların hep var olduğunu görüyoruz. Biz kendi tarih yazımımızda biraz pembe bir dünya mı anlatıyoruz?

Maalesef Türkiye'de çocuklara gerçek dışı bir görüş aşılanıyor: "Dünyada artık her şey sakindir, bütün insanlar kardeştir, biz ebedî düğünü kutlayacağız. Bundan sonra herkes oturduğu yerde oturacak, bundan sonra savaş olmayacak" gibi... Keşke öyle olsa... Eğitimin kötüsü, muhakeme ve zekâyı dumura uğratır. 20. yüzyılın ikinci yarısında atılan mermi, bomba ve akabinde ölen kişi sayısı II. Cihan Harbi'ni geçti. Savaşın bitiminden beri dünya maalesef sakin değil. Felsefesini yaparsak; "Sakin olmamak, insan ırkının yaşaması için gereklidir" diyorlar. Belki de sakin olmamız lazım ama olamıyoruz.

Türkiye'nin yüzyıllar önce açılan tarih defteri henüz kapanmamıştır ve sık sık da görüyorsunuz ki bu defter kapanmaz. Onun için tarih bilmek; nereden geldiğinizi, nasıl yurt edindiğinizi öğrenmek zorundasınız. Nitekim sürekli önünüze söz konusu defteri çıkartacaklar ve bundan kaçma imkânı yoktur.

Meselâ Amerika kendi toplumuna çokkültürlülüğün de etkisiyle daha rahat ve özgür düşünebilmeyi mi aşılıyor?

Amerika hakikaten insanların ulusal önyargılarından en çok temizlenerek geldikleri yerdir. Dünyanın pek umurlarında olmadığı yaşam tarzı ve mücadele gereği, adamın milliyetinden ve dininden evvel elinden gelen işe baktıkları bir toplum... Ama toplumun da kendi tabuları var; meselâ iyi hekim, onlar için en makbul adamdır. Hangi dindendir, hangi mezhebdendir; fazla sormazlar. Prensip şudur: "Kimsenin dinini sormayız ve sordurmayız." Eskiden kompartımanlar çok daha kapalıyken, bugün orada da etnik gerilim ve adı konan rekabet başladı, dahası almış başını gidiyor. Aslında Orta Çağ'ın "laicus"u her toplumda mana değiştirerek yaşıyor. Bu dönemde laiklik "lâ-dinî" anlamındadır. Ruhban olmayan "laic"dir. Bugünkü anlamını Aydınlanma ve Fransız Devrimi'yle edindi.

O zaman ciddi ciddi tarihi ve yaşanılan ânı takip etmek zorundayız. Biz burada kendi tarihimizi ve medeniyetimizi öğrenirken, aynı zamanda yaşanılan dünyayla da iletişim hâlinde olmamız gerekiyor değil mi?

Elbette; sayısız yayınlar, kayıtlar var, pek çok ansiklopedi mevcut, oldukça fazla kitap çıkıyor ve bunların bazıları artık Türkçede de yayınlanıyor. Yavaş yavaş içine girmek, takip etmek, öğrenmek zorundasınız. Laik olmanız din bilgisi edinmenize mani değil, hatta gerekli. Hele Türkiye gibi bir ülkede Hıristiyanlığı, kiliseyi, İslam mezheblerini ve farklılıklarını mutlaka bilmek zorundasınız. İran Şiîleri ve Türkiye'nin Anadolu Alevîlerini birbirine karıştıramazsınız. Yine Anadolu Alevî'siyle Suriye'nin Alevîlerini ayırt etmek durumundasınız, zaten çıkan gerilim ve çatışmalar da zorunlu öğrenimi beraberinde getiriyor. Bugün Lübnan, Suriye ve İsrail'de yaşayan Dürzîler kimlerdir, Yezidîler kimlerdir; bilmek zorundasınız. Sayısız Hıristiyan mezhebi ve din var; onlar üzerinde fikir sahibi olmanız gerekir. Ermeni Ortodoks Kilisesi'yle (Gregoryenlerle) Rûm Ortodoksların alakası var mıdır veya yok mudur, bilmek durumundasınız. Keza birbirinden ayrı kiliselerdir. Güneyimizdeki Süryanîler de ayrı bir kilisedir. Meselâ bir de Hakkâri'yi terk eden Nestûrîler vardı, onlar apayrı bir kilisedir. Dahası bu saydıklarımın hepsi Türkiye'de yaşar. Bu hususları, serencamını ve iddialarını size bir Türk aydını olarak sorarlar, sanki sorumlusu sizmişsiniz gibi bilmek zorundasınız.

Görüyoruz ki; hepsinin üzerinde fikir edinmek, tarih ve coğrafyayı bilmek durumundayız; bulunduğumuz coğrafya bizi buna mecbur bırakıyor.

Tarih bilimini tam anlamıyla öğrenebilmek için kronoloji bilmek ve senkronoloji alışkanlığı edinmek durumunda mıyız?

Tarih zevk veren bir bilgi birikimidir. Kronoloji hiç sevmem demeyin, kronolojiyi sevdirecek mukayeseler vardır. Keza kronoloji sevmek için kronoloji ezberlenmez, onu ancak ehl-i hamâkat yapar. Mühendislikte bile rakam ezberlenmez, mutlaka bu rakamların tadına varmak için karekökünü alırsınız, çarpım cetveli ile başlarsınız.

Kronolojiyi sevmek için ise senkronoloji yapmak zorundasınız. Senkronoloji nedir? Eş zamanlama; yani 395'te ne oluyor? Roma İmparatorluğu parçalanıyor, peki öbür tarafta ne oluyor? Sâsânîler İran'ında Orta Asya'da kim var? Türkler ve Göktürk İmparatorluğu var. Bizans'ta kim var? Herakles sülalesi İranlılarla kavga ediyorlar; onlar ortalığı altüst ediyor ve arada Göktürk Yabgusu İstemi, Bizans'la temasa geçiyor. Biraz daha ilerlerseniz 622'de Hz. Muhammed hicret ediyor. Böyle bakmaya başladığınız zaman o sıkıcı bulutların arkasındaki tarih, kapı komşunuz olmaya başlar. Çünkü bir yerden bir yakınlık bulursunuz ve size o sene içindeki geniş İslam fütuhatını hatırlatır. Hz. Ömer'in orduları, yani Peygamberimizin ölümünden iki yıl sonraki ordular nasıl oluyor da bir anda Suriye, Filistin, Mısır ve Irak'a girebiliyorlar? Dahası Bizans Roma'sını siliyorlar, oradan giderek İran'da Sâsânî İmparatorluğu'nu yıkıyorlar. Sâsânîlerin merkezleri bugünkü Irak'ta Medain'di (Ctesiphon). Bu, size, İran'ın o coğrafyadaki derin etkisini, hâlâ Irak'ta niye Şiî çoğunluk olduğunu anlatıyor değil mi? Araplar Arapça konuşuyorlar ama adamların kökleri, o eski imparatorluk İran kültürüne ait... Birden nasıl bu bölgeleri alabiliyor; çünkü öbür ülkeler tarumar olmuş, yeni bir nizamı bekliyor.

Bu şekilde tarih öğrenildiği takdirde daha kolay anlıyor ve öğreniyor, daha çok işin içine girebiliyorsunuz. Özetle senkronizasyon (eş zamanlama) yapacaksınız; bu olmadan zaten pek çok hususu anlamanız mümkün değil.

Yine aynı şekilde 1920'lerin Avrupa'sını tetkik ve mütâlaa etmeden hiçbir şekilde İstiklal Savaşı'nı ve savaşın dış politikasını anlayamazsınız. Zaten Ankara hükümetini tasavvur ve tasvir etmek mümkün değildir; yoksa yavan, hatta yanlış bilgilerle oyalanırsınız. Ya da İngilizler Mustafa Kemal'i iş başına getirmişler diye biri bir laf eder, inanılacak şey değil. Herkes kendine inanacak ve sözlerini tekrarlayacak safdillerini bulur. Enteresandır ve doğrudur, hafızası olmayan toplumların nerelere gideceğinin, sürükleneceğinin, dahası neler yapabileceğinin hesabı olamaz.

Öyleyse artık balık hafızalı bir toplum olmaktan çıkmalıyız. Bu hükmünüzü Anadolu'da henüz hesabımız kapanmadı diye algıladım.

Küçük Asya denen kıtanın üzerinde Türk devletlerinin kuruluşunun hazmedilemediğini çok açık görürsünüz. Meselâ, Ayasofya neredeyse 1500 senelik bir mabettir. Burası, tarihin 900 senesi boyunca Hıristiyan kilisesiydi. Bütün dünyanın en büyük mabedi ama aslında en mükemmel ve ilk merkezî kubbeli binası olarak insanları çekti

"Hafızası olmayan toplumların nerelere gideceğinin, sürükleneceğinin, dahası neler yapabileceğinin hesabı olamaz."

ve bütün Hıristiyan milletlerin özlemiydi. O yüzden zaten Katolikler 1204'te şehre girdi. Haçlılar kiliseyi soydular, Bizanslı ruhbanı atıp içeride rezil törenler yaparak, mabedi Katolik katedraline çevirdiler, bu tam bir rezalettir. Ayasofya'nın kutsiyetini kirlettiler. Söz konusu mabedi Müslümanlar da istiyordu. Nitekim bu hayal Fatih'in muhteşem zekâsıyla 1453'te gerçekleşti ve 500 sene Müslümanlar tarafından kullanıldı. Bu bakımdan 1934'te Mustafa Kemal Atatürk'ün Ayasofya'yı müze hâline getirmesi çok büyük bir olaydır ve bu durum diğer ülkelerde tekrarlanmadı. Meselâ, İspanya'da Kurtuba Camii 15-16. asırlarda katedrale dönüştürülerek büyük tahribat yapıldı, öyle ki yapısı değiştirilerek simetrisi bozuldu. Emevîlerin yaptığı tavandaki Bizans tipi oymalar berbat edildi.

"Ayasofya insanlığın müzesidir" diyenlere karşı Hıristiyan zihniyet de var; hâlâ bize gelip burada ayin yapmak istediklerini belirtiyorlar. Ayasofya artık öyle bir yer değil ki, orası insanlığın büyük bir abidesi... Oysa içlerinden bazıları hâlâ, "Türkler burada niye oturuyor?" derdinde...

"Anadolu" mevzuuna gelirsek... Burası, klasik dünyada aşağı yukarı bizim Fırat Havzası'na kadar uzanan bölgenin coğrafî adıdır. Aynı şekilde söz konusu bölgede de birtakım hesaplaşmalar olabilir ama *Anatolia* dediğimiz yer, biliyorsunuz, anıların olduğu bir yer olmaktan çok Yunanca "şark" demektir. Keza burası eski Hellas kıtasına göre "şark" sayılır, tıpkı İranlıların Horasan'ının da öyle olduğu gibi; yani imparatorlukların doğu kesimi.

"Türk milletinin üçte biri şair, üçte biri memur, üçte biri askerdir" denirmiş, sizce bu doğru mudur?

Burada bir zihniyet değişikliğinden de söz etmek gerekir. Daha doğrusu zihniyet değişikliğinden değil, -mantalite burada zihniyet ve davranışı birlikte ifade eder- o bakımdan mantalite diyorum fakat biz de mantaliteyi zihniyet diye kullanıyorlar, yanlış değil de eksiktir, üzerine artı davranış diyeceksiniz. Bunun için bir kelime bulunana kadar şimdilik mantaliteyi zihniyet kelimesinin karşılığı olarak kullanıyoruz.

Burada Türklere özgü bir mantalite var. Evet, bize mekteplerde, "Türk milletinin üçte biri şair, üçte biri memur, üçte biri askerdir" denirdi. Ecdadımız ticaretten, sanayiden anlamaz, bunları hep gayrimüslimlere bırakarak yan gelip yatmışlar; bu söylenir, bu öğretilirdi. Yanlıştır! Türk insanının ticaret ve sanayiden anlamadığını söylemek hatalı bir söylemdir. Aksine müthiş sanayi tutkunu bir millettir. Buna başat bir tabir bulamadım; Türkler *industriamani*si olan bir millettir, yani hastalık derecesinde endüstri düşkünüdürler. Bu hassaları itibarıyla tarihte çok özgün ve ilginç yerleri vardır. Meselâ, 15. asırda %90'ı köylü ve göçebelerden oluşan bir memlekette Tophane'yi kuruyorlar. İstanbul'da Tophane'yi hiç değilse geçerken görmüşsünüzdür. Muazzam bir tesistir.

Göçebelik dediniz. Kontrol edilemeyen göçebe Türkmenler var bildiğim kadarıyla...

Göçebe Türkmenler bir çeşit askerdi. Bunlar, Osmanlılarda olduğunun aksine Selçuklu Devleti'nin tam bir otorite ile kontrol edemediği ama bazı amaçlar için kullanabildiği gruplardı. Eyaletlerdeki ikta sahibi askerler, her bölgede bir emir sipehsaların başkanlığında toplanırdı. Daha alt kademede serleşker ve subaşılar vardı. Tüm ordunun başında ise melikü'l-ümerâ (beylerbeyi) denen bir kumandan vardı. Zamanla söz konusu melikü'l-ümerâ grubunun, merkezin otoritesini artırmak için yetkileri kırılmaya çalışıldı. Toprak, askerî bir sistemi besleme amacına göre kullanılırdı. Geleneksel imparatorluğun başlıca görevi ordunun donatılması ve beslenmesi, asayişin sağlanmasıydı. İşte toprağını işleyen köylü bu sisteme göre çeşitli yükümlülükler altındaydı, aynı zamanda da bunun için korundu. Aşiretler ise muharrerat denen bir yıllık vergi verirlerdi.

Göçebelik nedir? Göçebelerin bir sınıflandırması var mıdır? Dahası Türklerin göçebelikle olan ilişkisi nasıldır?

Toplum olarak temelde askerî bir toplumuz, tarihî yönden de toplumumuzun askerî örgütlenmesi var. Nitekim dağdaki göçebesinde de bu özellik var. Zaten göçebeler de birbirine benzemez. Bizde bir umûmî teşhis deyimi, daha doğrusu bir slogan vardır; "Göçebeyiz" denir. Sular akmıyor, borular niye patladı? Efendim "Göçebeyiz" deniyor. 1000 yıldır şehirde-köyde oturuyorsun. Göçebelik mi kaldı? Sonra göçebelikle her şeyi izah edemezsin, çünkü göçebelikten göçebeliğe fark vardır. Deve güden göçebeler vardır, Arap (urban) son derecede dinamiktir, bildiğiniz Arap'a benzemez. Meselâ Trablusgarp'ta gördüğünüz Arap, biraz uzakta Gadames'e gidin (vaha şehri), "Nerede bu Arap'la öbür Arapların benzerliği?" dedirtecek kadar farklıdır. İkinci grup son derece ölçülü, vakur, kompleksi yok. Özgün, kültürel ürünleri, geleneksel tiyatroları var. Söz konusu Çöl Arapları pandomimler yapıyorlar. Çünkü çölde yaşıyor, onun getirdiği bir dinamizm, bir ölçü ve dolayısıyla bir bedîiyyât (estetik) var; dahası bu, tavırlarına kadar yansıyor.

Çölde yaşamak, denizde yaşamak gibi bir şey, yani denizcinin zihniyet ve tutumu gibi ölçülü, cesur, yaşayışını ve tavırlarını ayarlamasını bilen ve oradan çölde de ayrılmayan insanlar, mutlaka oraya dönmek isterlermiş. Meselâ, Türkler de atçıdır. At göçebesi başka türlüdür. Yine bir göçebe vardır, keçi ve koyunla geçinir; o da başka türlü bir göçebedir. Zavallı, fakir ve sınırlı iktidar sahibidir. Bir de göçebe vardır, meselâ Romanlar, tarih boyunca arı cemaati gibi ne uzar ne kısalır, tamamen izole yaşar, hiçbir şekilde yerleşme kabiliyeti yoktur -ki bazı göçebeler zaten yerleşmek istemezler- yerleştiği an da perişan olup gider. Bugün yerleşeceği yer zaten şehirlerin sulu ve döküntü mıntıkalarıdır, bu sebeple sefil hayat yaşamak zorunda kalırlar. Nesiller geçtiği hâlde sosyal olarak yükselemezler. Günümüz dünyasında, bilhassa Doğu Avrupa'da, göçebe çingene cemaatlerinin yerleştirilmesindeki en büyük problemlerden biri de budur. Yerleştirdiğiniz an, "criminal substratum" dediğimiz sistem dışı suç işlemeye aday bir kültür zümresi şehirlerde doğuyor, dahası nesiller geçtiği hâlde bu bir türlü düzelemiyor. Düzelme ihtimali de çok az oluyor.

Toplum olarak izole bir göçebelik süreci yaşadığımızı söyleyebilir miyiz?

Söylenebilir. Bir toplumun mazisinde nasıl bir göçebelik örgütlenmesine sahip olduğu keyfiyeti kendi hâlini anlamak bakımından da mühimdir. Maalesef Türk toplumu göçebelik mazisini, askerî örgütlenmesini, dinî itikat ve âdetlerini, aile, boy, akrabalık ilişkilerini bilmiyor. Atçı göçebeler, askerî örgütlenmelerinin karmaşık ve dinamik yapısı itibariyle yeni coğrafyaya intibak edebiliyor ve dış etkenler ve örgütsel biçimlenmelerle fazla yıkıma maruz kalmadan bağdaşabiliyorlar. Nitekim Türk toplumunun fakat hassaten devlet örgütünün Anadolu ve Balkan coğrafyasına intibakı, Avrupa'nın savaş tekniklerini aniden alıp uygulaması ve hatta bizzat son altı asırlık tarihimizin bir değişim, ıslahat ve giderek inkılâp tarihine dönüşmesinde bu özellik aranmalıdır. Buna karşılık metropol hayatımızda her aksiliği göçebeliğe bağlayarak açıklamak da bir ifrat ve abartmadır. Mısır ve İran'da insanlar su-elektrik hizmeti ile çöp ve kent ulaşımının ilkelliğini göçebelikle izah etmiyor.

4

TÜRK YAZISI, ALFABESİ VE DİLİ

TÜRK YAZISI, ALFABESİ VE DİLİ

Türk kavimlerinin tarihini özellikle alfabe ve yazılı anıtlar üzerinden izleyebileceğimiz bir sentez eser var mı?

Türk kavimlerinin tarihî dönemleri ve kayıtları, tarih yazımı için benzersiz güçlükler gösterir. Vakıa tarihî varlıkları eskiye gider fakat söz konusu eski kayıtlar Çin, Sanskrit, Pehlevî ve nihayet Bizans kayıtlarına dayanır. Bu dallardaki tetkikler henüz yeterli ilerleme kaydetmediği gibi, kullanılan yazının okuma güçlükleri ve yorum münakaşalarına da sebep olur. Mesela İran Ahameniş devrinin çivi yazılı metinlerini okumanın, Bizans'ın çağdaşı Sâsânî-İran yazılarını okumaktan daha kolay olduğu söylenir. Sebebi de Sâsânî dönemi Estrangelos kaynaklı yazının, yani Pehlevî dilli metinlerin bir tür sessiz harf kalabalığı ve hareke noksanı ile okuma sorunu yaratmasıdır. Orta Çağ kayıtlarının okunup değerlendirilmesinde, hassaten şahıs ve yer isimlerinin okunmasının zorluğunda uzmanlar hemfikirdir. Bu kadar farklı dillerdeki verileri bir elde toplamak güçtür, dahası bunları toptan değerlendirecek tarihçi-filolog zümre ve kişi hemen hemen yoktur. Bu nedenle, uzun bir tarih boyunca Asya ve Yakındoğu'nun muhtelif bölgelerinde tarihî varlığını gösteren Türkler hakkında birbirini tamamlayan derli toplu bilgiler elde etmek ve değerlendirmelerde bulunmak bugüne kadar mümkün olmamıştır ve tam da bu sebeplerle tetkikler yavaş ilerlemektedir.

Peki neden Türk kavimlerinin tarihini izleyemiyoruz?

Geniş bir coğrafyada çeşitli dinleri, resmî yazı dillerini ve değişik alfabeleri kullanan Türk kavimlerinin tarihini izlemek güçtür. Türk yazısı dediğimiz Göktürk ve Uygurca metinler parça parça elde edilip değerlendirilmektedir. Bundan başka arkeografik malzeme ve kültür tarihi tetkikleri, gerek zamanımızdaki siyasî coğrafyada vuku bulan bölünmeler ve gerekse iletişim noksanlığından bir bütün hâlinde yapılamamıştır. Bundan sonrası için de iyimser olmak henüz mümkün değildir. Etnografik tetkiklerin 18.-19. yüzyıllarda yapılanları dahi sonradan sistematik olarak devam ettirilememiştir. Bütün bunların dışında, yapılan modern tetkiklerin raporları bile Almanca, Macarca ve Rusçadan başlayarak Japoncaya kadar çeşitli diller yelpazesine yayılmış olup; kaleme alınarak basılan bu gibi tetkiklerden bilimsel bir sentez için yararlanmanın da ne kadar güçlük yaratacağı ortadadır. Bu tarih sentezi; Orta Çağ öncesi Türk tarih dönemi için söz konusu değildir ve Türk tarihini izleyebileceğimiz bir sentez eser bulunmadığı gibi, bir müracaat kitabının noksanlığı da ortadadır. Başlangıç ve üç asra yakın hayatı bakımından Selçuklu tarihi de bu gibi sorunlardan kurtulmuş gibi görünmüyor.

Tarihte bilinen en eski alfabeler nelerdir? Türkler tarih boyunca kaç alfabe değiştirmişler?

Çivi yazısı ve hiyeroglif aşağı yukarı MÖ 1. yüzyılda yerlerini tümüyle daha gelişken ve fonetik alfabelere bıraktılar. Bunlardan biri hiyeroglif ve çivi yazısına göre harfleri yirmi ikiye indiren ve ses yöntemine dayanan Fenike alfabesidir. Fenike alfabesi; 1. aleph, 2. vav, 3. yodh harfleri ile 1) a, e 2) o, u, 3) y, i seslerini içeriyordu. Fenike alfabesinden çıkan bir kol ise Suriye'de Ârâmî, İran'da Pehlevî, sonraları Araplarda Kûfî ve Neshî, Süryanîlerde Estrangelos ve dolaylı olarak da Turfan yazıtlarında gördüğümüz Uygur alfabelerinin temelini oluşturmuştur.

"Eski Türk tarihini izleyebileceğimiz bir sentez eser bulunmadığı gibi, bir müracaat kitabının ve kataloğun noksanlığı da ortadadır."

Fenike alfabesinin asıl gelişme alanı, MÖ 11. yüzyılda İyon Adaları ve Yunanistan olmuştur. Yunanlar; a-e, y-i, u-o seslerini aldıkları gibi, Sâmîlerin 'ayn' gibi sessizlerini de sesli bir harf olarak aldılar. Böylece MÖ 403'te Attika'nın resmî alfabesi olarak kabul edilen klasik Yunan alfabesi ortaya çıkmıştır.

Alfabe değişimi nasıl gerçekleşiyor?

Bir toplumda zaman içinde değişen ve gelişen toplumsal ilişkiler nedeniyle daha standart ve mükemmel bir imlaya gerek duyulur. Bu da bir yerden sonra alfabeyi etkileyip değişime zorlamaktadır. Alfabe doğduğu günden beri değişmektedir ve hâlen de son şeklini aldığı söylenemez. Türk dilini konuşanlar tarih boyu kullandıkları alfabeyi (esas itibariyle) dört kez değiştirmişlerdir.

İlk Türk alfabesi ve yazılı anıtlar hakkında ne söylenebilir?

Vasiliy V. Radlov ve Wilhelm Thomsen gibi Türkologların bilim dünyasına tanıttıkları Orhun Yazıtları, Türklerin bilinen ilk yazılı anıtlarıdır. Bu yazıtlardaki ilk alfabe, onu kullanan siyasal grubun adı olan "Göktürk" terimiyle adlandırılır (MS 732). Thomsen 1893'te Orhun Vadisi'nde bulunan söz konusu yazıtların sırrını çözdüğünde, bilim dünyası ilginç bir olayla karşılaştı. Göktürkler yazışma işlerinde Soğdları (Soğdianalılar) kullanıyorlardı. Bu sebeple büyük bir olasılıkla bu yazı Soğdlar tarafından geliştirilmiştir. Bu alfabenin özelliği ise içinde yalnızca dört tane seslinin bulunmasıdır. Bu seslilerin ince ya da kalın olarak değerlendirilmesi, yanına gelen sessizin ince ya da kalın oluşuna bağlıdır. Bu nedenle sessizler ince ve kalın olarak birkaç tanedir. Yazı bitişik yazılmaz, kelimeler üst üste konan iki nokta ile ayrılır. Dolayısıyla Göktürk alfabesi bürokratik hizmetler için uygun olmayıp daha çok anıtsal bir yazı çeşidi olarak kalmıştır. Bu yazı türüne başka yerlerde de rastlanır. Örneğin, Peçenekler ve Hıristiyanlıktan önce Macarlar anıtsal yazıtlarda böyle runik bir yazı kullanmışlardır. Bu örneğe Macaristan'ın Sekelistan (Székely Land) bölgesinde rastlanmıştır.[5]

---

5 Claude Cahen, *Pre-Ottoman Turkey*, Sidgwick and Jackson, Londra 1968, s. 3-4. Burada Türk topraklarında bir hayli Soğdça ve Semitik belge ve kalıntı

Türk tarihini Türkçe yazılı kaynaklardan öğrenmemiz tam olarak ne zaman başlıyor?

Bizim Türk tarihini Türkçe yazılı kaynaklardan öğrenmemiz Orta Çağların başına kadar iner; sözünü ettiğimiz kaynak Göktürk Devleti çağına ait Orhun Yazıtları'dır. Bu yazıtlar muhtemelen o muhitteki Soğdlar tarafından geliştirilerek Türk diline uyarlanan ilk alfabemize dayanıyor. Ama yazılı tarihimiz, yani Türkler hakkındaki yazılı kaynaklar bundan öncesine uzanıyor. Aslında o çevredeki yazılı abideler yüzey kazılarıyla dahi ortaya çıkıyor ve tarihlerinin 6. asra kadar gittiği görülüyor. Daha da geriye gidebilir. Önceden sözünü ettiğimiz bir örneği açalım; Göktürk Devleti hakkında 6. asra ait bir tarihî bilgi, Bizans'ın elçisi olarak 569'da Kilikyalı Zemarkhos'un Göktürk yabgusu nezihindeki sefareti ve bize bıraktığı sefaretnâmedir. Dolayısıyla bir dönem için tarihî bir belge olarak, Orta Çağ Yunancası (Koine) bir kaynak söz konusudur. Burada daha önce değindiğimiz bir historiyografik (tarih yazıcılığı) sorununu açmak zorundayız.

Göktürk alfabesinin Uygur alfabesiyle arasındaki farklar nelerdir? Neden Uygur alfabesini daha uzun süre kullanmışız?

8. ve 14. yüzyıllar arasında yalnızca Uygurlar tarafından değil, Orta Asya'nın diğer Türk toplumları tarafından da kullanılan Uygur alfabesi kültür tarihimizde Göktürk alfabesine oranla daha çok yaygınlık kazanmıştır. Öyle ki bu yazıyı Nestûrî Hıristiyanlar ve Budistler de kullanmışlardır.[6] Özellikle Moğol İmparatorluğu döneminde Uygur alfabesi, resmî yazışmalarda daha çok kullanıldı. Bunun nedeni, Türk ve Moğol ses yapısını ifadeye elverişli olmamasına karşın, bürokratik kayıtlarda işlekliğe sahip oluşuydu. Zaten imparatorluk bürokrasisi de Uygurlardan ve diğer toplumlardan seçilen kimselerden oluşmuştu.

---

bulunduğu bildiriliyor. Okurlar ayrıca şu eserde bu bilgilere rastlayabilir: H. N. Orkun, *Eski Türk Yazıtları*, C. II, TDK Yayınları, İstanbul 1939, s. 188-296.

6 A. von Gabain, *Alttürkissche Grammatik*, Leipzig 1950, s. 15-28. Bu, yazı ve metinler için başvurulacak temel kaynaktır.

Uygurcada Sâmîlerin; ا (a, e), و (u, o, ü) ve ى (ı, i) seslerini karşılayan üç sesli vardır. İşlekliğine karşın bu alfabenin Türk imlasını karşılayamaması, Arap harflerinin kabul edilme nedenlerinden biri olabilir. 11. ve 13. yüzyıllardan başlayarak Arap alfabesi artık Türk soyundan toplumlar arasında yaygın olarak kullanılmaya başlanmıştı. İranlıların aksine Türklerin Arap harflerini kendi dillerine uygun bir biçimde değiştirdikleri söylenemez. Seslilerin yerinin çok önemli olduğu ve hışıltılı sessiz harflerin de (ç, ş gibi) kullanıldığı dilimizde, yüzyıllar boyu Arap alfabesinin üç seslisiyle yetinilmiştir. p=پ, ç=چ ve j=ژ gibi harfler ise alfabemize İranlılar yoluyla girmiştir. Özellikle imlamızın konuşulan dili arkadan izlemesi olayı (oda=ota, demirci=teymurci, maydanoz=midenuvaz gibi) bir dağınıklık, kuralsızlık yaratmış ve alışkanlık kazanılması (meleke) gereği gibi önemli sorunlar yaratmıştır. İşte bu nedenlerden ötürü, klasik toplum ve bürokrasinin hâkim olduğu dönemlerde büyük bir sorun olarak hissedilmese de 19. yüzyılda başlayan modernleşme hareketleri, Arap harflerinin 'ıslahı' ya da Latin harflerinin kabulü gibi seçenekler etrafında yoğun bir tartışma başlatmıştır.

Alfabe ve yazıyı ilk ne zaman kullanmışız?

Son kazılar, buluntular göstermektedir ki, kullanış tarihimiz 700'ler değildir; ciddi bir kazı, arkeoloji ve tespit yapmadığımız için böyle söylenmekteydi. Bu tarih anlaşılan birkaç yüzyıl geriye gidebilir. Fakat ondan evvelinde Türkler için kendi yazısıyla kendini tarihe takdim eden bir toplum demek de doğru değildir. Tarih yapar, tarihte rolü vardır, o başka bir özellik; yani Türkler olmadan 2. asır tarihi düşünülemez, mümkün değildir. Ama Türklerin kendilerini ifade etmeleri, ortaya koymaları, bir şekilde kendilerini yeniden üretmeleri yazıyla mümkün olduğuna göre, bizde de tarih 6. asra kadar geriye uzanabilir.

Türk diline geçersek, tarih sahnesinde Türkçe her şartta yaşatılmaya çalışılan bir dil değil mi?

Evet, Karamanoğlu Mehmed Bey bırakalım sıradan halkı, bürokrasinin dahi Farsça ve Arapçada yeterince birikimi olmayan

Anadolu çevresinde Türkçeye zorunlu bir dönüşü ifade eder. Türkler 18. asra kadar pek dil ulusalcısı sayılmazlar. Türkçeyi savunan Urfalı Nâbî (18. asır), Evliya Çelebi (17. asır), Bergamalı Kadrî gibi *Müyessiretü'l-Ulûm* adlı eserin sahibi (14. asır) adamlar vardır ama muhtemelen Arapça ve Farsça eğitiminin yeterince alınamamasından dolayı Türkçe zorunlu olarak yaşamıştır.

Meşhur bir soru var; bir dili iyi öğrenmenin yolu, kendi dilini iyi bilmeyi gerektirir mi?

Türkler Türk dilini öğrenmiş ve kullanmıştır. Avrupalıların Latinceyi yoğun olarak kullanması gibi bir Farsça ve Arapça ustalığı ve yaygınlığı görülmüyor; muhtemelen yabancı dillerdeki hâkimiyetin sınırlı insanların tekelinde olmasından dolayı da Türkçenin zenginliği mukayeseli olarak işlenip felsefe ve edebiyatta yeterince kullanılamamıştır. Zira tezattır ama yabancı dil bilgisi anadili zenginleştirmeye de yarar. Bu, modern zamanlarda bile bir vakıadır. Şimdi yoğun bir İngilizce eğitim modası var. Ne var ki herkes böyle yarım yamalak İngilizce öğrense emin olun Türkçe hayli geriler, çünkü abuk sabuk Türkçe konuşmaya başlar ve karıştırırlar; iyi yabancı dil öğrenenler ise Türkçeye İngilizce karıştırmaz.

Türk Dil Kurumu'nun görevi nedir?

Bugün dahi bu alanlarda çok yavaş ve az verimle çalıştığımız, gerekli sayıdaki dili öğrenmek ve öğretmek konusunda yaya kaldığımız açıktır; meselâ 21. yüzyılda Türkiye, Azerbaycan, eski Osmanlı imparatorluk toprakları ve Türkmenistan'a yakın bölgelerde konuşulan Oğuz ya da Türkçe çeşitli lehçe ve dillerin etimolojik bir lügati (kelimelerin kökenini gösteren) çıkmış değildir. Dahası Profesör Andreas Tietze'nin Türkiye Türkçesi üzerine ölümü dolayısıyla yarım kalan etimolojik lügatinin bile derlenip yayına hazırlanmadığını belirtmek gerekir. Bu, Türk Dil Kurumu'nun görevidir. Aynı kurumun, Türk dilinin fonetik laboratuvarını kurması da gerekmektedir. Medenî milletlerin 19. yüzyılda tamamladıkları diyalektoloji (şive, lehçebilim) ve tarihî gramer çalışmaları Türkiye için hayal olan alanlardır. Bu durum aşağı yukarı Asya'daki cumhuriyetler için de geçerlidir. Sizin anlayacağınız Türklerin dillerini ihmal etmesi bize okulda öğretilen türden değil, daha ciddi bir boyuttadır. Maalesef 1930'lardaki dil tetkiki, dil araştırmaları heyecanı, dil kurumları ve Türkoloji ile ilgili bölümler bu sorunları çözümlemekten uzak, kuru bir başlangıç olarak kalmışlardır.

Türkçeyi doğru kullanma çabamız yok sanki...

Kesinlikle! Dil Bayramı'nda Türkçeyi kullanmaktan söz ediyoruz. Kullanıyoruz ama kötü kullanıyoruz. Yapısını araştırmıyoruz, dünyadaki diğer dillerin zenginliği ile karşılaştırıp düzenlemeye kalkışmıyoruz. 20. yüzyılda Türkçeyi kullanmak demek; "dîvânda ve dergâhta; çarşıda ve pazarda" kullanıp konuşmanın ötesinde bir keyfiyettir. Türkçeyi önce bilgisayarda doğru kullanmalıyız.

Söylediklerinizden Türkçenin "Dil Bayramı"nın kutlanmasını önemsediğinizi anlıyorum.

Tabii, Dil Devrimi'nin hayatımıza getirdiği törenlerden biri; Karamanlı Mehmed Bey'in Türkçeyi kamu hayatında geçerli tek dil olarak ilan etmesinin yıldönümünü Dil Bayramı olarak kutlamaktır. Gerçek şu ki; Türkçe, İran-Selçuklu Devleti'nde bürokraside ikinci dereceden öneme sahip olmuş, edebî ve ilmî hayatta ihmal edilmiştir. Lakin unutmayalım, ordudaki komuta ve talim dili her zaman Türkçe olmuştur. Bu, çok daha koyu Fars hayatının hâkim olduğu Afganistan ve Horasan'daki Gazneli Devleti'nde de böyle idi. Zira herkesin Farsçayı yeterince iyi öğrenmesi ve kullanması mümkün değildir. Nitekim Farsçayı iyi bilmeyen hükümdarların başında Gazneli Mahmud gelir. İran-Selçuklu Devleti'nde de böyle hükümdarlar vardı ve İranlı Fars çevreleri onlar için, "garip yaban dil konuşan hükümdar" derlerdi. Kaldı ki her zaman için birtakım Türk devletlerinde Türkçenin sadece orduda değil, bürokraside de kullanıldığı bir gerçektir.

Kaynaklara göre Türkçenin hangi tarihten itibaren kullanılmaya başlayan bir dil olduğu belli midir?

Daha önce de değindiğim gibi, bizim kuşakların okulda öğrendiği gerçek, Göktürk alfabesi ile yazılan devlet dili Türkçeyi miladî 8. asra ait bir olgu olarak görmekti. Oysa Göktürk metinlerinin 5. asra kadar uzandığı bugün anlaşılıyor. Şüphesiz ki eski Yunan, eski Ârâmî ve İbranca metinler gibi 2 bin-3 bin yıl kesintisiz devam eden bir yazılı edebiyat geleneği ortada görünmüyorsa da birçok kavimden daha geriye giden yazı dilimiz olduğu anlaşılıyor. Anadolu Selçukluları ise İranlıların aksine Türkçenin çok da sıra dışına itildiği bir camia sayılmamaktadır. Bu nedenle, meselâ Latinceyi 17. ve 19. asırlarda tamamen kullanan Macarlardan 16. asra kadar bilim, dinî hayat ve devlette ağırlıklı olarak kullanan birçok Avrupalı ulusa göre öz dilimizin sınırlarına daha çok tutunmuş sayılırız.

Karşılaştırmalı lügat ve gramer yazmak yaygın mıydı?

Karşılaştırmalı lügat ve gramer yazmak, bunu yapan Türkler olsa da (en başta *Divan-ı Lügati't-Türk*) Türk okumuşları arasında yaygın bir ilgi alanı olarak görülmemekteydi. Bu nedenle 18. ve 19. asırların Mütercim Asım, Ahmed Vefik Paşa gibi dilcilerini şükranla anmak zorundayız.

Türk toplumlarının Semitik dillerle olan ilişkisi nasıl olmuştur?

Türkiye Müslüman'dır, Semitik dilleri bilmez; İslamiyet'in vahiy dili olan Arapçayı ve onun köklerini de bilmez. Türk dilinin %30'u Farsçadır, biz Türklerin Farsça ve Fars kültürü şu anda eskisinden de beter bir hâl almış, gerilemiş, hatta ölmüştür. Öyle ki İran denilen dünyadan haberimiz yok. Aynı şekilde Türkiye, Bizans İmparatorluğu'nun varisidir ama Helen dili öğretimi ve Bizans tetkikleri zayıf; filologyadan da tarihten de haberdar değiliz. Şüphesiz ki bu zaaflarla bizim ne Avrupa'ya ne Asya'ya tam anlamıyla oturabilmemiz ve etrafımızdaki hasım dünya ortasında kendimizi müdafaa edebilmemiz, dahası gelecek nesillere sağlıklı bir kültür aktarabilmemiz mümkün değildir. Gençlerimiz zengin bir kültür mirası alıp bunun bilincinde olmadıkları için ön planda kimlik bunalımından dolayı bundan kaçmaktadırlar. Çünkü bariz vasıf budur; kimliğin oturmadığı, iyi tarif edilmediği, benimsenmediği yerde; ulus ve vatan coğrafyası da benimsenemez. Tarihi benimsemezse coğrafyayı da benimsemez, dolayısıyla kimlik eksik teşekkül eder ve ortada sadece karnını doyurmaya kalkan ve mütemadiyen bunu tekrarlayan garip bir toplum oluşur.

Bir konuyu ısrarla belirtmek isterim; 300 yıllık Türkiye modernleşme tarihinde bir tek Atatürk döneminde mümkün olmuştur ki iyi niyet ve istekle Türk tarih ve toplumsal düşüncesinin cihana açılmasına çalışılmıştır. Çünkü Atatürk, Türk tarihini bir cihan tarihi olarak düşündüğü için söz konusu tarihin bilinmesi gerektiğini düşünüyordu; yani Sinoloji, Hindoloji bileceksiniz, Persoloji, eski Farsça, Hindçe, Sanskritçe ve Çince kaynakları okuyacaksınız ki Türklerin tarihini inşa edebilesiniz. Hatta Sümerler Türk mü ya da değil mi, bunun için Asuroloji ve Sümeroloji bileceksiniz. Neyse ki daha önce de belirttiğim gibi, tesadüfen 1933 Nazi iktidarı dolayısıyla bu dalların da en iyi bilim adamlarının Türkiye'ye gelmesiyle söz konusu dallar akademik olarak kuruldu; lakin yoğunlukla devam ettirmedik, bunu söylemek gerekir. Bu ananeyi tekrar canlandırmamız, bir Rönesans yapmamız gerekiyor.

Batı-Doğu ayrımı bir uydurmadır; tarihî gerçeğe oturmaz. Ama ulus olarak içine kapalı olduğumuz, derinliksiz bir pragmatizme saplandığımız bir gerçektir. Dünyaya açılmak için ticarî faaliyet yetmez, dünyayı koruyup sevecek bir kültürel açılım gereklidir.

Türk dilinin etkilendiği diller hangileridir?

Claude Cahen'in işaret ettiği bir konu vardır: Bizim tarihçilerimizin Gazneli Devleti'nin ilk Türk-İslam devleti olarak tasvirine karşı öne sürdüğü itiraz; komutan, ordu ve hükümdarın Türklüğünün açık (Sebük Tegin ve Gazneli Mahmud örneği) ama halk ve idarenin farklı etnik yapıda oluşudur. Bu itiraz haklı görünse de idare cihazı ve askerî örgütlenme bakımından Gazneli Devleti kayda değer bir başlangıçtır. Mamafih birçok tarihçinin üzerinde birleştiği nokta Karahanlı Devleti'nin ilk Müslüman Türk devleti olmasıdır.

Türklerin Orta Çağ'ın başlarında yaşadıkları Maveraünnehr (Transoxiana) bölgesi ve bugünkü Türkistan'da Oğuz ve Dokuz-Oğuz gibi konfederasyonlar kurdukları (Arap-Fars kaynaklarında Ğuz) ve Kaşgar'daki kabilelerin yaşadığı bölümün Uygur diye adlandırılan bir konfederasyonun egemenliğinde olduğu konusunda birleşiliyor. Bu bölgelerde Türklerden evvel bazı Hind-Avrupa kavimlerin yaşadığı da biliniyor. Bunları eski devrin yazarları "İskit" ve sonrakileri "Sarmat" diye adlandırıyordu. 19. yüzyıldan bu yana söz konusu hususta yapılan tetkikler mezkûr kavimlerin isimlerinin "Tohar" ve "Soğd" olarak değiştirilmesine neden oldu. Her hâlükârda Oğuz-Uygur istilası bu kavimleri kısmen emmiş ve kısmen de Türk grupları bunlarla bir arada hayatını sürdürmüştür. Hatta yukarıda değindiğimiz gibi Tohar isminin Oğuz kabilelerinden biri olan Döger'e kaynak olduğu da ileri sürülmektedir. Uygarlık tarihimiz bakımından İran ve bu bölgedeki İndo-Avrupa kavimlerle önemli bir kültür alışverişinin olduğu, hatta dil gruplarımız farklı olmasına rağmen, Toharcadaki morfolojik özellikleri ve kelime haznesini Türkçenin etkilediği ve Türk dilinin de bu dillerden etkilendiği gittikçe daha iyi anlaşılmaktadır.

Bugünlerde Osmanlıcanın öğretilmesi Türkiye'nin gündeminde...

Osmanlıca gündelik hayatımızda halk ve maalesef havas dediğimiz okumuşlar arasında da ayrı bir dil olarak zikrediliyor. Dahası son zamanlarda tarih ve edebiyat fakültelerinde bile "Osmanlıca bilir" gibi abes bir deyiş söz konusu olmaya başladı. Oysa Osmanlıca, sadece Türkçenin Arap harfleriyle yazılmasıdır. Bunun ayrı bir dil olamayacağı çok açıktır. Nitekim Türkçe; Aramca harflerden kaynaklanan Estrangelos benzeri Uygur harfleriyle, Göktürk runik alfabesiyle, yakın zamanlarda şimdi tamamen terk edilen Kiril alfabesiyle ve hatta Anadolu'nun Karamanlı denen Türk Hıristiyanları tarafından Yunan ve Ermeni harfleriyle yazıldı.

Osmanlıca denen dil aslında bir dil değil, bir bürokrat jargonudur. Tıpkı orta zamandan yeni zamanlara geçerken Avrupalıların yazı dillerinde birtakım Yunan-Latin deyimlerini kullanmaları ve barındırmaları gibi bir durum söz konusudur. İngilizler bunları atmayı denese de başarılı olamadılar, daha doğrusu ortaya çıkan ucube hoşlarına gitmedi. Macarlar ve Almanlar bu konuda bir hayli yol aldılar ama yine hukuk ve felsefe dünyasının Yunan-Latin deyimlerinden temizlendiği söylenemez, hiç kimsenin böyle bir niyeti de yoktur.

Peki gerçekten de Osmanlıcanın öğretilmesi çok önemli bir husus mu?

Türkçenin eski metinlerinin okunması ve bilinmesi dar bir zümreye mahsus kalmamalıdır. Üstelik bu zümrenin de bu işi iyi öğrenmediği açıktır. Ancak bizim kuşağın bazı tarihçileri ciddi bir eğitimden geçtikleri için eski metinleri ustalıkla çevirmeyi öğrendiler. Bu ciddi eğitimde yabancı hocalardan, hatta yabancı dilde tarih eğitimi görmelerinin payı vardır. Profesör Mübahat Kütükoğlu ve Mehmet Genç gibi İmam-Hatib eğitimi veya klasik Şark dilleri okumamış tarihçilerin Osmanlı metinlerini yetkiyle okumalarında kendilerini arşivde yetiştirmeleri ama her şeyden evvel zaten geniş okuma yapan, tarih bilgileri geniş uzmanlar olmaları yatar.

Mazideki Avrupalı Osmanistlerin başarıları da onların Latince-Yunanca ve kendi dillerindeki tarihî edebî metinleri çok iyi öğrenmelerinden ve bu alanda meleke kazanmalarından ileri gelir. Misal mi istiyorsunuz; Paul Wittek aslen bir Romanistti. I. Cihan Harbi'nde Şam'da yedek subaylık yaparken Türkçe öğrendi ve Osmanlıca metinlere girdi. Lajos Fekete bütün Macar tarihçiler gibi Macar ve Latin vesikalarını tahlilde uzman olduğu için Osmanlı diplomatikası ve paleografyası dediğimiz vesikaları tahlilde öncü bir rol oynamıştır. Aynı hizmeti İranistik içinde de geçerlidir.

> *"Türkçenin eski metinlerinin okunması ve bilinmesi dar bir zümreye mahsus kalmamalıdır."*

Bu yanıyla bakarsanız Osmanlı metinlerini incelemenin başı ve sonu yoktur; bazı adamların ağzından düşmeyen bir husus ve de bu konuda geçerli olamaz. Eski toplumumuzun insanlarının, hatta 1928'den önce lise bitirenlerin bile bütün Osmanlı vesika ve metinlerini doğru ve yetkili bir şekilde okudukları söylenemez. Bunu bizim kuşağın mensupları bilir. Bir tarihte Tapu Kadastro'daki vesikaları değerlendiren grupta, siyakat yazı dediğimiz malî kayıtların yazısını bazı genç tarihçilerin yaşlı neslin emeklilerinden daha çabuk ve doğru okuduğunu bizzat gördüm. Oysa bugün Avrupa'da genç kuşak tarihçiler eski kuşak Şarkiyatçılar kadar ustalıkla metin kullanamıyorlar. Çünkü hümanist eğitim dediğimiz ölü dillerde metin okuma alışkanlığını tahsillerinde edinemediler.

Türkiye bu faciayı daha derin olarak yaşıyor. İmam-Hatib liselerinde dahi yoğun Arapça, hele Farsçadan hiç haber yok. Üniversitelerde aslında geç dönemde başlayan eski metinleri değerlendirme de eğitimin yeterince ciddi olmamasından dolayı zayıf gidiyor. Dil öğrenmeyen ve yeterince çalışmayan kimseler 1928 Harf Devrimi'ni suçluyorlar.

Harf Devrimi'nin Osmanlıca mevzuundaki etkileri üzerine neler söylenebilir?

Harf Devrimi ile Çinceden Latin harfli bir dünyaya yahut piktografik yazıdan (resim yazısından) fonetik bir alfabeye geçmiş değiliz. Avrupa'daki Şarkiyat şubelerinde bölüme yeni giren talebelerin daha ilk haftalarda söktükleri bu harfleri bizimkiler öğrenmezler. Öğrenemezler demedim, çünkü kendilerinde gereken merak ve sabır yoktur. Haftalarca ellerinden düşürmedikleri iPhone'a harcadıkları enerjiyi Arap harflerine, İngilizce gramere veya müzik derslerindeki notalara ayırıp harcasalar başarılı olabilirlerdi.

Sizce Osmanlıca zorunlu ders olarak okutulmalı mı?

Zamanımızın politikacıları kolayı bulmuş; Osmanlıca için önce bütün liselere dediler, kıyamet kopup işi biraz incelemeye başlayınca İmam-Hatiblerle sınırlıyız diyorlar. Hiç fark etmez;

İmam-Hatiblerin çoğunluğu Arapçayı nasıl öğretemiyorsa Osmanlıca dediğinizi de öğretemez. Çünkü bu işler yöntem bilen hoca ister, öğrencinin de meraklısı gerekir. Sanat okuluna, tarım enstitüsüne girecek öğrenciyi o kurumları açmadığınız için İmam-Hatib'e yöneltirseniz, gerekli sabır ve meraka sahip gençleri bulamazsınız.

Ben bu memlekette 400 tane okulun binlerce öğrencisine Osmanlıca öğretecek sayı ve nitelikte bir öğretmen grubu tanımıyorum; dahası böyle bir durumun varlığına da inanmıyorum. Buna inandığını söyleyen Milli Eğitim otoriteleri bence ya hayal görüyorlar ya da göz boyamaya çalışıyorlar.

Sosyal bilimlerde, hukukta, ilahiyatta uzman yetiştirmek zordur. Batı'nın 18. ve 20. yüzyıl arasındaki en büyük başarılarından biri hümanist *gymnasium*'lar dediğimiz liselerdi. Buralarda dil, tarih, coğrafya eğitimine önem verilirdi. Meselâ İsveç'teki liselerde II. Cihan Harbi'nden evvel üç ölü (Latince, Yunanca ve atalarının dili olan Norse), üç diri (İngilizce, Fransızca, Almanca) dil öğretilirdi. Fransızlar, İtalyanlar ve Almanlar mutlaka Latinceyi öğrenirlerdi.

Sivil-asker Osmanlı memurlarının sicil-i ahvaldeki kayıtlarına bakarsanız muayyen miktarda Farsça öğretildiğini görürsünüz. Fransızca 19. yüzyılda birçok lisede iyi öğretilmeye çalışılır. Bugünün Türkiye'sinde yabancı okullar dediğimiz yerlerde bile İngilizce, Almanca, Fransızca gibi diller Latincesiz öğretilir. Türkiye'de nesillerin tarih şuurunu ve edebiyat ustalığını kazandıracak tipte bir dil eğitiminden uzak kalındığı açıktır.

Peki bunun için bir çözüm öneriniz var mı?

Çözüm fen liselerinin karşılığı olan edebiyat liseleri ve bunlar gibi çok sayıda dil öğretecek yetersiz miktardaki İmam-Hatib liseleriydi. Maalesef bu ciddiyet politikacılar için benimsenmesi mümkün olmayan bir tutumdur. Tasarlanan Türk edebiyatı liselerinin adı Sosyal Bilim'e çevrildi (çok iddialı bir başlık). Ardından sayıları sınırsız olarak artırıldı. Aslına bakarsanız okullara giren öğrenciler Milli Eğitim'deki memurlardan daha bilinçli ve istekli...

"Türkiye'de nesillerin tarih şuurunu ve edebiyat ustalığını kazandıracak tipte bir dil eğitiminden uzak kalındığı açıktır."

Osmanlıcayı öğrenmek istiyorlar ama bunun Farsçası ve Arapçası nerede? Batı dillerini uzmanca öğrenmeleri gerekiyor, en azından 1940'larda denendiği gibi bir parça Latince öğretecek adam nerede? Bahsettiğim bu iki deney Osmanlıcanın da nasıl öğretileceğinin şimdiden habercisidir. Kimse kışkırtıcı nutuklar atmasın, bu tip nutuklar için yapacak savunma bile bulunamaz.

Peki önümüzdeki günler bu konuda neler getirecek?

Yine bir ciddiyetsiz hamle devri başlıyor. Yapılmak istenen Osmanlıca öğretmek değil, bir gösteridir. Az sayıda okulda, gerçekten imtihanla alınan öğrencilere biraz Arapça, Farsça, Latince ve bir Avrupa dili öğretilebilir. Bu öğrencilere Osmanlıca da en âlâsından talim ettirilir. "Binlerce çocuğa Osmanlıca öğreteceğim" demek bir kere öğretmen kıtlığından dolayı onları her türlü edebiyat ve dil öğretiminden soğutmak demektir. Türkiye'de Osmanlıca öğretecek insan sayısı şu anda sınırlıdır. Seçkinci bir öğretimle gereği kadar öğrenciye Osmanlıca öğretilerek bir gelişme sağlanabilir.

5

SÂSÂNÎLER
Romalıları Etkileyen Devlet

SÂSÂNÎLER
Romalıları Etkileyen Devlet

İlk Müslüman Türk devletleri Gazneliler ve Karahanlılardı. Gaznelilerden önce de Horasan bölgesinde ve Transoxiana'da Sâsânîler vardı, çok etkin oldukları biliniyor. İran'ın Türklerle ve İslam'la olan ilişkisi hakkında neler söyleyebiliriz?

İran ve Sâsânî uygarlıkları bu dönemin Türk oluşumunu anlamak için temel unsur... İran, bugünkü Türkiye ve Osmanlı'nın komşusu, Anadolu Selçuklu Devleti'nin de devlet ve idare olarak süzereni olan bir dünya... Çünkü orada da Büyük Selçuklular hükmediyor. Bu sebeple İran'ın Türk ırkı ve Türk diliyle İslamiyet öncesi dönemde de çok yakın teması var. Bu nedenle Sâsânî dönemini anlamak önemli... Bahsi geçen medeniyetin Türk medeniyetiyle saçaklanması (*fringe*) söz konusu... İran medeniyeti, Türk medeniyeti için bir çırpıda geçiştirilebilecek bir mesele değildir. Yunan-ı Kadim, yani Eski Yunan bugünkü Batı medeniyeti için ne ifade ediyorsa İran da bizim için öyledir. Farsça, terminolojiden tutun da günlük hayatta kullandığımız dile kadar etki etmiştir. "Danışman" gibi öz Türkçe sandığımız kelimeler bile "dânisten" gibi Farsça fiillerden türemiştir. İran medeniyeti coğrafyada yaygın olarak yaşıyor. Bizden önceki safhada Batı Anadolu, yani İyonya; İran dilinde "Yunan" diye geçer. Buraya "İstân-ı Yunan" denilir. Batı Anadolu'da İran'ın satraplıkları, valilikleri vardır. Meselâ Muğla, bir İran satraplığıydı (eski Katia). MÖ 7. ve 6. asırlar Yunanistan, Mezopotamya, Suriye ve Mısır'da İran etkisinin görüldüğü dönemlerdir.

İran; edebiyatı ve yaşamı kayda geçirilmiş eski bir medeniyettir. Kendilerini tarihe bizzat tanıtmışlardır. Mesela İran'ın beşerî coğrafyasında tarih boyunca yaşanan değişiklikler şaşılacak kadar azdır. Meselâ, eski Mısır'da konuşulan Kopt (Kıptî) dilinin bugün küçük bir zümrede ve sadece o bölgenin kiliselerinde kalması söz konusu... Eski Hind'den de dil olarak pek küçük bir oran kalmıştır. İran böyle değil. Bugün İranlı herhangi bir münevver, Sâsânîlerin dilini, yani Pehlevîceyî bilir. O dönemden kalma destanlar hâlâ yaşar. Eski Yunan'daki *İlyada ve Odysseia*'nın modern kitleler arasında bu kadar yaşama şansı olmamıştır. İran'da okuma yazma bilmeyenler arasında bile Firdevsî'nin *Şehname*'si terennüm edilir.

O dönem kültür ve irfan şehri Bağdat var.

Bağdat o tarihe kadarki en muhteşem tercüme faaliyetlerinin yürütüldüğü, kütüphane ve medreselerin şehriydi. Dahası telif eserlerin kopyalarının (istinsah) ve çoğaltılanların dağıtımının yapılma veya İslam dünyasının diğer bölgelerinden getirilen eserlerin saklanma merkeziydi. İşte ünlü filozof el-Fârâbî bu muhitin adamıydı (ölümü 950). Mısır'da ise ünlü coğrafyacı el-Mesûdî eserlerini kaleme almaktaydı (ölümü 956). Mısır aynı zamanda ünlü tarihçi el-Kindî'nin de yurdu olmuştur. Başka gelişmeler de vardı. İslam öncesi İran medeniyetini dirilten ünlü İran şairi Firdevsî, 10. asrın sonunda *Şehname*'sini hükümdarı olan Gazneli Mahmud'a ithaf için tamamlamıştı. Evvelâ Maveraünnehr ve sonra İran ve Horasan, 11. asırda İbn Sînâ ve el-Bîrûnî gibi ünlü bilginlerin yurdu olacaktı. Üstelik Hind alt kıtası bu asırda söz konusu kültür çevresinin ilgi alanı oldu. Bîrûnî üstün bilgili bir Hindistan uzmanıdır. Yine Kaşgarlı Mahmud'un *Divan-ı Lügati't-Türk*'ü kaleme alması da bu asra rastlar.

Anlaşıldığı üzere, Doğu ülkeleri Çin sınırından Fırat Havzası'na kadar bir daha görülmeyecek bir kültürel birlik içindeydi. Türklerin fütuhatı bu asırda birleştirici bir rol oynadı.

İran'ın bizim tarihimiz için rolü nedir, İran çeşitli milletleri de birleştirebilen kozmopolit bir yapıya sahip değil mi?

Biz burada İran'ın tarihî rolüne değinelim: İran'da bir imparatorluk olgusu vardır. Biz de millet olarak bunu tevarüs edenlerdeniz. Devlet hayatının, kurumların, yerleşmenin, dine bakışın çok büyük ölçüde böyle bir imparatorluk olgusundan geldiğini göreceğiz. İran bir devlet olarak Akdeniz imparatorluklarının doğudaki modellerindendir. İranlılar, Türkler bu coğrafyaya gelene kadar "İran" adını kullanmamışlardır. Daha önce nadiren ve sınırlı çevrede geçen bu deyimin resmen benimsenmesi zamanımızın ünlü İranistlerinden Bert Fragner'ın da belirttiği gibi Selçuklu asrına ait bir olgudur. Selçuklulardan önce Sâsânîler bir Aryen-şehr'den (İranşehr) bahsediyorlar ama bu, çok kullanılan bir tabir değil. Nitekim İranist Bert Fragner'ın bu konudaki görüşü geniş ölçüde kabul görür. MÖ 2000'lerde İran coğrafyasında Elamlılar yaşıyordu. Bunların, bugünkü İran'la ilgisi yok, çünkü Aryen bir halk değiller. Dillerinin benzerliği meselesi ise tartışmalı ve meçhuldür. Bu durum ileride yeni bilgiler ışığında değişebilir.

Bugün söz konusu coğrafyada sorulmadıkça kimse Fars veya Azerbaycanlı olup olmadığını söylemez; artık tamamen devlet ve İran ismi benimsenmiştir. Bu bir kültürdür. Meselâ Avusturya Alman'ı olmayanlar hiçbir zaman "Biz Avusturyalıyız" demediler (çok az sayıda İtalyan hariç). Estonyalılar, Litvanyalılar dahi hiçbir zaman Rus olduklarını iddia etmediler; tabii Müslüman Rusya'da da kimse kendine Rus demedi. Ama İranlılar, kökenleri ne olursa olsun, "Biz İranlıyız" derler. Çünkü burada müthiş bir kültürel kalıplaşma ve yapılanma söz konusudur. Bu Fars unsuru Aryenliğe dayanan bir isimdir, sadece coğrafyadan değil, bir ortak kültür ve muhtevaya da dayanır.

Öyleyse İranlılar iftihar edilecek bir kültüre sahipler diyebiliriz.

Kesinlikle; İran bizim için sadece komşu kültür değildir; medeniyetimizde, edebiyatımızda ve dilimizde yeri çok büyüktür. Bununla biz dahi iftihar etmeliyiz. Kuşkusuz İran gibi medeniyetlerle temasa geçmek dilimizi geliştirir. Latince olmadan İngilizce hiçbir şeye benzemezdi, burada da benzer bir durum var.

Elamlılar en eski imparatorluk değil mi?

Mısır dururken kimseye "eski" veya "en eski" denilemez. Kahire Müzesi sırf Mısırlıların değil; oraya bakıp hayran oluyorsunuz, bir kısım da oradaki eserleri kendine bağlamaya ve yürütmeye çalışıyor, hâlbuki onları canın gibi korumak zorundasın. Çünkü istesek de istemesek de, bilsek de bilmesek de hepimiz Mısırlıyız. İslam dinine kadar, muasır medeniyetin kökleri Mısır'dadır. Bunu benimseyip saygı duymak lazım; Mısır dışındaki ulusal kimlikler farklıdır. Ulusal kimliklerin kuvveti, kendi özgünlüğü kadar bu tip medeniyetlerden tevarüs edilenlerle büyür; aksi takdirde o kimlik bir köşede kaybolur. Büyük medeniyetlerle saçaklanma imtihanını geçen, oradan aşılanarak çıkan ünite ve toplumlar tarihte kişilik olarak varlıklarını sürdürürler. Bu, Türklerin aştığı bir imtihandır. Binaenaleyh, bize öğretilen bazı şeyler yanlıştır. Her gittiğimiz yerde o kapıyı taklit etmişiz. Evet, taklit etmişiz ama bundan dolayı olumlu ve olumsuz taraflarımızla tarihte kalmayı başarmışız.

"İran bizim için sadece komşu kültür değildir; medeniyetimizde, edebiyatımızda ve dilimizde yeri çok büyüktür."

Elamlılar hakkında hâlen araştırmalar yapılıyor.

Evet, filolojik buluntulara bakarsak, Elamlıların Aryen bir millet olmadığını görürüz; Urartular da değildi. Biz Urartuların Çeçen olduğunu son zamanlarda tesadüfen tespit ettik. Van'ın Gürpınar ilçesindeki Çavuştepe beldesinde bir Çeçen köyü var, burada 93 Harbi'nden sonra getirilen Çeçen muhacirler yaşıyor. Bu muhacirlerden biri (kazı bekçisi Mehmet Kuşman); okunan tabletleri kendi diline benzetiyor ve dili öğreniyor. Arkeologlar ve filologlar tarafından biraz araştırma yapılınca iş ciddiye biniyor. Başka türlü, Kafkas dilleriyle Urartu'yu mukayese etmek kimin aklına gelirdi? Arkeoloji tarihinde böyle tesadüfler de rol oynar. Bugün Çeçencenin nereye oturduğu tespit edildi. Elamlıların kim olduğu da yakında anlaşılır; aynı şekilde Sümerlerin de... Sümerce de ne Sâmî ne Aryen bir dildir. Tabii hemen Sümerlerin Türk olduğuna dair bir hüküm verilemez, bu tip araştırmalarda aceleye gerek yoktur.

Aryen milletler İran'da ilk ne zaman görülmeye başlanıyor?

Aryen milletler MÖ 1500'ler civarında İran platosunda görülmeye başlıyor. İran'ın sevilen yerleşkesi bugünkü Orta İran; Yezd (civarında Bam Harabeleri var), Şiraz gibi yerler... Demek ki buralar iklim ve ziraî faaliyet bakımından uygun alanlar... İran, köy cemaatinin yaşayıp belirginleşmesine çok müsait bir coğrafya... Anadolu coğrafyasının daha keskinini düşününüz; ortada sulak, bereketli bir vadi var ve insanlar oraya yerleşiyor. Bunlar çok büyük ovalar değil; Anadolu'da olduğu gibi ufaklar fakat çok sayıdalar... Kuşkusuz bu ova yerleşimlerinin birleştirilmesi için bir imparator lazım... İran bu sayede Ortadoğu monarşilerinin en sağlamını çıkarmıştır.

O dönemlerde Medyalılar ve Persler var.

Medyalılar ve Persler savaşçı milletlerdir, tanrıları da benzerdir. Meselâ rüzgâr tanrısının adı Boreas'a benziyor. "Birader" gibi, kelimelerde de benzerlikler var. Bu benzerlikler saymakla bitmez ama şunu unutmayalım; "Yafetik diller" diye adlandırılan bu grupla, Rus dilbilimci Nikolay Marr ve ondan evvelkiler tarafından Hind, İran, Germen ve Slav akrabalıkları ortaya çıkarılmıştır. Bu dil grubunda filolojik zihniyet çok yakındır; zihniyetin yansıdığı yahut yansıttığı içtimaî yapı ve medeniyet üzerinde bilhassa Georges Dumézil gibi dâhi bir adam araştırmalar yapmıştır. Muasır Fransa'nın dâhilerinden olan Dumézil, Türkiye'de de oturdu ve Türkçeyi anadili gibi konuşan nadir Fransızlardandı. Bugünkü Anadolu Araştırmaları Enstitüsü kendisinin adıyla anılır.

Bir de Ahamenişler var.

Ahamenişler Hanedanı; MÖ 5. asra kadar İran, Anadolu ve Suriye'ye hâkim olmuştur. Ahamenişler, Yunanistan tarihiyle de iç içedir. Şunu kesinlikle bilmemiz lazım; Mısırlılar, Asuryalılar ve İranlılar, eski

Yunanların dilinde barbar olarak anılsa da bugünkü anlamında değildir. Ahamenişler büyük bir imparatorluk ve eyalet sistemleri de doğu, batı, kuzey, güney şeklinde... Doğuya "Horasan" diyorlar; eyaletin adı da oradan geliyor. Bu bir tesadüf değil. "Anatolia" da bildiğiniz üzere doğu demek... Bizim memleket, İranlılara göre batı ama eski Yunan'a göre de doğudur. Satraplar, eyaletleri yöneten genel valilerdir. Buradan kalan kelimeler var, valiye "marzuban" deniliyor; Merzifon'un adı bu kelimeden gelir. Ortada bir toprak sistemi var. Anadolu'da Gordion kentinin yakınındaki kazıdan açığa çıkanlara bakarsanız, İran İmparatorluğu'nun yol sisteminin Roma'dan evvelki en mükemmel sistem olduğunu görürsünüz. Bu yol, iki bin sene boyunca kullanılan ticarî ve askerî yolların esasıdır. Ne Bizans'ın ne Osmanlı'nın eyalet sınırları tesadüfî olarak belirlenmiştir. Bu yol ve sınırları en çok değiştiren Osmanlı'dır, çünkü zaman içinde ticaret şekli ve deniz yolları aynı kalmamıştır. Tüm bunlar 17. asırdan sonra dünya süratle değiştiği için oluyor. Ama Romalının "Paflagonya" dediği eyalete, biz "Kastamonu" deriz. "Galatya" denilen yer Ankara'dır. Aydın vilayeti de Roma eyalet sınırlarına göre belirlenmiştir. Deniz ticareti ve ulaşımı dünyayı değiştirince o vilayetin merkezi, liman dolayısıyla İzmir'e kaymıştır. Menteşe bölgesi ise Antik Karya'dır.

Ahamenişler ve Yunanlar savaşıyor değil mi?

Evet, Persler dediğimiz Ahamenişler Hanedanı, klasik Yunan'ın çağdaşıdır. Perikles'ten evvel Atina'ya saldıran, orayı yakıp yıkan da onlardır. Her yeri yakıp yıkmıyorlar tabii; meselâ Anadolu'da İyonyalılar ve Karyalıların Pers idaresiyle, satraplarla çok iyi geçindiğini biliyoruz.[7] Çünkü bu medeniyet başkasına karışmaz; işte bu bir saçaklanma ve gerçek anlamda bir imparatorluk yapısıdır. Hind'de de, Mısır'da da, Asurya'da da durum böyledir. Kalde İmparatorluğu

7 Pers Savaşları sırasında Karya Krallığı İranlıları tuttu. Bu nedenle zaferden sonra Pers istilasıyla mahvolmuş Athena Parthenon Mabedi yeniden tamir edilirken, Karyalı kızların heykelleri yan localardaki alınlık kitlesini taşıyacak sütunların yerine monte edildi. Bundan böyle sütun yerine kullanılan insan biçimindeki taşıyıcı ayaklara karyatid (*caryatid*) dendi.

Yahudileri Babil'e sürdü; Ahamenişler ise onları alıp geri getirdi. İşte Birinci Babil Esareti devri bu şekilde bitti. Demek ki dinlere karşı bir tolerans, uzlaşma zemini söz konusuydu.

Burada bir Greko-Pers sanatından bahsedilebilir mi?

Evet, Şiraz'da İskender'in tahrip ettiği Persepolis var. Burası başkentin bir bölümüdür. Topkapı Sarayı'ndaki Arz Odası'nın daha büyük ölçeklisidir. Sefirler, devlet adamları orada kabul ediliyor. Ayrıca adalet de orada tecelli ediyor. Nevruz çok büyük bir İran ananesidir. Bu törenler sırasında şehinşah, bir gün boyunca tahtında oturur ve bütün milletlerin temsilcileri ona hediyeler getirir; Karyalılar, İyonyalılar, Kapadokyalılar... Bu esnada son temyiz mercii olan şehinşah, adaleti tecelli ettirir. Bunlar bir imparatorluğun resimleşmiş, heykelleşmiş şeklidir; burada bir teatral durum söz konusudur. Özetle Persepolis, devlet ve toplum hayatının aksettiği bir podyumdur.

Persler bir dönem Roma'ya da kök söktürmüşler.

Bu sonraki dönem... Perslerin o dönemler büyük savaşçıları var; "Pars" savaşçı demek. Büyük hükümdarlara da sahipler, bunların üçü, Roma'ya kök söktüren Mitridatlardan çıkmıştır. Nihayet 3. asırda Sâsânîler kurulmuştur. Sâsânîlerin ilk hükümdarı Ardeşîr-i Bâbek'tir. Ardeşîr'i, onun ardından gelen ve Roma İmparatoru Justinianus'un çağdaşı olan Hüsrev-i Nûşirevân-ı Dâdkâr'ın imajını (âdil) düşünün. Firdevsî 10. asrın sonunda şiirler yazıyor, temaların eski medeniyetten alındığı o kadar belli ki... Bu sayede o dili diriltiyor. Gayet de açık ifade eder;

Biysi renc bordem der in sal-ı siy
Acem zinde kerdem bed in Parsi

Otuz yılda çok zahmet çektim
Fars dilinden Acemi dirilttim

Şehname'de Feridun diye efsanevî bir hükümdar var; tarihteki Nûşirevân gibi bir hükümdar modeli... Devlet ananesi, adalet mefhumu; İran medeniyetinde bin sene yaşar. Dinler değişir ama dil ve kafa pek değişmez. Meselâ eski Yunan demokrasisinden ne kaldı? Firavunlar döneminden Mısır'a ne kaldı? Kimse çıkıp "Totalitarizm kaldı" diye çiğ laflar etmesin. Şimdiki rejimlere bakıp hüküm verilemez; toplumların başına her şey gelebilir. Batı'da böyle insanlar çok çıkar; "Onları methediyorsunuz ama Humeynî ne olacak?" derler. Humeynî dediğin tarihî kişilik ancak Cromwell gibi bir tiptir, daha fazlası değil. Yapılanma ve aradaki sapmalar birbirinden ayrılmalı.

Konumuza dönersek... *Şehname*'de Feridun denilen hükümdar bir semboldür. Firdevsî diyor ki, "Bu adam kendini adalete adamış idi, sen de âdil ol, sen de Feridun olursun, Feridun nurdan yaratılmış değildi, sen de âdil ol, sen de Feridun olursun." Aynı şeyi Şirazlı Sadî de *Gülistan*'da anlatıyor: Hüsrev-i Nûşirevân ava gitmiş, kebap yapıyorlar fakat tuz yok, kullar bir köye gidip oradan tuz getirecekler; Hüsrev, "Tuzun bedelini doğru dürüst ödeyin" diyor. Maiyet, "O kadar tuzdan ne olacak?" deyince Hükümdar, "Melik köylünün bağından bir elma koparıp yese, kullar arkadan gelip bütün ağacı devirir" diye cevap veriyor. Bu, yağmacılığın yukarıdan aşağıya nasıl yayıldığını anlatan güzel bir cevap... Bu zihniyet Şirazlı Sadî ile tâ 13. asra kadar geliyor.

Sâsânîlerle Orta Çağ'a mı gelmiş olduk?

Orta Çağ değil, Geç Antikite diyelim. Orta Çağ, Yeni Çağ gibi ayrımlar Türk tarihi için bir şey ifade etmiyor. Bu kavramları Batı filolojisi, arkeolojisi ve tarih yazıcılığı 19. asırda ortaya koydu. Geç Antikite'den kasıt, Hıristiyanlığın ortaya çıkışıdır.

Peki bu çağlar için biz ne diyebiliriz?

Biz hiçbir şey demesek daha iyi olacak. 7. asırda İslam'ın zuhuru söz konusu... Bunu devrim diye görüyorsak Hıristiyanlığın güçlendiği ara devir Geç Antikite'yi ne olarak göreceğiz? Roma İmparatorluğu'nun müesseseleri sıkıntıya giriyor diye neden önceki devri silip yeni bir devir koyalım? Sonuçta hayat devam ediyor. Roma, komşusu olan, bugünkü İran ve etrafına hâkim Partlarla Caesar zamanında

> *"Orta Çağ, Yeni Çağ gibi ayrımlar Türk tarihi için bir şey ifade etmiyor."*

kavga ediyor. Caesar; Britanyalıları yendi, bu tarafa gelip Mitridat'ı yendi, Anadolu'yu Latinleştirdi. Bu arada İran devam ediyor tabii. Meselâ ondan sonraki imparatorluk zamanında Partlar (II. asır), İmparator Crassus'u mahvediyor, bir sürü askeri de esir alıyorlar. Sonra Sâsânîler, Valerius'u yeniyor; orada da esirler alınıyor. Bu kadar esir elbette ki kesilmedi.

Sâsânî İmparatorluğu'nun merkezi Cündişâpûr'da müthiş bir tıb okulu var. Eski Yunan'ın tıb eserlerinin çevrildiği, yöntemlerinin kullanıldığı bir okul burası... Ayrıca İskenderiye tıbbı da kullanılıyor. Neden İskenderiye tıbbı diye ayırıyoruz? Kalkedonlu Herophilos, İskenderiye'ye gidip kadavra öğreniyor; çünkü Mısır'da mumyacılık var. Anatomi ilmi böyle gelişiyor. Öte tarafta kimsenin görmek istemediği, dinî bir şey olduğu için geçiştirdiği bir Yahudi tıbbı var. Bu unsurlar İslamiyet'e de geçmiştir (Yahudilik insanın bütün gününe karışır; nasıl yiyeceksin, nasıl içeceksin, karı-koca nasıl yatacak... Bu dinin inanılmaz kuralları var. Tıbta da yeri var). Hintlerden de ayrıca bilgiler alınıyor. Anlayacağınız; dört taraftan gelen bilgi akışı var, daha sonra İslam tıbbı da burada gelişiyor. İskenderiye, Hz. Muhammed zamanında insanların gidip tıb öğrendiği bir yer... Etrafımızdaki dünya, normal düzeninde bazen dik, bazen sendeleyerek gelişiyor; biz bunun neresini İlk Çağ, Orta Çağ diye ayıralım?

Peki, Orta Çağ'ın başında devlet anlayışının geliştiğini söyleyebilir miyiz?

Ortadoğu ve Akdeniz bölgesi ilk tarım faaliyetlerinin görüldüğü, bu nedenle de kentleşme ve örgütlü toplumun, kısacası devletin ortaya çıktığı bir dünyadır. İlk Çağlarda nehirlerin çevresinde görülen kentleşme ve örgütleşme olayı kurak topraklarda meydana gelemezdi. Bu nedenle nehir uygarlıklarının ve bereketli bölgelerin yarattığı devletler, tarih boyu pek geniş alanlara kolayca hükmedebilmiş ve uygarlığın beşiği olan Akdeniz-Ortadoğu dünyası büyük imparatorlukların doğuşu ve yaşamına sahne olmuştur.

> *"Etrafımızdaki dünya, normal düzeninde bazen dik, bazen sendeleyerek gelişiyor; biz bunun neresini İlk Çağ, Orta Çağ diye ayıralım?"*

İlk ve Orta Çağların Akdeniz ve Ortadoğu imparatorlukları kuraklık ve kıtlığı önleyecek sulama tesislerini inşa etmek ve ticaretin devamı için ulaşım ve konaklama sorunlarını da örgütlemek zorundaydılar. Kurak ve nüfus yoğunluğu az toprakların alabildiğine uzandığı bu dünya parçasında nehirlerin suladığı bereketli ve yoğun nüfuslu bölgeler yan yanaydı. Söz konusu dünyada Orta Çağ'ın Batı Avrupa'sındaki gibi küçük devletçiklerin yaşama şansı yoktu. Ancak büyük bölgeleri kontrol eden bir siyasî heyetin iktidar şansı vardı. Bu nedenle de Orta Çağ Doğu Devleti "büyük imparatorluk"tur. Bununla beraber ulaşım ve haberleşme teknolojisinin bugünkünden çok farklı yapısı, (organik enerjiye dayanan) kontrol araçlarının yetersizliği (posta, bürokratik örgüt, para sistemi vs. gibi) Doğu monarşileri için bolca kullanılan bir tarif, yani "merkeziyetçi devlet" tipi ilk olarak ortaya çıkmış ve geç zamanlara kadar devam etmiştir.

Orta Çağların başında Ortadoğu ve Doğu Akdeniz'de iki büyük monarşi vardır; Bizans ve Sâsânî İran'ı. Bunların birincisi Roma'nın, ikincisi ise eski Ahamenişlerin gerçek mirasçısıdır. Bu iki siyasal sistem hayatı, yönetsel ve toplumsal yapısının izlediği seyirle uzun bir tarih içerisinde sonraki siyasal birlikleri de geniş ölçüde etkilemiştir. Söz konusu iki imparatorluğun örgütlenmesinde göreceğimiz gibi; malî ve idarî kontrol görevi, hatta bayındırlık ve ulaştırma gibi hizmetler sadece kıtalar çapında örgütlenen bir merkez tarafından değil, önemli ölçüde küçük birimler tarafından yerine getirilmektedir.

Evet, o dönem Akdeniz'de iki büyük monarşi vardı. Nedense tarihte İranlılarla Romalılar sürekli savaş hâlindeler…

Hüsrev-i Nûşirevân Bizans'ı yenip İpek Yolu'nun Bizans'la bağlantısını kesiyor. İranlılar bugünkü Endonezya'ya kadar bütün yolu kontrol altına alıyorlar. İpek Bizans'a ulaşmayınca karışıklıklar başlıyor. Bunun üzerine Bizans; Türklerden, Göktürk Yabgusu İstemi'den yardım istiyor. Daha önce de defalarca söylediğim gibi elçi olarak giden de Kilikyalı Zemarkhos'un Göktürkleri anlatan çok güzel bir seyahatnamesi vardır. Türklerden de Bizans'a elçi olarak Soğdlu bir kâtib olan Maniakh gidiyor. Sonuçta İpek Yolu, Bizans için teminat altına alınıyor. Daha da ilginci; arkadan Heraklius sülalesi zamanında İran; Bizans'ı Filistin, Suriye ve Antakya'ya kadar istila ediyor. Öyle ki Kudüs'te St. Irene'in bulduğu haçı bile yağmalıyorlar. Heraklius, sonradan İranlıları yendiğinde bu haçı alıp İstanbul'a getirecektir. Bütün bunlar İslamiyet'in ve İslam fütuhatının arifesinde yaşanan olaylar... Altüst olmuş bir Ortadoğu dünyası... İranlılarla Romalılar birbirlerini gırtlaklıyorlar; 632'den sonra Halife Hz. Ömer'in ordularının gelip adeta ortalığı tekrar birleştirmesi bekleniyor. Bunu sağlayacak olanlar da Halife Ömer'in iki mahir komutanı; Amr İbnü'l-As ve Halid bin Velid. Halid, bugünkü Irak'ın, yani Sâsânîlerin asıl merkezinin fatihidir, daha evvel de sahte peygamberleri bertaraf edip Arap Yarımadası'nı bir araya getirmiştir. Bu sayede 622'de Yesrib'de (Medine) ilk İslam devleti kuruluyor. Medine "şehir" demek ve Arapçaya Aramca ve İbrancadan giren bir kelimedir. Hem Sâmî kültürünün hem ortak vahyin kelimesi... Aramca ve İbrancada "Medina", adaletin yeri anlamına geliyor. Bugün dahi İsrail'in unvanı Medinat'tır.

İslam Devleti'nin 14. yılında muazzam bir coğrafyaya yayılması söz konusu... Keza Halife Hz. Ömer dâhi bir devlet adamıdır. Mısır, Mezopotamya, Suriye, Filistin gibi yerler kendisinin zamanında fethedilmiştir. Orada yaşayan nüfusu, dilleri bir düşünün. Bizans'ın mirası söz konusu fakat aynı zamanda Sâsânîlerin de mirası var; tıbdan tutun, arazi idaresine, malî idareye, azınlıklara kadar... Coğrafyada başka dinler de yaşıyor.

Aryen ırkının Hind'e kuzeyden geldiği söyleniyor. Hitler de Almanları Aryen (Ârî) ırk ilan ediyor.

Hitler bilhassa en geç türeyen ligine yapıştırdı Aryenliği. Ankara'nın İtfaiye Meydanı ve İstanbul'un Sirkeci semtindeki döküntü otellere "palas" adının verilmesi gibi... Kuzey Avrupa'nın Aryenliği de işte böyle... İran, Hindistan ve Afganistan; Aryen kavimlerin tarihteki öncüleri... Hitler de dil bakımından onlarla ilgisi olduğu için Aryenlik iddia ediyor. Evin en kırıntı çocuğu kendisini en asil evlat yerine koyar. Hitler'inki de bu hesap... Aslında Aryen kültürü, medeniyeti tabiatıyla Hindistan, İran ve Afganistan'da hâkimdir. Çünkü burada din, tanrıların adları, yerleşme ve savaşçılık kültürü olarak söz konusu medeniyet yaşamıştır. Öbür taraftakiler, bu medeniyetin periferisidir. "Palas" denilen oteller de oteldir fakat şüphesiz beş yıldızlı oteller gibi değildir.

Sâsânîlerde vergi sistemi nasıldı? Örneğin arazi vergisi var mıydı?

Sâsânîlerde arazi vergisi "haraç" adını alıyor. Bu deyim Ârâmîlerden gelmiş olmalıdır. Alınacak haraç, ürünün cinsi ve arazinin verimliliğine göre saptanan ortalama hasılat miktarının 1/3'ü ile 1/6'sı arasında değişmektedir. Çocuklardan, ihtiyarlardan ve kadınlardan alınmaz. Bu konudaki oran ve vergi mükellefiyeti "goft-i gav" denen çift yeri büyüklüğü esas alınarak saptanıyordu. Sâsânîlerde köylülerin dışında arazide çalışmayanlardan, Yahudi ve Hıristiyanlardan ve şehir ahalisinden gezit (sonraki cizye) denen baş vergisi alınırdı. Bu vergiyi de kadın, çocuk ve ihtiyarlar ödemezdi. Cizye, mükellefin toplumsal durumuna ve gelirine göre kategorilere ayrılıp 50, 20, 18, 8, 6 ve 4 dirhem olarak alınırdı.

Sâsânîlerde dinî inanç nasıldı?

Sâsânî İmparatorluğu, Bizans'taki "şizma"dan (büyük ayrılık) sonra Hıristiyanların sığındığı ve örgütlenebildiği bir siyasal sistemdi. Özellikle 5. asırdaki Efes Konsili'nde mahkûm edilen Patrik Nestorius'un taraftarları, yani Nestûrîler bu bölgede tutunmuş ve sonraki asırlar içinde Asya içlerine ve bugünkü Doğu Türkistan'a dahi yayılıp mezheblerini sürdürebilmişlerdi. Ancak daha 226'da devlet ve hanedanın kurucusu Ardeşîr, Zerdüştîliği devlet dini ilan ettiğinden beri bu dine sıkı surette bağlanılmıştır. Hatta bir aralık iltifat edilip tutunur gibi olan Hıristiyanlık ve Zerdüştîliğin karışımı ve bu sayede Ortadoğu'nun büyük dinleriyle rekabete girişmiş denilecek Manihaizm, sonradan Sâsânî hükümdarları ve Zerdüşt rahipleri tarafından şiddetle takip edilip ortadan kaldırılmıştı.

Zerdüştî dini toleranslı bir din sayılabilir mi?

Kitaplara değil, rahiplerin tutumuna bakılırsa buna olumlu cevap verilemez. Fakat bu din, propagandist nitelikli ve bir cihan dini olma iddiasında değildi. Bu nedenle I. Yezdigerd'e kadar Hıristiyanlar takip edilmiştir. Fakat diğer yandan, özellikle I. Yezdigerd zamanında Hıristiyanların bu ülkede yerleşip nefes aldığı ve onun zamanında Katolikos veya Başpiskopos Isaak ve sonra Yahballaha zamanında Kaşgar, Beth Lapad (Cündişâpûr), Nizib, Arbal (Erbil), Korkha (Kerkük) gibi yerlerde otuz metropolitlik kurulduğu biliniyor. Nitekim Yahudiler de Babil şehri merkez olmak üzere, gerek Part hükümranlığı, gerekse onun halefi olan Sâsânîler devrinde (2.-7. asırlar) başlarında Reş Galuta (sürgün başı) denen bir *eksarh* ile bu imparatorlukta hayatlarını devam ettirdi ve hatta eğitimlerini sürdürdüler. Nitekim Talmud'un önemli bir yorum metni bu sayede ortaya çıkmıştır. Eksarhlık ırsî bir cemaat reisliğiydi. Yahudiler ticaret ve zanaat dışında tarımla uğraşıyordu fakat Mezopotamya kanallarının en sıcak ve rutubetli bölgesinde ziraat yapmaya zorlanmışlardı. Cemaat içine kapalıydı.

Sâsânî devrinde I. Şâpûr'un toleranslı idaresi dışında; meselâ İsfahan'da iki Zerdüşt rahibini Yahudilerin öldürdüğü gibi kışkırtmalarla yağma ve katliam da olabiliyordu. Bu olay Fîrûz'un devrinde olmuştu. Bu toplumda dinler arası alışveriş ve diyalog söz konusu değildi. Zerdüştîler de, başka dinlerin mensupları da kendi dinî, idarî ve kültürel kompartımanları içinde yaşıyorlardı fakat bir Zerdüştî'nin Hıristiyan ya da Yahudi inancını benimsemesi ölüm cezasını gerektirirdi. Nitekim aristokratlar arasında bu gibi dinî tetkiklere girişen ve din değiştirenler de hoş görülmezdi. Keza II. Şâpûr'un yeğenlerinden Pîr Guşnasp, Hıristiyanlığa geçtiği için idam edilmiştir. Bu dinlerin toplumlardaki konumu ve ilişkilerinde de bazı kısıtlayıcı kuralları vardı. Örneğin kiliselerde çan kulesi yasaktı, ayinlere halk tokmak vurularak çağırılırdı. Bu usul sonraki İslam devletleri tarafından da benimsenmiştir[8] ve Kudüs'teki Kamame,

8 Osmanlı Türkiye'sinde Kudüs'te ıslahat devrine kadar büyük kilisede de çan çalınmaz, bu usul işlerdi.

yani Mukaddes Mezar Kilisesi'nde hâlen çanla beraber tahta tokmak da ayin başında çalınır. Sırasıyla Emevîler-Abbasîler-Memlûkler ve Osmanlı'dan günümüze gelen bir âdettir bu.

Öyleyse Sâsânîler hem dil hem din açısından çok zengin bir ülkeydi diyebilir miyiz?

Elbette, imparatorluklar ve hassaten dinler ve diller halitasıydı. Bugünkü Urfa (Edessa) bölgesinde Aramca konuşuluyordu. Aramca hemen bütün Mezopotamya'da yaygındı. Batılıların Yakûbî (*Jacobite*) dedikleri ve fakat kendilerini Süryanî olarak adlandıran bu kavim Ârâmî dili kullanırdı. Bu dil Keldanî denen grup arasında başka bir farklılaşma ile de yaşıyordu ve bölgenin Yahudileri de bu dili konuşurdu. Sâsânî İmparatorluğu'nun bu bölgesinde Ârâmî, Pers ve Arap unsurları vardı. Yine dinî bakımdan da üç ana grup göze çarpıyordu; Nestûrî Hıristiyanlar, Yahudi ve Zerdüştîler. Tabii din ve mezhebler listesi bu kadarla sınırlı kalmıyordu. Başkent Medain'de (Ktesifon) bile daha çok Aramca konuşulurdu ve Mezopotamya bölgesinin köylüleri arasında Ârâmî unsurun gerileyip erimesi daha çok 7. yüzyıldaki Arap-İslam fethinden sonra başlamıştır.

Sâmî bir dil olan Aramcanın Arapça karşısında erimesi doğal karşılanmalıdır. Ama İran kitabet dillerinden biri Aramcaydı. Gandjişapur (Cündişâpûr), Nestûrîlerin dinî ve ilmî merkeziydi. Yine Mezopotamya'nın güneyi ve eski Babilonya'da da Musevilik, bu çağlarda dinî metinlerin şerhi Talmud'un derlenmesi ve hukukun gelişmesi açısından özgün devirlerden birini yaşadı. Musevilikte Babilon Talmudu, Kudüs Talmudu yanında önemli bir yer tutar. Arazi ve vergi mevzuatı dışında; özel hukuk alanını (Mişna) Yahudiler kendileri düzenlemişlerdi. Yahudiler belirtildiği üzere, ticaret ve zanaatlar kadar tarımla da uğraşıyorlardı, bir bakıma kendi dinî kompartımanlarının içinde kalmaları ve İran kültürü ile karışmamaları nedeniyle eski İsrail'in hayat tarzını ve ananesini muhafaza edebilmiş ve sonraki asırlarda başka bölgelerdeki Yahudiliğe aktarabilmişlerdir.

6

KARAHANLILAR
İlk Müslüman Türk Devleti

KARAHANLILAR
İlk Müslüman Türk Devleti

Karahanlılara geçersek, "Kara" ve "han" kelimeleri üzerinden Karahanlıların kuruluş sürecini anlatabilir misiniz?

Öncelikle ikisi de Türkçedir. "Kara" bildiğimiz anlamda değil. Bunu ilk olarak Ukraynalı Türkolog Omeljan Pritsak zikretti. Kendisi Karahanlılar üzerine ilk tezi yazan kişidir. Kısaca kendisinden ve araştırmalarından söz edelim: Pritsak, Batı Ukraynalı, Galiçyalıdır. Galiçyalılar; milliyetperver, Ukrayna dilini konuşan bir kavimdir. Tarih boyunca önce Polonya, sonra Avusturya idaresinde kalmışlardır. Rus hâkimiyeti altında geçirdikleri süre pek azdır, bu da daha çok Sovyet devrinde olmuştur. Stalin buraları alamadı; çünkü Çarlık devrinde Ruslar Baltık'ta, Beyaz Rusya'dalar fakat Polonya Galiçya'sı I. Cihan Harbi'nden önce Avusturya'ya aitti. Savaş sonrası burası Polonya'ya kaldı. Ruslar, Galiçya'yı, ancak Molotov-Ribbentrop Paktı'ndan sonra Sovyetler olarak ilhak ettiler. İşte bu dönemde Galiçya'da yaşayan bir genç var; Polonya liselerinde okumuş fakat Ukrayna milliyetçisi. Galiçya'da Ukraynalılar küçümseniyor ve eziyet görüyordu. Öyle bir hava vardır; esaret gören kimseler, başkalarını ezmeyi sever (Yalnız Omeljan Pritsak, Polonya eğitimini şükranla yad ederdi ve gerçekten Polonya liselerinin klasik eğitimi çok iyidir). Galiçya 1939'da Sovyetlere geçti. Omeljan Pritsak oradaki Kiev Üniversitesi'nde önemli Oryantalistlerden Agafangel Efimoviç Krımskiy'in talebesi oldu. Ruslar, Krımskiy'i harb içinde yok ettiler. Pritsak da bu mektebi bitirmesine rağmen orduya alındığı için Batı'ya kaçtı. Sonra

Almanya'da ortaya çıktı. Nihayet Harvard Üniversitesi'ne geçti. İlginç bir Türkolog, çok dil biliyor. Asıl önemlisi; İsveç diliyle birlikte Nors, eski İskandinav dilini öğreniyor ve oradan kaynak araştırıyor.

İdrisî'yi yeniden gündemimize getiren de Omeljan Pritsak değil mi?

Doğru; 12. ve 13. asırlarda Güney İtalya ve Sicilya artık Arapların hâkimiyetinde değil, Germanik Normanların hâkimiyetinde (Sicilya Norman Krallığı). Sicilya'da o dönem I. Roger'ın sarayı var. Tuhaf bir şekilde Müslüman Endülüs İspanya'sında olduğu gibi bir rahatlık var; İslam tesiri ve Arapçaya tolerans var. Zaten bu, Sicilya'nın o dönemki mimarisinde de görülür. İdrisî de Faslı bir prens olmasına rağmen Roger'ın sarayında... Araştırmaları ve eseriyle kendisi tarihî coğrafyanın babasıdır. Pritsak, araştırmaları sırasında görmüş ki İdrisî, yazdıklarında İskandinav kaynaklarını kullanıyor. Açıkçası; Nors dilini bilmediği hâlde, bugünkü İsveç ve Norveç'ten gelen okumuş Vikinglerle Latince konuşarak bu kaynaklara ulaşıyor. Pritsak bu kaynaklardan yararlanarak "Rus" isimlendirmesine dair tespitler yaptı. Dedi ki; "Bu adlandırma ne İsveç'ten ne de Rus milliyetçilerinin iddia ettiği gibi nehir teorisinden gelir.[9] 'Rus' doğrudan doğruya Müslümanların ve Türklerin verdiği bir isimdir. Arapların 'es-Sakâlibe' dediği Slavlara birdenbire 'Rus' isminin konulması hususunda bu kaynaklara bakılmalı." Böylece bizim gözümüzde İdrisî için yeni bir sayfa açıldı.

Pritsak'ın çalışmalarının birçok tartışmayı da beraberinde getirdiği söyleniyor.

Doğrudur, Omeljan Pritsak'ın doktora tezi çok ilginçtir. Bizans, Arap, Roma, İskandinav kaynaklarını bilen bir adamın Türk tarihine yönelmesi büyük bir şanstır. Kendisi Karahanlıların ismindeki "kara"

9 İlk Rus vakanüvisi olan Nestor (11. yüzyıl), *Kronik*'inde, "Şimdi Dinyeper'in kolu olan Rus Nehri'nde oturanlar bu adı aldılar" diyor. 18. asırda Rusya'nın iki âlim evladı Lomonosov ve astronomi bilgini Popov da bu tezi, üstelik gürültülü biçimde destekliyorlardı.

kelimesi için "yüce" anlamını verdi ve bu pek reddedilmedi. Yalnız teorisi hakkında büyük bir kavga var. Biliyorsunuz, Türk boyu Karluklar vardır; Pritsak Karahanlıların kuruluşunu Karluklara bağlıyordu. Bizim kuşaktan Reşat Genç ve daha eski bazı Türk tarihçiler bunu reddediyorlar. Reşat Genç, Karlukların zayıf bir boy olduğunu ve böyle büyük bir devlet kuramayacağını iddia ediyor ve Karahanlıları "Yağma" dediğimiz Türklere, yani Oğuzlara bağlıyor ki doğrudur. Bizim bugün Kırgızistan dediğimiz yerde Toharya (Döger) Türkleri hâkim... Oraya göç etmişlerdir. Düşünün ki en uçtaki Türk yerleşimi Kıpçaklardan çok Oğuzlara bağlı... Bugün bile Kıpçaklar ve Oğuzların folklorik özelliklerini ayrı ayrı görebiliyorsunuz. Bu tartışma sonucunda iki netice doğuyor: Bir; Türk tarihinin kaynakları çok kısıtlı ve karanlık... Türklük elektrik gibi çarpıyor, kullanılıyor fakat bunun menşei ne? Bu karanlık, MÖ 2000'e, 1000'e, yahut milat sırasına ulaşmıyor; MS 8. ve 9. asrı tartışıyoruz.

Tekrar Karahanlılara dönersek ne zaman kuruldu? Onlar için ilk Müslüman Türk devleti diyebilir miyiz?

840'ta kuruldu. Kurucusu da Abdülkerim Satuk Buğra Han'dır. Satuk Buğra Han bir Şaman'dır ve o ritüeli izler. Kendisine sığınan Samanîler dolayısıyla Müslümanlığı öğrenip benimsedi. Fakat Karahanlılar, Arap harflerini değil de Uygur alfabesini kullanıyorlar. Satuk Buğra Han Müslüman olduktan sonra tebaaya bu yeni dini nasıl benimsetiyor diye soracak olursanız... Han sarayda mı oturuyor, yoksa çadırda oturan bir göçebe başbuğ mu bilmiyoruz. "Göçebe başbuğ" ifadesini küçümsemeyelim. Binlerce attan oluşan sürünün yönetimi söz konusu; müthiş bir askerî teşkilat ve dakiklik olmalı. Yazı olarak, oturmuş bir medeniyet olan Uygurların alfabesini kullanıyorlar. Evet, bugünkü Doğu Türkistan, yani Çin'deki Türkistan'da kurulan ilk Müslüman Türk devletidir Karahanlılar. Müslümanlığı topluca kabul ettiler ama nasıl olduğu bir tartışma konusudur. Kolay izah edilemez... Türklerin Müslüman oluşu çok uzun bir prosedürdür; ne silah zoruyla ne anlaşmayladır. Belli ki çok uzun bir süreç içinde gerçekleşmiş ve dinî misyonerlik formları da değişik olmuş.

Din değişimi komşu devletlerin etkisiyle olmuyor mu?

Katiyen öyle değil. Kuteybe bin Müslim gazaya çıkıp Müslümanlığı kabul ettirmiş diyorlar. 8. asırda o coğrafyada Kuteybe bin Müslim'i kim dikkate alır? Zaten orada Göktürklerin halefi olan Türgişler var ve onlarla savaşıyor. Bahsedildiği kadar kolay değil. Türk boyları İslam'ı doğrudan doğruya medenî ilişkiler dediğimiz kültürel ve ticarî ilişkilerle kabul etmişlerdir. Açık olan şudur ki bize İslam'ı öğretenler İranlılardır, Araplar değil. Kabul ettiğimiz Arap alfabesindeki ek harfler, bazı dinî terimler (peygamber, namaz, oruç) Farsçadan gelir.

Karahanlılar Abbasîlerden mi etkileniyor?

Karahanlıların Abbasîleri ne kadar tanıdığı belli değil. Daha çok Samanîlerle ilişki içindeler... Onlar da Farsça konuşan bir grup... Karahanlılar da Doğu Asya'da bugünkü Sincan (Sinkiang) tarafında kurulmalarına rağmen devletin gelişme noktası Orta Asya'ya doğrudur. Onlarla hemen hemen eş zamanlı olarak ortaya çıkan ve Samanîleri yenerek kurulan Gazneliler de oraya doğru gidecektir. İran Horasan'ından bu tarafa gelmiyorlar. İran'ın Yezd ve Rey şehirlerinde yoklar; nereye gidiyorlar? Buhara, Semerkant ve sonrasında Hind'e sarkıyorlar.

İslamiyet'i yayan asıl Selçuklular değil mi?

Selçukîler, İslamiyet'i bize Küçük Asya'ya doğru getirenlerdir. Gazneli Mahmud'un Irak'a girişi doğru ama her şeye rağmen bütün Ortadoğu'da dini yayanlar; Suriye ve bugünkü Irak'ta ve tabii ki Anadolu'da yerleşen Selçukîlerdir. Dahası, meselâ dinî lider Şeyh Ebu İshak İbrahim Kâzerûnî'nin (963-1034) öncülüğü olsa da Selçukîlerin egemen olduğu Kâzerûn şehrinde o sırada hâlen Zerdüştîlik hâkimdi. Bu sebeple Kâzerûn ve diğer Fars bölgelerinin Müslümanlaşmasında Selçukîler etkilidir ve Selçukîler de Sünnî'dir. İran'da bugünkü Şia inanışı vardı ama bunun tam manasıyla oturması ve bir devlet mezhebi olarak ilan edilmesi Şah İsmail-i Safevî zamanında, yani 16. asırda olacaktır.

Türklerin ana yurdu denilen bölge tam olarak neresidir?

Türklerin ana yurdu bugün bizim pek hazzetmediğimiz bir bölgedir; Moğolistan'ın kuzey tarafı, Orhun Yazıtları'nın olduğu yer. Karahanlıların, Yağma Türklerinin yaşadığı yer de bugünkü Kırgızistan'la Sincan arasındaki bölgedir. Ana vatan burasıdır ve buradan Orta Asya'ya doğru gidilir; Semerkant ve Buhara bölümü. Diğer tarafta Maveraünnehr var. Hazar'a doğru gittiğinizde de bugünkü Türkmenistan vardır ve oradan da Horasan'a geçilir. Horasan çok ilginç bir yerdir. Bereketli bir yer olduğunu söyleyemeyiz fakat bir geçiş bölgesidir. Horasan'da gezdiğiniz zaman hakikaten İran medeniyetini görürsünüz. Köyleri hem fakir hem ananevîdir ama insanlar kültürlüdür. İnsanlar Firdevsî okurlar; bunlar okuma yazma bilmeyen köylüler ve çobanlar. Kasabada üstü başı pejmürde bir İranlı öğretmene rastlarsın; sana Scott Fitzgerald'ın Ömer Hayyam tercümelerinde ve ona atfettiği metinlerde ne kadar yanıldığını anlatır, metin kritiği yapar. Meşhed'de, İmam Rıza'nın merkadinde cezbe hâlindeki insanlar ve diğer tarafta en olmadık şekildeki pozitivist düşüncenin peşinde giden adamlar... Bu çelişik cemiyet ve toplum Türklerin yurdu olmuş; oradan geçerek İran'ın batısına yerleşmişler ve ardından 11. ve 12. asırlarda Anadolu'ya devam etmişler.

> *"Türk boyları İslam'ı doğrudan doğruya medeni ilişkiler dediğimiz kültürel ve ticari ilişkilerle kabul etmişlerdir."*

Karahanlılar hangi dili kullanıyorlardı?

Karahanlıların garip bir tutumu var. Orta Asya'da Dârî Farsçadan uzaklar... Arapçadan zaten uzaklar... Yazı olarak da Uygur alfabesini kullandılar. Konuşulan Türkçeye de Karahanca değil, Hakanî denir. Bu dilde bizim edebî ve ebedî abidelerimiz var. *Divan-ı Lügati't-Türk* meselâ... Müthiş bir Arapça-Türkçe sözlüktür. Bu eser kayıptı. Kitap düşkünü bir âlim olan Ali Emirî Efendi kitabı sahafta bulup, yüksek fiyatı dolayısıyla borç parayla alıyor; kitabı görünce ne olduğunu anlıyor ama asıl uzun tetkikte dehşet içinde kalıyor.

Bu, kendisinin mirasının en önemli parçasıydı ve kurduğu Millet Kütüphanesi'ndeydi. Sadrazam Talat Paşa da kitabı o dönem derhâl bastırıyor. Dönemin İttihat ve Terakki ve II. Meşrutiyet dönemi olması önemli... Ahşab konaklarda bu talihe kavuşmadan yanıp giden nice abidelerimiz vardı kim bilir...

Kutadgu Bilig'in de o dönem birkaç nüshasının bastırıldığı söyleniyor.

Kutadgu Bilig de önemlidir. Onun da birkaç nüshası vardır ve nüshalar karşılaştırılmadan neşredilemez. Reşit Rahmeti Arat bu nüshaları sabırla arayıp bularak neşretmiştir. Kendisi Hakanî lehçenin yeri doldurulamaz bir üstadıydı ve ondan sonra gelenlere de bunu öğretti. *Kutadgu Bilig*, bütün Orta Çağ devletlerinde, geleneksel devirde görülen ve hükümdarlara yönelik nasihatname hüviyetinde olan bir eserdir. Bu, Müslümanlığa has bir şey değil; eski İran geleneklerine dayanır ama Hind'de de, Bizans'ta da, Türklerde de vardır. *Kutadgu Bilig*'i yazan da bir mabeynci olan Yusuf Has Hacip'tir. *Kutadgu Bilig*; devlet idaresi, bir centilmenin tavrı, iyi tebaanın davranışları açısından önemli bilgiler verir. Buradan çok enteresan tarih eserleri de çıkmıştır. Yine söz konusu dönemde el-Utbî adlı bir tarihçimiz var. İbn Hassûl var; o da çok ilginç bir adamdır. *Kitâbü Tafżîli'l-Etrâk* adlı bir eser yazıyor; Türklerin vasıflarından bahseden önemli bir kitap. Görüldüğü üzere, Karahanlılar "Türk" kelimesini de kullanıyorlar, Türklüğü de biliyorlar.

Karahanlılarla İslam dünyası arasındaki ilişki nasıldı?

Karahanlı bölgesinin kayıtları -ki çok dağınıktır ve bir tarih inşa etmemize izin vermez- bir Asya tarihidir. 9. ve 10. asırlarda İslamiyet'in genişlemesinde bir duraklama yaşanıyor fakat aynı dönemde fevkalâde bir Rönesans var. Bütün Yunan ilmi, edebiyatı Arapçaya çevriliyor. Fütuhat durmuş fakat Hıristiyan dünyasıyla muharebeler devam ediyor. Karahanlıların parladığı devre; 900'lere geldiğimizde İslam dünyasında gerileme başlıyor. Girit, Kıbrıs, Antakya kaybediliyor. Endülüs, Sicilya ve Güney İtalya'da gerileme başlıyor. Ancak siyasî ve askerî gerilemenin üzerine iktisadî gerileme de eklenmesine rağmen ilim sekteye uğramıyor. Bu dönemde Karahanlı devlet teşkilatı içerisinde Türklük devam ediyor. Karahanlılarda İslam dünyasında olmayan bir toprak sistemi yürütülüyor. Kesinlikle cengâverliğe, bahadırlığa dayanan bir toprak paylaşımı var. Batı'daki Arap dünyasında toprağın nasıl bölüneceği belli; burada öyle değil. Arazinin bölüşümünde bir tür tımar sistemi var. Bir hassa ordusu, bir de eyaletlerde bulunan halk orduları var. Halk orduları da gençlerin kendilerini gösterip askerî sınıfa girdikleri yer... Bahsettiğimiz toprak sistemi Türklerin askerliğiyle ilgili, başka bir açıklaması yok. Selçuklularda da Osmanlılarda da devam eden bu sistem, asker bir millete özgüdür, çünkü burada han soyluluğu ve ruhanilik yoktur. Askerlikte kendini gösterene bir dirlik olarak toprak verilir.

Peki ülüş nedir?

Ülüş, hanedan veraset sistemidir. Çok kabadır. Hanedan üyelerinin hepsi verasetin kut'una (ulûhiyetine) eşit derecede sahip; o yüzden birbirleriyle savaşıyorlar. Burada adeta "Ya Sezar'ım ya hiçbir şey" (*aut caesar aut nihil*) anlayışı var. Ya devlet başa ya kuzgun leşe... Bu sistem Selçuklu ve Osmanlı'da da devam etmiştir. Ta ki 18. yüzyıla, hatta 19. yüzyıla kadar...

Söz konusu veraset sistemi Avrupa'da nasıldı?

Avrupa'da farklıdır. Karahanlılar bu sistemi uygularken Şarlman, imparatorluğunda hiyerarşiyi çoktan kurmuştu; krallar, dükler, kontlar... Hepsi birbirlerine vassal-süzeren olarak ve nihayetinde de imparator ile ruhanî lider olarak papaya bağlılar... Bu ilişkilerin hepsi belirli bir kontrat sistemiyle tespit edilmiştir.

Peki, bu çok müreffeh bir sistem miydi?

Hayır, 9. ve 10. asrın Avrupa'sı çok fakirdi ve huzur o kadar da yoktu; herhâlde Şark'taki hayat oradan çok daha müreffehti.

Karahanlılarda idarî yönetim nasıldı?

Karahanlılarda idareci zümreye girmek için asker olmak gerekir veya ilmî yeteğinizle kadı vs. olabilirsiniz. Bu yeni Müslümanların, Emevîlere göre bir üstünlüğü var; her yere kadı tayin ediliyor, o kadılar kadıü'l-kudât'a bağlanıyor. Yani Türk devletinde yargı müessesesi çok erken bir dönemde hiyerarşiktir. Bu da en muhteşem şekilde Osmanlı'da görülüyor (Bu, Osmanlı medreselerinin en iyi medreseler olduğu anlamına gelmez, hatta fen bakımından Osmanlı medreseleri 15. asır Orta Asya'sına göre geride bile kalır fakat o asırların Osmanlı medreselerinin icazet sistemi çok iyiydi). Şeriat adamlarının, yani yargıç olacak, şehir yönetecek adamların kalitesi ve kapasitesi tayin edilmiştir. Askerî toplumların bir özelliğidir bu.

Karahanlılar zamanında sınır tespiti nasıl yapılıyordu?

Bu tespit sistemi, göçebe topluluklarla benzer şekilde değildi. Öncelikle sınırları korumayı biliyorlardı. Demek ki o zaman göçebe kabileler arasında bir hiyerarşik bağ ve görev bölümü vardı. Dolayısıyla devletin sınır boylarında neden bunların bulunduğu çok iyi anlaşılıyor. Bu sebeple göçebe devleti deyip geçemeyiz. Ticaret yollarının güvenliği de bu yapı sayesinde teminat altına alınıyor. Bu bir aristokrasi ve kan aristokrasisi devleti olmaktan çok bir kavga, bahadırlık, askerlik devletidir. Samanîler gibi çok kuvvetli bir Orta Asya devletini Karahanlılar kendi bölgelerinden atıp batıya doğru itiyorlar.

Çinlilerle ilişkiler nasıldı?

Bu dönemde Çin'deki hanedanlar Türklerle baş edecek durumda değiller. Çin'in askerî üstünlük safhası bitmiş durumda...

Devletin bölünmesinde onların etkisi yok mu?

Olabilir ama daha veraset sistemi halledilmemiş, o bakımdan bir parçalanma var.

Hassa eyaletlerinden bahsedebilir miyiz?

Hassa, komutan tımarıdır. Yüksek komutana yüksek tımar verilir. Sistemin teferruatını bilemiyoruz. Görünen o ki Karahanlılarla ilgili ancak birkaç defter kadar evrak vardır. Bunları da değerlendirmek filolojik açıdan ve içindeki malzemeyi mukayese bakımından zordur. Karahanlılar, ilk Müslüman Türk devletidir. Mutlak bir devlettir; yani han aynı zamanda başkomutandır. Bu sayede devlet varlığını koruyabilmiştir.

Türkler daha sonra batıya doğru gidiyorlar...

Bizim Doğu Asya'yı terk edişimiz tarihî bir olaydır. Belki de varlığımızın sebebi... O bölgenin ağır şartları Türkleri mamur bölgelere doğru çekiyor. Zaten medeniyetimiz bu. İran'la Müslümanlık sebebiyle temasa geçmiş değiliz. Aslında Şamanizm zamanından beri ilişki içindeyiz. Çünkü İranlılarla inanç benzerliklerimiz var. Henüz tespit edemediğimiz birtakım morfolojik ve sentaks özellikleri bakımından dil benzerliğimiz de var. Türklerin batıya doğru ilerleme konusunda İslamiyet meselesi de yardımcı oluyor. Türkler 10. asırda Maveraünnehr'e iniyor. Karahanlılar indikleri bu yerde Müslüman oldular ama batıya doğru olan itici kuvvet devam ediyor. Yeni Müslümanların bu yeni dünyaya geçişleri söz konusu... 9, 10 ve 11. asırların tarihini oluşturan unsurlar, insanları Kuzey Orta Asya'dan Roma İmparatorluğu'nun Küçük Asya'daki kalbine doğru çeker. Koca bir kavmin binlerce kilometreyi üç asır içinde geçtiğini düşünün; bu kadar kısa bir dönem içinde bir sosyal tarih fenomeniyle karşı karşıyayız.

"Koca bir kavmin binlerce kilometreyi üç asır içinde geçtiğini düşünün; bu kadar kısa bir dönem içinde bir fenomen..."

7

GAZNELİLER
Türk Askerî Devleti ve Örgütçülüğü ile İran Kültürünün Karşılaşması

GAZNELİLER
Türk Askerî Devleti ve Örgütçülüğü ile İran Kültürünün Karşılaşması

Gazneliler, Samanoğullarının devamı mıdır?

Hayır, aksine düşmandırlar. Gazneliler belirli bir bölgede Samanoğullarını deviren kuvvettir. Samanoğulları döneminde muhteşem bir medeniyet vardır; İslam sanatı, İslam mimarisi ve İslam ilimlerinin çok geliştiği bir dönemden bahsediyoruz ama Fars kültürünün bu açılımdaki rolü açıktır. Bu dönemde İbn Sînâ, Bîrûnî gibi adamlar var. Ekonomik zenginlik de söz konusu; Samanoğlu sikkeleri bugün İsveç'te görülür. Tabii hepsi ticaretle gitmiş değil, Norveçlilerin-İsveçlilerin ataları olan haydut Vikingler Volga boylarında ve hatta Dinyester'de soygunlar yapmışlar. Yani Samanoğulları ticaret için Volga boylarına kadar gelmişler.

O zaman Samanîlere kültür ve irfan devleti diyebilir miyiz?

Evet, Samanoğulları Volga boylarında ticaret yapıyor; zengin bir devlet... Buhara ve Semerkant'ta önemli mimarî eserler bırakıyorlar, önemli bilim adamları var fakat yüz seneden fazla yaşayamadılar. Devleti yaşatmak için çok fazla askerî faaliyet gerekiyor ve burada da askerler Türk... Türk istihdamı olmadan ordu kuramıyorlar. Bu, Abbasîlerde de Tahirîlerde de böyleydi. Claude Cahen şuna işaret etmiştir: İranlıların gaza yapacak hâli kalmadı, çünkü kuzeydeki Türkler Müslüman olmaya başladı. "Müslüman Müslüman'a karşı gaza yapamaz" kuralı, askerî zaaftan ileri gelir. Bunlar dışında o dönem idarede vergi toplama işi çok zorlaşıyor. Denize açılmayan bir büyük imparatorluğun yaşaması da çok zor... Cengiz Han İmparatorluğu dünyayı kapsadı ama deniz imparatorluğu değildi. Roma İmparatorluğu imparatorluktu çünkü sırf Akdeniz'de değillerdi. Bulunan sikkelere bakarsanız Hind Okyanusu'na kadar gitmişlerdir. Emevîler ve Abbasîler deniz imparatorluklarıydı. Bu yüzden medeniyet olarak kalmışlardır. Bizim devlet tarihimizde başlangıç olarak denize açılan Selçukîler ama asıl olarak Osmanlı'dır.

Portekizliler meselâ...

Evet, kaç tane sömürgede Portekizce konuşuluyor, ortada Portekizce konuşulan bir dünya var. Dediğim gibi, Türk medeniyeti denizcilikle Selçukîler zamanında biraz tanışşsa da asıl Osmanlı'yla beraber gündemi arasına alacaktır. Biz bu konuda tekâmülümüzü henüz götürüyoruz. Denize açılamayan Asya imparatorlukları inkıraza mahkûmdur. Buradan Asya'daki imparatorlukların kaderi ortaya çıkıyor. Bu durumu aşan Osmanlı'dır.

Gazneliler bulundukları yerlerin İslamlaşmasını sağlayabildiler mi?

Türkler; 960 civarında, Sebük Tegin önderliğinde Maveraünnehr üzerinden Afganistan'a inmişlerdir. Sebük Tegin, Kırgızistan'daki Issık Göl havalisinde doğmuştur. O kadar uzak bir coğrafyada doğan birinin Gaznelilerin başında Afganistan'a kadar ilerlemesi dikkat çekicidir. Afganistan yüksek bir yayla ve konum olarak çok önemli; ayrıca, Hindistan ve Horasan'ın kontrol edilmesi için uygun bir yerdir. Nitekim Gazneliler daha sonra Horasan'a da gireceklerdir. Sebük Tegin'in çocuklarından biri de meşhur sultan Gazneli Mahmud. Bu hükümdar, İslam tarihi için önemli bir şahsiyettir. Gazneli Devleti kısa sürede, mahallî bir coğrafya olan Afganistan'ı aşma konumuna geliyor. Maveraünnehr'e hükmedip oradan Horasan'a giriyor. İran'ın ortalarına doğru da bir ilerleme var ama Yezd, Rey gibi şehirlere kadar

"Denize açılamayan Asya imparatorlukları inkıraza mahkûmdur."

değil. Bunların yanında Hindistan'a giriş de söz konusudur. Türk devletleri Hindistan'a hep inmiştir. Bugün dahi Delhi'ye gittiğinizde, Kuzey Hindistan'da bazı noktaları gezdiğinizde Türk izlerini görürsünüz. Hatta bu izler Gazneliler evvelinden kalmadır. Fakat ne Hind'e daha önce inenler ne de Gazneliler oranın tamamen Müslümanlaşmasını sağlayabilecektir. Bu iş çok sonraki hâkimiyetlere, hatta Babürlüler devrine kalacaktır.

Gazneliler dönemi biraz da karışık bir dönem gibi anlatılır hep.

Evet, karışık bir dönemdir. Tarihin bazı gizli muharrikleri (itici unsurları) vardır. 10. asırdayız; bu asırda Avrupa'da Şarlman İmparatorluğu, daha doğrusu halefleri var. Şarlman; Pirenelerden Bohemya'ya kadar, Kuzey İtalya'dan Almanya'ya kadar olan toprakları elinde tutuyor. Bu imparatorluğun başkenti ise Almanya'nın batısındaki Aachen (Aix La Chapelle) kentidir. Şarlman zamanında Katolik Kilisesi'nin imparatora bağlı olması söz konusu... Yine bu asırda St. Simeon'un Bulgar İmparatorluğu da ortaya çıkmış durumda... Bulgar İmparatorluğu, Bizans etkisiyle Hıristiyanlaşıp Kiril alfabesini kabul etmiş. Bizans'ın durumuna baktığımızda bir dirilme tablosu görüyoruz. Önceki asırlarda Sâsânîler ve İslam İmparatorluğu'ndan hayli darbe yiyen Bizans, hâkimiyeti ele geçiren Makedonya sülalesiyle birlikte kaybettiği toprakları geri almaya başlıyor. Bu dönemde Suriye'nin kuzeyine kadar iniyor, etrafında bulunan Bulgarlar gibi pagan milletleri de Hıristiyanlaştırıyor. Böyle bir dünyada bir de Abbasî İmparatorluğu mevcut... İran, artık Tavâif-i Mülûk dediğimiz parçalanmalara uğramaya başlamış. İran'dan batıya doğru gittiğimizde Fatımîleri ve nihayet Endülüs'ü görüyoruz.

Gaznelilerin Karahanlılardan farkı nedir?

800'lerde kurulan Karahanlı Devleti'nden sonra, onların Hakanî lehçesini değil, Oğuz'a daha yakın bir Türkçe konuşan Gazneliler ortaya çıkıyor. Bunların Karahanlılardan bir farkı var; Orta Asya'dan Afganistan'a girmeleri. Afganistan saf Farsça, Dârî konuşulan bir coğrafya o dönemde... Karahanlıların aksine kançılaryada Türkçe kullanımı söz konusu değil. Bu farkın bir tesiri olarak Karahanlıların torunları, bugünkü Sincan bölgesinde yaşayan Türkler bize daha yakın bir Türkçeyi konuşur ve dillerini daha saf olarak muhafaza edebilmişlerdir. Gazneliler ne medresede ne kançılaryada Türkçe kullanıyor. Türkçe sadece orduda konuşuluyor. Gayr-ı Türk olan kalabalıkların arasındaki Türk devletlerinde dili yaşatan tek unsur ordudur. Bu durum çok yaygındır. İran'daki Türk monarşilerinde göreceğimiz keyfiyet, Türkçenin saf hâliyle orduda yaşamasıdır.

Orada Budizm mi var?

Budizm Hind'de çıktı ama orada yaşamadı. Koca Hindistan alt kıtasında Seylan ve Nepal bölgelerinde görülür. Çin'e doğru bir gidiş vardır. Gazneliler, Hind sınırlarını zorladıkları zaman daha ilk anda, kuzeyde Hind dinleri ve kültürüyle karşı karşıya kalıyorlar. Orada Hindular var. Bu devletçik, Peşaver ve Lahor'da sınırı tutuyor. Bugünkü Hindistan'da alt kıta denilen bölgenin sanki 3 bin yıldır Müslümanmış gibi duran şehirleri, o zaman Budizm'in direniş noktalarıdır. Gazneli Mahmud Hindistan'a 17 sefer düzenlemiştir. Bir yazarımız haklı olarak diyor ki, "Yağma için 17 sefer yapılmaz." Doğru, burada Hindistan'ı Müslümanlaştırma misyonu söz konusudur. Sultan Mahmud, Sünnî bir hükümdar olarak bunu kendine vazife edinmiş, İran'a karşı da teşebbüsleri var. Bağdat halifesi, ona "Yeminullah", "Yeminüddin", "Zıllullah" gibi unvanlar bahşediyor.

Görüldüğü kadarıyla Gazneli Mahmud o dönemde hem şiir yazacak kadar bilgili hem önemli bir komutan, değil mi?

Evet, Gazneli Mahmud'un seferleri sonunda Türkler ikinci defa Hindistan'a indiler. Delhi'deki Kutub Minar, Türklerin bölgeye ilk girişinde yapılan bir eserdir. Gurlular ve güney kısımlarda yaşayanlar söz konusu seferlere direnmişlerdir. Bu yüzden, Peşaver ve Lahor gibi şehirlerin Müslümanlaşması çok önemlidir. Biz Gazne tarihiyle çok alakadar değiliz ama Pakistanlılar çok ilgileniyorlar. Çünkü

Hind Müslümanlarının tarihi burada başlıyor. Gazneli Mahmud Farsça bilmez. Farsçayı öğrenme alışkanlığı Türkler arasında çok sonra başlayacaktır. Ama bu alışkanlık bir başlamış pir başlamıştır. Sonunda Yavuz Sultan Selim gibi Farsça şiir yazmaya kadar varan bir başlangıçtır bu.

Gazneli Mahmud aynı zamanda büyük bir mareşal... Savaşlarında filleri de kullanıyor. Bin dört yüz filden bahsediliyor ama bu vakanüvislerin abartmasıdır. Afganistan; Nil Vadisi gibi değil, söz konusu coğrafyada o kadar filin beslenmesi çok zor. Tarihte filleri iyi kullanan asıl komutan da Hannibal'dir. Filleri bugünkü Tunus'tan, Kartaca'dan çıkıp İspanya'ya, oradan Apeninler'e götürmüştü. Hayvanlar ve hayvanları güdenler, İtalya'ya ulaşana kadar ne sıkıntılar çekmişlerdir düşünün; Hannibal bu sevk ve idareyi sağlayabilecek büyük bir komutandır. Bizim topraklarımıza da gelmiştir, mezarı Gebze civarındadır. Mustafa Kemal Atatürk mezarın bulunması için emir vermişti fakat yeri tespit edilemedi. Bugünkü mezar tahminîdir, sadece bir saygı anıtıdır.

Gazneliler döneminde Türkçe ve Farsça mı konuşuluyordu?

Türkler Farsça bilirler ve bu dile katkıda bulunurlar. Meselâ Genceli Nizâmî Türk'tür, kendi de belirtir ama Türk şairi olarak anılmaz, Türkçe beyiti yoktur. Gazneli Mahmud gibi istisnalar dışında, kançılaryada Türkçeyi kullanan yok. Türkçe halk edebiyatında yaşıyor ama bunlar da yazılı olmadığı için Gazneliler devrinden halk edebiyatı örneklerine ulaşma şansımız yok.

Sultan Mahmud'un girdiği Afganistan bölgesi, o dönem Türk coğrafyası mıydı?

Gazneli Mahmud'un girdiği coğrafya Türk yurdu değildi; Türkler, Afganistan'a yerleşmeye ondan sonraki dönemde başladılar. Burası, Aryen ırkının yaşadığı bölge; Peştunistan olarak bilinen yere "Aryana" denilir. Bu ırkın erkekleri savaş talimi yapar, kadınları çalışır; zaten burası çalışmaya müsait olmayan, yarı aç bir yerdir. Ama başka bir tabire göre de "Mendeleyev Tablosu" gibidir.

Kimyada ne kadar maden varsa oradaki dağların altından çıkarabilirsiniz. Fakat bölge genel olarak talihsiz, gittikçe fakirleşiyor. Bugün Afganistan'ın geleceği açısından büyük bir dram söz konusu ama bunları kimsenin düşündüğü yok. Ancak bizim düşünmemiz lazım. Çünkü Afganistan, tarihteki Türk varlığının, Türk medeniyetinin yeşerdiği bir yerdir. Oraya asker olarak girdik, bölgede bir devlet kurduk ve oradan Hindistan'a indik. Horasan'ın zenginliklerini de bölgeye aktardık. Hindistan'da Delhi Sultanlığı'nı kurmasına rağmen Babür Şah bile Afganistan'a gömüldü. Babür Şah'ın soyu da orada kaldı; meselâ Hüseyin Baykara. Onun zamanında bölge zaten Türk medeniyetinin en önemli merkezlerinden biriydi. 15. asırda her şeyin merkezi ise Herat olacaktır. Bölgeden Kemâleddin Bihzâd gibi meşhur minyatürcüler çıkacaktır ki Osmanlı minyatürcüleri onlarla boy ölçüşemez. Herat'tan daha birçok şair ve ilim adamı da çıkacaktır. Semerkant ve Buhara'nın yükseldiği dönemde Herat'ta ilim gerilemiştir ama her hâlükârda önemli bir çekim merkezidir. Maalesef Sovyet işgalindeyken hem Orta Çağ'dan kalma su sistemi (ğanat denen su kanal şebekesi) hem de tarihî miras ağır biçimde tahrip gördü.

Herat'ın altında bir de ğanat şebekesi varmış.

Evet, su sıcakta buharlaştığı için açıktan akmasın diye yer altındaki kayalık kısım kazılır ve su oradan akıtılır. Bu kanallar şebekesine "ğanat sistemi" denir, ince bir zanaattır ve yapan kazıcı ustalara da "muğannat" derler. O tünellere yer üstünden delikler de açılır ki su hava alsın. Oradan akan su, sulamada da kullanılır ama her şeyden evvel içmeye ve yıkanmaya yarar. Gel gör ki Sovyetler, gerillaların içinde saklandığı gerekçesiyle bu ğanatları tahrip ettiler. Kimse bu yıkıma ses çıkarmadı; biz de çıkarmadık, İran da... Meşhur Buda heykeli Taliban takımı tarafından yıkılınca herkes haklı olarak tepki gösterdi ama ğanatların ortadan kaldırılması da onun kadar ağır bir cinayetti.

> *"Afganistan, tarihteki Türk varlığının, Türk medeniyetinin yeşerdiği bir yerdir."*

Gazneli Mahmud aynı zamanda çevresinde bir kültür inşa ediyor.

Gazneli Mahmud'un sarayı kültürel bakımdan çok zengindi. Sarayda şairler, tarihçiler var; meselâ Hüseyin Beyhâki. Onu okumak zevktir.[10] Bîrûnî de Sultan Mahmud'un sarayındadır. Bîrûnî, *Tahkīku mâ li'l-Hind* eserinde Hind inanışlarını incelemiştir. Gazneli Mahmud sayesinde seferlerle Hind bölgesine gide gele tahkikler yapmış ve bu eseri ortaya koymuştur. Kendisi mimariden matematiğe, astronomiden kimyaya kadar birçok alanda çalışmış büyük bir âlimdir. Hindistan Bîrûnî'ye tesir etmiştir, büyülemiştir; sadece İngilizler büyülenecek değil ya Hind kıtasından... Hindistan'a Büyük İskender de girdi, kültüre olan merakına rağmen kendisinin ordusunda Orta Çağların Bîrûnî'si gibi biri yoktu. Gel gör ki Gazneli Mahmud, yağmacı bir hükümdar değil; yanında Bîrûnî gibi âlimleri taşıyor. Bîrûnî'nin eseri Hindoloji alanında dünyada yazılmış ilk ciddi kitap; çok ilmî, tarafsız ve soğukkanlı... 12. asra ait böyle bir eser, Şehristânî'nin *el-Milel ve'n-Nihal* adlı çalışması basıldı fakat maalesef Bîrûnî'nin kitabı basılmadı. Bunu UNESCO'nun yapması lazım. Keza eseri çok derindir.

Sarayda İran edebiyatından nükteler de bulunurmuş, hatta o dönem Gazneli Mahmud, Firdevsî ile görüşüyor.

Afganistan'daki Gazne Sarayı'nda İran edebiyatı desteklenmiştir. İran'da okuyup yazmış, menkıbe ve efsaneler bakımından çok zengin bir topluluk var; Firdevsî bunları bir araya getirip *Şehname*'yi yazıyor. Bizim efsanelerimiz, hikâyelerimiz var ama bunları yazıya geçirmemişiz. Kültürel açıdan büyük bir kayıp... Firdevsî eserini Gazneli Mahmud'a sunuyor ama Sultan için "Melik-tâzî-guyend", "barbar dili konuşan hükümdar" diyor. Sultan da *Şehname*'nin inceliğini ve güzelliğini hakikaten anlamıyor, Firdevsî'ye düşük bir bahşiş veriyor. Şair saraydan kızgınlıkla çıkıp o parayı bir tellağa

10 İranlı Müçteba Minovi, Beyhâki uzmanıydı ve Ankara'da İran'ın kültür ataşeliğini yaptı. İranlıların sefaretlerindeki kültür ofisleri çok iyidir; bizde ise kültür ataşeliği müessesesi pek işlemez.

bahşiş olarak veriyor ve Gazneli Mahmud için ağır bir dörtlük yazıyor. Onu sonradan Figânî çaldı ve Pargalı İbrahim Paşa'ya karşı kullandı.

"*Du İbrâhim âmed bed'in cihân/Yekî but-şikest şod yekî butnişân*", "Bu dünyaya iki İbrahim geldi/Biri put yıkar, biri put yapar." Firdevsî; Gazneli Mahmud'un asıl adının İsmail olması dolayısıyla, Hz. İbrahim'in, Hz. İsmail'in babası olmasına telmihle hicvetmişti onu.

Firdevsî bu olaydan sonra Gazne'den kaçıp Tus'ta vefat etti. Sultan Mahmud, ölümünden önceki Hind seferinde onun ne kadar büyük bir şair olduğunu askerî uzmanları sayesinde anlayacaktı. Önünden geçilen kalenin sahibi melikeye tehdit için bir mektup yazıldı, mektupta Firdevsî'nin, "Yarın sabah şafak söktüğünde Afrasiyab er meydanına çıkınca seni gürzümle, demircilerin demir dövdüğü gibi döverim" anlamındaki beyiti yazıyordu. Bu, aliterasyon bakımından çok kuvvetli bir şiir... Neticede kale hemen teslim edildi. Gazneli Mahmud, hatasını bu olaydan sonra iyice anlamış ve Firdevsî'ye tekrar deve yükü atıyye yollamıştır ama para kendisine ulaşamadan Firdevsî vefat etmiştir.

"Bizim efsanelerimiz, hikâyelerimiz var ama bunları yazıya geçirmemişiz. Kültürel açıdan büyük bir kayıp..."

Firdevsî'nin Tus'taki türbesi, İran'ın her devirde en çok ziyaret edilen yeridir. İslam öncesi İran'ı yücelten İranlı pozitivist milliyetçiler, laikler; Firdevsî'yi bir meşale gibi görürler. Şiirlerinde Türklere laf atan Firdevsî'yi Gazne Sarayı desteklemişti. Dolayısıyla İran kültürü de Türklerden beslendi. Bu, asker bir devletin kendine has kozmopolitliğine ve genişliğine işaret eder.

Gazneli Mahmud döneminden sonra, Sultan Mesud döneminde Gaznelilerin etkisi devam ediyor mu?

Ediyor tabii, Gazneli Mahmud'dan sonra taht kavgalarının ardından Sultan Mesud hükümdar olmuştur. O da iyi bir komutan ve hükümdardır fakat ne yapsa babası kadar olamamıştır. Babası zamanında Horasan ve hemen hemen bütün Orta Asya ile Hindistan'ın belirli kısımlarında hâkimiyet kurulmuştu. Gazneliler o havalinin önemli bir devletiydi. Batıya değil, güneye yöneldiler, iyi de yaptılar. Hindistan bir gayya kuyusudur, her şeyi yutar ama o kuyunun içinde kaybolmayan tek şey İslam olmuştur. Gazneliler sayesinde bugünkü Pakistan bölgesi tamamen Müslümanlaştı. Hindistan'da ise çok önemli miktarda, yüzde yirmiye yakın bir Müslüman nüfus ve Delhi civarında hâlen karışık ve ağır bir Türkçeyle konuşulan köyler var. Mimaride de Türk izleri görülür. Bunlar, askerî sistemin mobilize ettiği topluluklar sayesinde olmuştur. Diyorlar ki, "mahallî sanatçılar kullanılmış." Öyle ama o mahallî sanatçının eski eserleriyle sonraki eserleri birbirini tutmuyor. Çünkü bir sürü insan orduyla beraber gelmiş, söz konusu kişiler bir kültürü taşımış. Bu, Osmanlı'da da vardır. Askerî bir gerekçe söz konusu olduğu için mimarlar ve ustalar kolay şekilde mobilize edilir; yeter ki ihtiyaç olsun. İhtiyaç olursa ressam da mobilize edilir; Matrakçı Nasuh meselâ. Bu devam etmiştir; 19. asırda modern resim bize ordu vasıtasıyla gelmiştir. Nâzım Hikmet'in büyük dedesi (annesinin dedesi) Mustafa Celalettin Paşa (Konstanty Borzęcki) o tip adamlardan biriydi. Bu kişileri ordu istihdam etti.[11]

Kaç yılında Gazne hâkimiyeti sona eriyor?

Sultan Mahmud'un, artık ortaya çıkan ve yayılmaya başlayan Selçuklu hanedanıyla çatışması söz konusu... Bunlar bir sonuca ulaşmıyor. Bağdat halifesi, Gazneli Mahmud'a büyük hürmet göstermiştir ama ondan sonraki Gazne hükümdarları aynı hürmeti görecek durumda değillerdir. Keza 1040'ta Dandanakan Savaşı'nda Tuğrul Bey'in Gaznelileri yenmesiyle Horasan ve İran bölgesinde Gazne hâkimiyetinden bahsetmek mümkün değildir. 1040'ta Dandanakan Savaşı'nda Gazneliler darbe yedi ama devlet orada

11 O soyda kabiliyet var; Nâzım Hikmet'in annesi Celile Hanım meselâ... O dönemde Fransızcayı iyi bilen çok olmasına rağmen Celile Hanım, Fransızca konusunda parmakla gösterilirmiş. Bugün millet İngilizce biliyor ama çok düzgün, çok parlak İngilizce bilen az; o devirde Fransızca için durum böyle değildi.

bitmedi. 1187'ye kadar taht kavgaları ve bölünmelerle devam etmiş, daha sonra Selçuklular ve Harezmşahlar bu devleti tamamen ortadan kaldırmıştır. Harezmşahlar da parlak bir devletti ama onları Cengiz Han bitirdi. O devletin büyüklüğü bugünkü Hive şehrinden anlaşılabilir. Selçuklularla birlikte Ortadoğu'nun coğrafyası değişti. Çünkü Gazneliler, Büveyhîleri kontrol ediyordu. Gazne ortadan kalkınca Büveyhîler Bağdat'a hâkim oldu. Bu hanedan, Hazar kıyısında yaşayan bir Kürd ailedir. Onları sindirecek olan da yine Selçukîlerdir.

Gaznelilerin askerî teşkilatına "gulam" mı deniliyor?

Gulam, "oğlan" demektir. Bunlar toplama gençler; ya devşiriliyorlar ya da köle olarak alınıyorlar. Gulamlar yükselerek orduda subaylığa geçebiliyorlar, bazıları devlet teşkilatına giriyor. Ama bu devirde, Osmanlı'daki gibi bir Enderun Mektebi söz konusu değil (Yetenekli gulamlar, Osmanlı'da Enderun Mektebi'nde eğitilirlerdi). O zaman kadılar belli medreselerde yetişiyor, memurlar da öyle. Ama asker sadece ordu içinde yetişiyor. Gulamlardan oluşan bir hassa ordusu var, bir de eyaletlerden toplanan ordu bulunuyor. İfadeye göre Gazne ordusu 50 bin kişi ama bence bu sayı abartılıdır. Hayber Geçidi'ni 100 bin kişinin geçtiği söyleniliyor; imkânsızdır. Bir kere o kadar kişinin geçtiği yerde insanlar pislikten hasta olurlar; her birinin günlük def-i hâcetini düşünün... Hangi sistemle beslenecekler, su olmayan yerlere nasıl su taşınacak, o kadar zırh ve kılıç nasıl temin edilecek? Sayılar abartılıdır ama ordunun kalabalık olduğu, iaşe ve mühimmatın o çağlara göre iyi sağlandığı çok açıktır.

Gulamlar aslında hükümdarın muhafızları değil mi?

Öyledir ama öbür askerlerin içine de girerler. Güvenilenler onlardır, daimî devlet ve itaat terbiyesini almışlardır. Erdoğan Merçil, Gaznelilerde protokol uygulaması olduğunu söylüyor. Hükümdar artık altın tahtta oturuyor ve etrafında da gulamlar var.

Bir de vassal devlet askerleri var...

Hanedan azalarından bazıları vassal devletlerin başında bulunuyorlar. Meselâ Rûm Selçukluları, İran'daki Büyük Selçukluların vassalıdır. Valiler bazı eyaletleri neredeyse irsen idare eder, valilik babadan oğula geçer; dolayısıyla onlar da vassal statüsü kazanıyorlar. Bu tabir Avrupa feodalitesine aittir. Bu ilişkide belirli vazifeler vardır. Vassal, süzerenine (tâbi-metbu) asker olarak itaat edip haraç verir. Süzeren de vassal hükümdarın ölümü durumunda onun çocuklarını korumak durumundadır; oğluna asker vermek, kızını evlendirmek gibi. Osmanlı'da da bu tip uygulama vardır; Kırım'daki Giray Hanlığı, Osmanlı İmparatorluğu'nun vassalıdır. Ancak İslam tarihinde vassal-süzeren ilişkisi çok az görülür. Selçuklulardaki aile içi vassal-süzeren ilişkisi ayrı mütalaa edilmesi gereken bir müessesedir. Osmanlı için Kırım Hanlığı'nın vassallığından bahsettik ama Osmanlı'nın bir de Erdel, Eflak-Boğdan gibi Hıristiyan vassalları da vardır malûm...

8

SELÇUKLULAR VE MALAZGİRT SAVAŞI

SELÇUKLULAR VE MALAZGİRT SAVAŞI

Selçuklulara giriş yaparken öncelikle bölgenin önemini konuşalım. Coğrafî konumu itibariyle İran'la Türklerin ilişkisi nasıl başladı, İran jeopolitik konumundan ötürü hep önemli miydi?

İran, Selçukluların gerçekleştirdiği fetihten önce de Türkler için önemli bir ülkeydi. Son araştırmalar gösteriyor ki Şamanizm dediğimiz kült, sadece Yer Tanrı-Gök Tanrı ve birtakım başka sanem ve tanrılara tapınmaktan ibaret değil. Şamanizm'de düalizm söz konusu... Bu da eski İran dinleriyle bir yakınlığa işaret ediyor. Türklerin tanrısı somut bir tanrı değil.

Bu ilişkilerde önemli bir diğer husus da göçebelik... Türkler için göçebe deyip geçiyoruz. Göçebelik sade bir hayat gibi görünür ama bir bakıma da en karmaşık örgütlenme biçimidir. Keçi güden göçebeler, deveci göçebeler, atlı göçebeler vardır. Türklükte at, bir askerî yapılanmayı ortaya çıkarıyor. Toplarsak, göçebe bir topluluk olan Türklerden Selçukluların İran'a yerleşmesiyle söz konusu ilişki başlamıştır.

Öyleyse Selçuklular İran'la rahatça ilişki kurdu diyebilir miyiz?

Şurası bir gerçek ki Selçuklular İran'a yerleştikleri zaman oradaki kültüre bir rahatlık sağlıyorlar. İdareciler şehre ve ülkeye nasıl Fars diliyle ve eski Fars bürokrasisiyle hâkim oluyorsa, ilmiye sınıfı ne kadar Arapçaya ve İslamî ilimlere düşkünse, orduda da bir Türklük söz konusu... Zaten Selçuklu ordusu Türkçeyi muhafaza eden, kullanan, birtakım askerî terimleri de İran'a miras bırakan bir ordudur.

Selçukî hâkimiyeti İran ve Türk medeniyetinin tam bir sentezidir. Devlet teşkilatından adliye işlerinin örgütlenmesine, askerliğe ve mimariye kadar bu ihtişam görülür. O kadar ki Mescid-i Cuma (İsfahan) gibi bir eserde dahi örülen duvarlarda bu izleri ayrı ayrı görmek mümkündür. 12. ve 13. asırlardaki Anadolu, Roma topraklarında Türklerin İç Asya ve İran'dan taşıdıkları sistemin ve abidelerinin inşa edildiği coğrafyadır ve hem bu devirde hem sonraki asırlarda atalarımız Farsçayı ve İran şiirini sevmişler, Mevlâna gibi düşünürler sayesinde İran ve Maveraünnehr'den gelen tasavvufu benimsemişlerdir.

Selçuklular İran'dan vergi alıyorlar mıydı?

Vergi sistemi çok farklıdır. Selçuklular girdikleri devletleri teslim almıyor; daha enteresan bir yol tercih ediyorlar. Bir tarafta Roma, bir tarafta İslam devleti, bir tarafta da İran var. Tuğrul Bey 1055'te Bağdat'a giriyor. Bağdat halifesi zaten kuvvetli de değil, bağımsız da değil; Büveyhîlerin himayesi altında... Şiî olan Büveyhîlerin, Sünnî dünyanın başındaki halifeyle danışıklı dövüş hâlinde bir antlaşması vardı; birbirlerine dokunmuyorlardı. Ama Selçuklular oraya Sünnî olarak geldi ve Tuğrul Bey "Sultan" unvanını aldı. Bu andan itibaren Selçukî hükümdarları kayzer oldular. Kayzerliğin nasıl bir otorite verdiğini, Vasiliy Vladimiroviç Bartold'un meşhur *Halife ve Sultan: İslam'da İktidarın Serüveni* araştırmasından anlayabilirsiniz.

Selçukluların kökeni neydi?

1055'te, yani Anadolu kapıları Türklere açılmadan yirmi yıl önce İran fethini tamamlayan Tuğrul Bey, Bağdat'a girdi. Buradaki ilginç gelişme; Büveyhîlerin hilafet ve halife üzerindeki nüfuzunun kırılmasıdır. Selçukîler Büveyhîlerin aksine Sünnî mezhebi kabul eden Müslümanlardı; Abbasî halifesinin elkab (titular) ve protokol üstünlüğüne saygı gösterilirdi. Ama İslam dünyası üzerindeki yönetici etkisini doğrusu kendi iktidarları lehine kullandılar. Böylece daha önce Büveyhîler halifeyi tanısa da, onun için daha hayırhah bir idare geldi. Doğrusu Selçukî Devleti böyle bir nüfuza sahipti. 1071'de Rûm İmparatorluğu'nu (Bizans) Doğu Anadolu'da yenmiş ve Mısır'ın Şiî Fatımîlerinin Suriye'deki nüfuzunu kırarak, Ortadoğu bölgesine hilafetin hâkimiyetini elde tutacak bir devlet olduklarını göstermişlerdi.

"Miladî 11. asırdan itibaren İslam tarihi artık Türk dönemi diye nitelendirilir oldu."

İran Büyük Selçukluları (bu tarihçilerin verdiği unvan) burada hilafetin yanında önemli bir müessese ortaya koymuştu; Sultanlık... Böylelikle halife unvanını ve makamını almadan; hilafetin imamet (yöneticilik) görevini alma gibi, İslam tarihinin bütün zamanları için yorum problemi yaratan orijinal bir kurum ortaya çıktı. Hilafetin yanında sultanlık, İslam devletini bağımsız olarak yöneten ve meşruiyeti hilafet çerçevesinde tartışılamayan bir kurum olarak ortaya çıktı. Şu kadarını belirtmek gerekir ki, Selçuklu Devleti bu sayede İslam ülkeleri üzerinde ilk defa gayr-ı Arap bir imparatorluk mesabesine yükseldi ve miladî 11. asırdan itibaren İslam tarihi artık Türk dönemi diye nitelendirilir oldu. Selçukîlerden önce Bağdat'a hükmeden Büveyhîler, Şiî olmalarına rağmen halifenin dinî nüfuz ve rolünü tanımışlardı (Bu, İslam'daki mezheblerin tatbikatta siyaset icabı esnek olabileceklerine bir örnektir). Şimdi Selçukîler hilafet unvanı alamadan bu makamı siyaseten de elde tutuyorlardı. Böylece İslam'ın klasik çağında Arap hükümdarlarının, özellikle Halife Mutasım zamanında (833-842), memlûk (köle askerler) olarak istihdam ettiği Türkler, Ortadoğu dünyasının hâkimi olmuştur.

Anadolu Selçuklularının Anadolu'daki askerî-idarî hâkimiyetini kolaylaştırıcı etmenler nelerdir?

Bizans'ın adı aslında Roma ülkesi idi. Türkler de Küçük Asya'ya öyle dediler. Açıkçası Selçukî önderlerle Oğuzların Anadolu'ya gelişi hâlen bütün cepheleriyle bilinen bir olay değildir. Ancak Şark'ta ve Garp'ta ileri sürülen bazı mesnetsiz iddialar kadar da bilinmeyen bir olay olmadığını belirtelim. Claude Cahen'den Köprülü'ye kadar yerli yabancı birçok tarihçi, Anadolu'nun geçirdiği bu etnik kültürel değişimin, Macaristan'ın Macarlaşması veya tarihte Rusya'nın bir kısmının Ruslaştırılması ve Balkanların bir bölümünün Slavlaştırılması gibi bir olaydan söz etmiyorlar. Oysa Selçuklu Oğuzlarının geldikleri Küçük Asya ne tamamen Helenleşmiş bir bölgeydi ne de 11. asırda müreffeh ve mamur beldelerden oluşuyordu. Ülkede Helen unsurla birlikte muhtelif etnik grupların bulunması, Türkçenin ortak dil (*lingua franca*) olarak tanınıp yayılmasını; din ve mezheb birliğinin olmaması ise İslam'ın yaygınlaşmasını kolaylaştırdı. Ülkede Ermeni Paulisyenlerin (merkezleri bugünkü Sivas'ın Divriği'si) isyanı ve katlinden beri dinî çatışma ve münaferet hâkimdi. Bu verdiğim bilgiyi Claude Cahen *Osmanlılardan Önce Türkiye* (La Turquie Pre-Ottomane) eserinde verir. Anlaşılan dâhilde herkes birbirine savletle (saldırı) meşguldü; manastır manastırla, eyalet eyaletle. Bu şüphesiz idarî otoriteyi ve düzeni özlenir hâle getirmiştir.

Bunun dışında uzun süren İran, ardından Arap-İslam istilaları ve şimdi de Selçuklu İmparatorluğu'nun harekete geçirdiği Türkmenlerin 1071 yılında başlayan sızması ülkeyi yormuştu. Bu karışık ortamda, özelikle 1071'den sonraki olaylar, Selçukî askerî ve idarî hâkimiyetini kolaylaştıracaktır. Ülkenin muhtelif bölgelerinde farklı iktisadî yapılanmalar vardı. Batı Anadolu'nun Akdeniz dünyasına açılan iktisadiyatı, bazı limanların İpek Yolu'yla kurduğu Asya bağlantısı, buna karşılık kapalı iktisadî hayat süren bölgelerin varlığı bu gibi istilaları kolaylaştırıyordu ve Selçukîler döneminde göreceğiz ki Anadolu bölgesi İran ve Mezopotamya ile kurduğu bağ sayesinde iktisadî bir değişiklik geçirecekti. Bu da yeni gelen Türk unsurun hâkimiyetinin yerleşmesini sağlayacaktır. Kuşkusuz Speros Vryonis'in *The Decline of Medieval Hellenism in Asia Minor and the Process of Islamization from the Eleventh through the Fifteenth Century* yahut "Dehellenization" diye bilinen eserindeki görüşler bunun aksi bir iddiayı teşkil eder. Ancak Vryonis'in Anadolu'da Hıristiyanlığı, hele bunun içinde Helen unsuru tâ 15. asra kadar başat unsur olarak göstermesi tarihî sarih delillere dayanmıyor. Nitekim Cahen,

Vryonis'in eseri için kaleme aldığı müspet tenkit yazısında dahi bu görüşe olumsuz yaklaşımla değinir.

Peki söz konusu dönemde bölgede hangi dil konuşuluyordu?

Selçukîler İran'a girdikten sonra bürokrasi Farsçayı, ulema Farsçanın yanı sıra Arapçayı kullanmaya başladı. Şehirlerse tamamen eski kültüre emanet... Altı yüzyıl gibi tarih için pek de uzun olmayan bir süreç öncesinde buralarda Sâsânîler yaşıyordu. Peki değişen neydi? Köy hayatı ve Azerbaycan bölgesi. Oralarda müthiş bir Türkleşme ve Türkleşmenin yanında müthiş bir İranlılaşma var. İranlılaşma yeni bir süreç; Fars dili bir kavmin değil, kavimlerin ortak kültürü oluyor. İran da her kavmin üst kimliği ve uzlaşma biçimi hâline geliyor. Ordu Türklerin, bürokrasi Farsların...

Bir tür bölgeselleşme mi oluyor?

Bölgeselleşme değil, başka türlü bir olay ve bunu tarif edemezsek bugünkü İran'ı dahi anlayamayız. Selçuklu İran'ında kabileler, şehirlilerden daha önemli bir grup olarak, Türkçeyi iyi biliyorlar ve özellikle orduda Türkçe komuta dili... Selçukîler Sünnî bir topluluk ve bir yerde Sünnîliği orada geliştiriyorlar. Hatta İran Selçuklularının en ünlü devlet adamı Nizamülmülk dahi Fars kökenli ama Sünnîliği devlette ve Nizamiye Medreseleri gibi eğitim kurumunda teşvik eden biriydi. Selçuklu İran eliti Farsçayı iyi öğreniyor. Fatih bir millet bu tür meziyetlere sahipse gittikleri yerlerde işler çok değişir. Muasır Türkler bunu ne derecede başarabilecek henüz bilmiyoruz. Türk milletinin, İran'ın kültür sahasına, onların kabul ettiği tipteki Arap alfabesine, geniş ölçüde kullandıkları vokabülere, yarattıkları ilmî dünyaya ama tüm bunların yanında kuvvetli bir Asyalılığa istinad etmesi söz konusu...

Çağrı Bey'in oğlu Alparslan bizim vatanımızın kurucu babasıdır. Bu kurucunun; Malazgirt Savaşı'na ve oradaki müthiş galibiyete, bir Bizans ordusunun ilk defa bu kadar ezilmesine, düşman başkomutanını esir etmesine rağmen Batı'ya yönelip Bizans'ı yutma gibi bir hırsı yok. Kendisinin düşüncesi, o devirdeki bir Ortadoğu hükümdarının realizmini gösteriyor. Hedef; Suriye, Bağdat, Bilâdü'ş-Şam ve tabii ki Mısır. Çünkü, daha önce de belirttiğim gibi, Sâsânîlerden ve Abbasîlerden beri bütün Orta Asya'daki Türkler ve Kafkasya'daki Çerkezler kiralık asker yahut köle (memlûk) olarak İslam ordularına nüfuz ettiler. Tanıdıkları bu yerlerin zenginliği onları cezbediyor, söz konusu bölgeyle karşılaştırırsak Anadolu az kalır, çünkü imparatorlukların zenginliği Mısır'dadır.

Ama tarih kitaplarında Malazgirt Savaşı'yla Türklerin Anadolu'ya girdiği anlatılır.

Malazgirt Savaşı Anadolu'nun kapılarını açan ilk adım değildir. Daha evvel Danişmendîler var ama hakikaten bu tarihî savaşla kapının açılması söz konusu... Bazen insan nasıl bir iş başardığının farkında olmaz. Keza o gün Alparslan'a sorsanız on sene sonra Türklerin Sivas'a, iki yüz sene sonra da Balkanlara açılacağına inanmazdı.

1071'den önce Türkler Anadolu'ya hiç girmemişler miydi?

Özellikle 1071 öncesi Anadolu'ya düzenli Selçuklu ordularının girdiği düşünülmesin fakat Anadolu'da da Malazgirt'teki gibi düzenli bir Bizans ordusundan çok, birtakım hükümferma komutan ve yerel beyler ve onların özel orduları vardı. Burada şu durumu belirtmek gerekir ki; Kapadokya (Kayseri-Sivas), Vaspuragan (Van), Karsak (Kars), Kilikya (Çukurova) bölgesinde Ermeni prenslikleri vardı; buralarda Ermeni nüfus, kendine yabancı bir nüfusla iç içe yaşıyordu. Bunun haricinde Kuzeydoğu Anadolu'da gayet karışık bir etnik yapı mevcuttu. Gürcü nüfus buralara kadar gelmişti. Mezopotamya bölgesindeki Fırat Havzası'nda Süryanî dediğimiz nüfus, Kaldeliler, bunun yanında dağınık Yahudi, Kürd ve Aramca konuşan gruplar vardı (Buranın Kürd Yahudilerinin dili ya zamanla Aramcaya dönüşmüştü ya da Aramca konuşan Yahudiler Kürtleşmişti) ve ilginçtir ki II. Cihan Harbi'nde Kürd Yahudilerinin İsrail'e göçüne kadar da böyle kaldı. Ege ve Kuzeybatı Anadolu bölgesi homojen bir Helen nüfusa sahip görünüyor ama tarihçilik açısından bazı şüpheler söz konusu...

Bütün bu karmaşık yapı; Claude Cahen'in deyişiyle, fatihlere direnecek müttehid, homojen bir etnik yapının olmadığını gösteriyor. Fatihlerin önünden gelen ilk işgalciler de her zaman müttehid ve tek merkezden yönetilen kuvvetler değildi. Selçukîlerin önünden kovalanan bazı muhalif Türkmen grupları vardı veya 1040'larda Kars bölgesinde Ani'ye hücum eden Kürd Beyi Şeddâdî Ebu'l Asvar'ın bölgede yerleştiği biliniyor. 1048'de Tuğrul Bey'in üvey kardeşi İbrahim İnal, Aras Nehri ve Karasu (Kuzey Fırat bölümü) boyunca Erzurum'a kadar ilerledi. Bu tip akın ve muharebelerin geçici ve mevzii kalmadığı anlaşılıyor. Çünkü birçok Türkmen kitleleri bölgede kalmakta ve yerleştikleri yerler Bizans'la âdeta bir sınır (serhad bölgesi) hâline gelmekteydi. 1071'den sonra bu gibi yerleşim ve sızmaların sayısı artacak ve Küçük Asya artık Selçukî uç bölgesi olma durumunu da aşarak yeni bir yerleşme alanı ve bir yurt olacaktır.

Anadolu Selçukluları bölgeye nereden gelmiştir?

Anadolu Selçukluları, İran'daki Büyük Selçuklu Devleti'nin Küçük Asya'daki uzantısıdır. Bu ilişkide Anadolu Selçuklularının bir vassal (tâbi) devlet statüsünde olduğu tekrarlanır. Ancak bu hususun üzerinde etraflıca durulmamıştır. İran'daki Büyük Selçuklu Sultanı ile olan rabıta protokolerdir. Bir tâbilik statüsü vardır; ancak fiiliyatta bunu iki asır sonraki bir durumla; meselâ Saray'daki Altın Orda Hanı'yla Karakum'daki Büyük Moğol Hanı arasındaki sıkı rabıta benzeri olarak düşünmek pek doğru değildir. Kaldı ki ilk anda bugünkü Türkiye topraklarında Selçukî vassalı olan devlet bir değil, birkaç tane idi (Sivas ve civarında Danişmendîler, Mardin'de Artukoğulları, doğuda Mengücekoğulları ve Saltukoğulları) ve bunların arasındaki bir asrı aşan uzun mücadelelerden sonra ortaya bir Anadolu Selçuklu Devleti, yani hakkıyla Rûm (Roma) Sultanlığı adını taşıyacak bir siyasî oluşum çıkmıştır.

1071 Malazgirt Zaferi nelere sebep olmuştur?

1071 Malazgirt Zaferi ilk defa Roma Katolik Kilisesi'nin Türklere karşı bir ittifak misyonu yüklenmesine ve ehl-i salibe (Haçlılar) İslam'ın ilerleyişini durdurma çağrısını yayınlamasına sebep oldu. Diğer taraftan Sultan Melikşah, Anadolu fethi için birtakım Türkmen beylerini harekete geçirdi. Burada ilginç bir bilgi noksanımız var; bu görevlendirmenin biçimi nedir? Anadolu fethinde en önemli görevi yerine getiren Süleyman Şah -ki kendisi Kutalmış'ın oğlu ve reis-i hanedandır-, Bağdat halifesinin aracılığı sayesinde Melikşah'tan bir ferman alıyor ve böylece zabt ettikleri bölgelerde hâkimiyeti tanınıyordu. Bununla Süleyman Şah ve Melikşah arasında bir süzeren-vassal ilişkisi doğuyor fakat bunun mahiyeti incelenmelidir.

Süleyman Şah 1075'te Konya'yı, 1080'de Bizans'tan Nicaea-İznik'i alıyor ve 1082'de Çukurova bölgesine giriyor, fakat başkenti İznik'tir ve Anadolu Selçuklu Devleti de böylece kurulmuş oluyordu. Kuşkusuz İznik'in sonradan elden çıktığını (1097'de Haçlı kuşatması sırasında Bizans'a verildi ve bir daha da Osmanlı devrine kadar Bizans'ta kaldı) ve hatta 1204'ten sonra (yani Haçlıların İstanbul'u zabt edip yağmaladıkları yıl) Bizans Laskaris Hanedanı'nın İznik'e çekilip burada yeni bir devlet kurduklarını, sonra tekrar İstanbul'u Haçlılardan almak için General Paleologos'u görevlendirdiklerini ve Paleologların yeniden fetihle Bizans'ın (Roma'nın) son yönetici hanedanı olduklarını hatırlayalım.

Malazgirt Savaşı Türkler için Anadolu'da kalıp kalamayacaklarını gösteren de bir savaş öyleyse...

Malazgirt çok önemli... Çünkü özellikle belirttiğim gibi Malazgirt'ten sonra savaşı kazanan komutan Alparslan'ın bile o dönem tahmin edemeyeceği yerlere gidiyoruz. Selçuklular soluğu Konya ve hatta daha Süleyman Şah bin Kutalmış zamanında İznik'te alıyorlar. Kılıçarslan I. Haçlı Seferi'nden sonra İznik'ten geri çekilecek ama payitaht Konya'da kalacaktır. Zaten Miryokefalon Savaşı'ndan sonra da Türklerin Anadolu'da kalacağı kesin olarak ortaya çıkmıştır.

12. asırdaki beyliklerle Selçukluların arasındaki ilişki nasıldı?

Burada belirttiğimiz bir hususun üzerinde duralım; Küçük Asya'nın fatihleri sadece Kutalmışoğlu Süleyman Şah'tan ibaret değildi. Selçukîlerin batıya ittiği veya orada görevlendirdiği beyler Danişmendîler, Mengücekoğulları, Saltuklular ve Artuklular ayrı bölgelerin hâkimiyetini elde tutuyor ve bunlar da bir menşurla İran Selçuklu Sultanı'na tâbi hükümetler olma vasfını kazanıyorlar. Emir Saltuk, Sultan Alparslan'dan Erzurum ve yöresini; Emir Artuk Mardin, Diyarbakır, Harput üçgenini; Emir Danişmend Kayseri-Sivas (yani klasik Kapadokya); Emir Mengücek Erzincan-Kemah bölgesini almıştır.

Bu devletler ile Anadolu Selçukluları arasında cereyan eden mücadele sonucunda, Türkiye'nin 12. asırda ittihadı sağlandı. Fakat Anadolu Selçuklu Devleti'nin Bizans üzerindeki nihaî zaferini sağlayan ilk olay; 1176 Kumdanlı veya Miryokefalon Savaşı'dır.

Miryokefalon Savaşı ile Anadolu'da Türk hâkimiyeti kabul edilmiştir diyebilir miyiz?

Evet, diyebiliriz. Bu süreçteki ikinci önemli olay ise Anadolu'dan geçen Haçlı ordularının, yani bu önemli tarihî fırtınanın atlatılmasıdır. Bu olaydan sonra Konya, I. Kılıçarslan tarafından kesin olarak Selçuklu başkenti seçildi.

Haçlılar ve Selçuklular arasında ilginç bir politika vardır. Bazen savaş, bazen geçici ittifak, bazen Bizans'a karşı Haçlılarla anlaşma, bazen de Haçlıları bertaraf edecek bir ittifak politikası güdülmüştür. Haçlı seferlerinin uzun tarihi boyunca bu politikaların hepsi görülür.

I. Haçlı Savaşı Selçukî ordusu için yıpratıcı oldu; bundan sonra ise İskit tarzı bir çekilme ve yol üzeri su kaynaklarını kurutma, ekinleri yakma ve tahrip yöntemi denendi. Fakat ilk Haçlılar buna rağmen Anadolu'dan geçip Antakya, Suriye ve Filistin'e ulaştılar. 1144'teki Haçlı Seferi'nde ise daha değişik mevzii savaş yöntemleriyle Haçlılar kılıçtan geçirildi. Buna karşılık 1176 yılında Miryokefalon Savaşı'nın (Bizans-Selçukî Savaşı) Selçukîler tarafından kazanılmasından sonra, Bizans'a karşı Haçlıların tercih edildiği görülüyor.

Anadolu'nun Selçuklularla Türkleştiğini ileri sürenlerden Anadolu'yu Helenlerin zorla Türkleştirdiğini söyleyenlere kadar çeşitli iddialar var.

Fransız tarihçi Michel Balivet'in tetkiklerinde de belirttiği üzere; Küçük Asya, Ermeni ve Süryanîlerin anti-Helen direnişleri, Paulisyenler gibi bazı aşırı grupların ve Doğu Karadeniz'de Gürcü grupların anti-Bizans tutumundan dolayı Türklerin bir ölçüde idareyi tesis edebildikleri bölge olmuştur.[12] Zaten Anadolu'nun kısa zamanda başat olarak Türkleştiğini ileri sürenler kadar, Anadolu'yu Helenlerin zorla Türkleştirilen ülkesi olarak görenler de aynı paralelde iki tarih yazıcılığını izlerler. Vakıa Anadolu, Türkçenin ve Türklüğün yaygın olduğu bir bölge oldu ama bu elbette zaman aldı. Bu süreçte gelen göçebe ve şehirlilerin tüm ülkeye yayılması önemli bir rol oynar; öyle ki İtalyanlar Anadolu'ya Haçlı Seferleri'nden önce artık "Turchia" ve "Turchomania" ülkesi diyorlardı. 11. asırdan beri, doğudan batıya fakat özellikle Alparslan'ın halefleri zamanında İran Selçukîlerinin yoğun bir şekilde Oğuz Türkmen aşiretlerini ve köylü, şehirli, derviş, esnaf, sufî her sınıf ve zümreden halkı batıya sevk ettiği tahmin ediliyor. Bu göç, bilinçli bir iskân politikasından çok Rûm (Roma) denen Küçük Asya'da yeni bir hayat alanı arama neticesi ortaya çıkmıştır.

Kuşkusuz Türklerin Anadolu'ya gelişiyle ülkemizin tarihinde yeni bir dönem açıldı. Bu yeni kavim Akdeniz uygarlığına giderek uyum sağlamaya başladı. Gelen göçebelerin step kültüründen, yani atçılıkla geçinen bir kültürden gelmesi önemlidir. At yetiştirmek, bir topluma süratli hareket, organizasyon ve güçlü bir disiplin yeteneği kazandırır. Bunu Güney Rusya Kazaklarında, Macarlarda, daha önceleri Uz, Kuman, Peçenek gibi kavimlerde ve Kafkasya'nın nüfusu az ama idame etmiş bazı kabilelerinde görmek mümkündür. Fazladan, bu toplum Doğu Akdeniz uygarlığına birdenbire olmasa da kademeli olarak geçmişti. İran'da kurulan devlet ve uzun

12 Michel Balivet, *Romanie Byzantine et Pays de Rum Turc*, ISIS, İstanbul 1994, s. 53-74.

yüzyıllardan beri eski İran uygarlığı ile var olan ilişkiler; Ortadoğu devlet düzeni, bürokrasi, toprak sistemi alanında taklit ve uyarlama yeteneği yüksek olan Türklere yeni kurumlaşmalar getirmişti. Dolayısıyla Küçük Asya'ya gelen bir toplum, beslendiği kaynak bakımından da Bizans toplum sistemine fazla yabancı değildi. Böylece 12. yüzyıl; Ortadoğu tarihinde İran, Mezopotamya, Ermenistan ve Batı Küçük Asya (*Asiae Minoris*) kültürlerinin bu dinamik, askerî örgütlü toplum aracılığıyla yeni bir senteze ulaştığı dönemdir. Öyle ki miladî 10-11. (hicrî 5.) yüzyılda Türklerin Ortadoğu'da görünmesi ile Ortadoğu emperyal düzeni sağlam esaslar üzerinde tekrar kuruldu.

"Anadolu, Türkçenin ve Türklüğün yaygın olduğu bir bölge oldu ama bu elbette zaman aldı."

Biz kültürel değişime çoktandır hazırlıklıyız ama bu, İran'la daha da olgunlaşıyor. Türkler Farsçayı iyi öğrenip şiirinde de kullanıyor.

Fars şiiri 10. asırda zirveye ulaştı ve hep yaşadı. Ne Fransız ne de Rus şiiri onunla mukayese edilebilir, o bambaşka bir insan yaratısıdır. Farsçanın 10. asrın ikinci yarısında Firdevsî gibi; aliterasyonları, mitolojinin âlâsını şiirlerinde kullanan, şiirini müthiş bir ideoloji ve linguistikle donatmakta usta olan bir şairi var. Onun ardından gelenler ise Hâfız ve Sadî gibi muhteşem şairler... Hâfız'ı şerh etmek, İranlıdan çok 16-18. asır Türk'ünün işidir. Çünkü bütün İslam edebiyatını, Hind edebiyatını ve Mezopotamya'yı bilmeyi gerektirir. Gönül Tekin az yazan bir divan uzmanı ama son zamanlarda bu İran tipi şiirin zengin örneklerini sundu ki anlaşılan o şiirleri yorumlayabilmek için Mezopotamya'nın astronomi ve astrolojisine girmek lazım. Ömer Hayyam da Hâfız gibidir. Puşkin bunlara bakarak "Şair dediğin, matematiği çok iyi bilmeli; ben bilmiyorum" demiştir. Özetle İran şiiri başka bir yaratı, herkese tesir eder, büyüler. Bazılarının bahsettiği gibi de halktan kopuk değildir. Sanat bu; şiirin halktan kopması ve halka bağlanması gibi sözlerin ne anlamı var, bu hangi sınıra dayanır? O yüzden İran şiiri, Türk dili ve edebiyatı için büyük bir kazanç ve dönemeçtir. Biz Farsçayı kabul etmekle Fars olmayız. Kelimelerinin yüzde doksanı Farsça da olsa şiir Türkçedir ve bir İranlı kelimeleri bilse de o metinden hiçbir şey anlamaz. Dahası İran-Türk tarihi boyunca idarede ana unsur Türk askerî sınıfının elinde olduğuna göre, Farslaşma söz konusu olamaz, olmadı da...

Ekonomik sisteme geçersek, söz konusu dönemin toplumlarında Selçuklulardan çok önce ortaya çıkan ve "ikta" adını verdikleri bir vergi ve maaş sistemi var.

İkta sistemi... Bu sistemde sırf askerlerin değil, sivillerin de payı var. İkta sahibi gelirlerin bir kısmını alıyor veya hiçbir şey almıyor ama vergiden muaf tutuluyor. İçlerinde birtakım tarikat şeyhleri de var, bunlar vergi ödemiyorlar ama öte taraftan propaganda yapıyorlar. Bu yaygın sistem insanları hakikaten etkiliyor. Milletin etkilenmesi de kitleyi kontrol altında tutmak anlamına geliyor. Akkoyunlu ve Karakoyunlu devletleri zamanında dahi İran'da "soyurgal" veya tarhanlık beratı verilir. Bu gibi imtiyazların karşılığında da belirli hizmetler alınır. Hatta söz konusu imtiyazların Venedik ve Cenovalı tüccarlara bile verildiği olmuş ki, ne gibi hizmetler alındığı tahmin edilebilir.[13]

Peki dinî anlamda bir zorlama yapılır mıydı? Dinî toleransın olduğunu, farklı dinlere hoşgörüyle yaklaşıldığını söyleyebilir miyiz? İdarecilerin dine bakışı nasıldı?

Dinî tolerans meselesi pek konuşulmayan bir konu... Kimsenin Şiîliği veya Sünnîliğiyle uğraşılmıyor. Diğer dinler de çok yaygın, meselâ Zerdüştîlik. Selçuklu geldiği zaman başkentin yakınındaki Kazerun şehrinde kesif bir Zerdüştîlik var. Kimse eline kılıç alıp

---

13 Heribert Busse'nin yayımladığı belgeler veya Adnan Sadık Erzi'nin *Tarhanlık Beratı* adlı çalışması fikir verebilir.

onları din değiştirmeye zorlamıyor ama Şeyh Kazerunî orada propaganda sistemiyle yapıyı yavaş yavaş değiştiriyor.

Tasavvuf tarihinde bilinmeyen veya dikkat edilmeyen noktalar vardır. O noktaların başında da Selçukî idarî sisteminde tasavvuf büyüklerinin rolü gelir. Maalesef bu yeterince değerlendirilmemiştir. Bir bina dikilecek; tâ Kaşgar'dan usta getiriliyor. Bu, Osmanlı'da da devam etti. Mimar Sinan bir ferman yazdırdığı zaman; dülgerine, marangozuna kadar usta ve işçiler dört bucaktan harekete geçerdi. İşte yeni İran da böyle ortaya çıktı.

Selçuklularla ilgili kaynaklar ne durumdadır, en önemlisi de Nizamülmülk'ün Siyasetname'si olsa gerek...

Evet, Alparslan'ın meşhur veziri Nizamülmülk'ün *Siyasetname*'sinin en iyi ve en son neşrini Mehmet Altay Köymen yapmıştır. Selçuklular için başvurulacak çeşitli kaynaklar mevcuttur ama o dönemde Selçuklu âlim ve bürokratı tarafından yazılmış kaynaklar çok daha azdır. Bu durumda yalnız cüzi kaynaklarla mı yetinilecek? Tarihçi hep daha geniş alana bakmak zorundadır. Gürcüler var, Ermeniler var; onlara bakacaksın. Gerçi o kaynaklar da çok geniş değil. 1135'ten bugüne, Papalık arşivleri fragmanlar hâlinde mevcut... Selçukluları çalışmak isteyen, Papalıktaki misyonerlerin de notlarını okumalı. Hele Cenovalıları ve Venediklileri tanımayanlar, bu toprakları kesinlikle anlayamazlar. Çok ilginç derecede gözlemci adamlardır; arşivleri Selçuklu için de ilk dönem Osmanlı'sı için de önemli kaynaklardır. Söz konusu dönemleri inceleyenler ekseri İtalya ve Avrupa tarihçileri ama onlar da Türkolog değiller. Dönemin tarihini, bu bölgeyi bilen Türkoloji uzmanlarının yazması gerekiyor.

Tarih, coğrafya ve filoloji de el ele yürütülmeli... Dil ve Tarih-Coğrafya Fakültesi'ni kurmayı akıl eden Mustafa Kemal Atatürk, ilim adamı değil, bir mareşaldir ama dehasıyla bu ihtiyacı hissetmiştir. Ancak maalesef Atatürk'ün arkadaşları ve milletin çocukları bu yapılanmayı gereğince anlayamadı ve aynı hızda sürdüremediler.

Orta Çağ'da bir devletin en önemli özelliği askerî gücü müydü?

Elbette, Orta Çağlarda geleneksel bir devlet, eğer askerî bakımdan iyi örgütlenebiliyorsa ve uyarladığı toplum mirasını askeriyesiyle bağdaştırabiliyorsa, o devletin yaşama ve hükmetme ihtimali çok yüksektir. Araziyi nasıl idare edeceksin, nasıl vergilendireceksin; hepsinin bir amaca matuf olması gerekir. Türk medeniyeti bunu bütün Orta Çağlar boyunca çok iyi başarmıştır ve Yeni Çağlara da bu sayede geçebilecektir. Keza Yeni Çağ'da Osmanlı İmparatorluğu'nu kurarak çok büyük bir maceraya gireceklerdir. Bu safhada maalesef Mehmed Fuad Köprülü, Halil İnalcık, Ömer Lütfi Barkan ve Paul Wittek gibi isimlerin teorilerini konuşacağız. Maalesef diyorum, çünkü ilimde ilerleme olmaması iyi bir durum değildir. Son zamanlarda dahi kuruluş üzerindeki araştırmaları Halil İnalcık Hoca'nın, Feridun Emecen'in yönlendirdiği görülüyor. Dahası hâlâ Köprülü'nün 20. asır başında yaptığı araştırmaları konuşuyoruz. Keşif ve coğrafya tetkikleri yukarıda saydığımız ilim adamlarına aittir. Bu sayının ve bilimsel birikimin artık genişlemesi lazımdır.

Alparslan aynı zamanda Türklerin Orta Asya'dan Anadolu'ya gelişlerini ve mücadelesini yöneten askerî komutan ve hükümdar... Bizans'a karşı bile zafer kazanmış ama neden güney bölgelere hiç inmediğiyle ilgili ne söylenebilir?

Güneyde Haşhaşîler var; merkezleri Alamut Kalesi'dir. Hazar'ın güneyindeki Alamut'ta kalenin kalıntıları, mağaraları bugün de görülebilir. Burası kuşkusuz o zaman için ulaşılması güç bir bölge... Haşhaşî yapılanmasını Selçuklular değil, onlardan sonra gelen İlhanlı Moğolları yok edecektir.

Bu kişiler profesyonel suikastçı ve ideolojistler... Bugün aynı ekol; İsmâilîyye mezhebi içinde sulhsever, ticarete açık ve aslında methedilecek bir yaklaşım sergiliyor. İsmâilîyye mezhebi Ağa hanların başında kurduğu vakıflarla son elli yılda da müthiş sosyal ve kültürel organizasyonlar yapan bir mezhebtir. Her bölgede varlar; Pakistan'dan Doğu Afrika'ya, hatta Çin'e kadar... Buralara Avrupa ve Amerika da dâhil...

İsmâilîlerin kökü Haşhaşîler midir?

Haşhaşîler, Nizarîlere dayanıyor. Ama Hasan Sabbah ne kadar Nizarî'dir? Hasan Sabbah son tahlilde Hasan Sabbah'tır. Haşhaşîleri izole bir hayalet tarikat olarak görmeyelim. Şark'ın Nasîrüddin Tûsî gibi en renkli filozofları da onlara muhabbet duymuşlardır.

Ama o dönemde Haşhaşîler ortalığı karıştırıyor.

Evet, böyle söylenebilir. Hasan Sabbah'ın Nizamülmülk'e suikastından üç sene sonra Melikşah vefat ediyor. Ne Mısır ne Suriye tam anlamıyla yerinde duruyor. Onun vefatından sonra bir fetret devri var ama nihayetinde tahta Sultan Sancar geçiyor. Sancar kıymetli bir hükümdar... Eski Asurî kralları, İran şehinşahları gibi fevkalâde bir otoriteye sahip, ilme meraklı bir hükümdar tipini teşkil ediyorlar. Bütün İran ve Irak'ın kuzeyi eldeyken ne yazık ki bu topraklar kaybediliyor. Sancar'ın son zamanlarında, Horasan'da bulunan Maveraünnehrli Türkmenler devamlı isyan hâlindeydiler. Bu yapılanma, yani kabile konfederasyonu (ki bilhassa Timur sonrası İran ve Orta Asya Türk devletlerinde yaşar) sakat bir yapılanmadır ve Osmanlı tarafından ortadan kaldırılmıştır ki Osmanlı'nın Türk tarihindeki mümtaz yerini sağlayan başarılardan biridir. Osmanlılar devletin dayanacağı bir kapıkulu sınıfı kurdu ve kendinden başka hiç kimseye yüz vermedi, hatta onları yok etti. Bu tip iç mücadelelere şiddetle karşıydılar. Zaten Osmanlılar iç mücadeleleri durdurmak için de veraset sistemini kardeş ve evlat katline kadar götüreceklerdi. Çünkü akıbet ortada... Nitekim Selçuklular da 1140'larda sükût ettiler. Her ne kadar 1188'e kadar bir uzama söz konusu olsa da Sultan Sancar'dan sonra devlette pek bir hayatiyet kalmamıştır.

Sultan Sancar'ın kabri Türkmenistan'daydı değil mi?

Büyük Selçukluların son büyük hükümdarı Sultan Sancar'ın bu hazin sonunun ardından gömüldüğü yer, bugünkü Türkmenistan'ın en güneyinde bulunan Merv şehridir. SSCB parçalandıktan sonra oraya gittiğim vakit, türbe yerinde bir harabeyle karşılaştım.

> *"Osmanlılar iç mücadeleleri durdurmak için veraset sistemini kardeş ve evlat katline kadar götüreceklerdi."*

Horasan-Maveraünnehr tabiatının ortasında bu harap türbe duruyor, etraftan ziyaretler yapılıyordu. Süleyman Demirel orayı ziyaret ettikten sonra türbenin restorasyonunu Türkiye üstlendi, türbe en güzel şekilde yapıldı. Türkmenistan, tıpkı Anıtkabir'deki gibi türbenin etrafında muhafız bekletiyor. Diğer bir deyişle Türkmenler, Selçuklu kimliği altında bu büyük hükümdarın türbesini, kendisine ayaklanan kabilelerin toprağında bekliyorlar.

9

SELÇUKLULARDA DEVLET YÖNETİMİ

SELÇUKLULARDA DEVLET YÖNETİMİ

Büyük Selçuklu Devleti, Türklerin 10. ve 11. yüzyıllarda İslamiyet'i kabul edişinin ardından kurulan ilk büyük Türk devleti... Zamanla büyüyerek neredeyse tüm Ortadoğu'yu hâkimiyetlerine alıyor ve bir imparatorluk hâline geliyorlar. Biraz devlet yönetimlerinden bahseder misiniz, ülke topraklarında nasıl bir sistem vardı?

Ülke toprakları hanedanın ortak mülkü sayılır. Bu, Türklere has bir uygulama değildir. Orta Çağlar boyunca bu uygulamanın tersini gerçekleştiren sadece iki devlet var; Venedik Cumhuriyeti ve Polonya. Venedik Cumhuriyeti'nde seçimle başa gelen bir dük vardır. Onun altında da irsen devam eden birtakım aileler bulunur. Polonya'da ise "sejm" denilen bir parlamentoda sadece magnatlar (büyük soylu) yer alır ve kral ömür boyu görevde kalmak üzere seçilir. Gerçi bu iki örnek monarşi değildir.

Monarşilerde devlet ve mülkün sahibi yalnızca hanedanlar ve onun adına hükümdardır. Veraset sistemi, bütün Orta Çağ'da hiçbir devlette iyi ayarlanamamıştır. Çünkü kuvvetler dengesi ile içtimaî ve iktisadî yapı buna müsait değildir. Batı Avrupa feodalitesinde daha sarih bir durum göze çarpar; büyük monark ve ona bağlı dukalıklar ve köy baronlarına kadar hepsi birbirlerine kontratla, vassal-süzeren ilişkisiyle bağlıdırlar. Birbirlerine karşı hukukî yükümlülük ve görevleri vardır ve söz konusu görevler için üsttekiler alttakilere baskı yaparlar. Ama sistematik anlamda bir veraset kuralı, tahta kimin geçeceğinin belli olması meselesi sonraki asırlarda çözülebilmiştir.

Veraset meselesi neden bu kadar önemliydi?

Veraset meselesi çözülmeliydi; çünkü kardeşlerin taht kavgalarının önlenmesi gerekiyordu. O kavga devlet ve millete çok pahalıya mal oluyordu. Osmanlı hanedanının kâbusu, Cem Sultan vakasıdır. Vakanın iç harple getirdiği tahribat yanında bir de dış yansımaları olmuştur. Herkes II. Bayezid'i, "Sofudur, tembeldir, sefere çıkmaz" diye tarif etmeye çok meraklı ama sorun o kadar da basit değil. Papalık, Fransa ve diğer İtalyan cumhuriyetlerinin ellerindeki en büyük koz, Cem Sultan'ın ellerinde rehin olmasıydı. Osmanlı şehzadesinin taht şansı kaybolduğunda bahtı da kararıyor, dolayısıyla dış güçlerle temasa da geçebiliyor; bu sadece bize has bir durum değil. Büyük Petro'ya karşı oğlunun Batı'ya temayülü olmuştur. Büyük Petro, oğlu Çareviç (veliaht) Aleksey Petroviç'i 1718 yılında işkence ile öldürttü. Rus veliahdının, Büyük Petro Rusya'sının reformlarına karşı muhafazakâr fikirli dostlarıyla olduğu gibi, Avusturya ile de Çar aleyhinde mektuplaşmaları olduğu ortaya çıktı. Burada da bir ihanet söz konusuydu. Dikkat edelim, 18. asırdan bahsediyoruz.

Selçuklularda aile tümüyle devletin yönetimine giriyor muydu?

Selçuklu hanedanı mülke ortak maliktir. Sultan ordunun başında olduğu sürece çocukları vali sıfatıyla birtakım yerleri idare ediyorlar. Yanlarında atabeyler var, onlar da gayet mahir kumandan ve devlet adamları... Eğer çocuklar zayıfsa atabeyler güçleniyor. Meselâ Musul ve Haleb'i idare eden Nûreddin Zengî'nin yanındaki Selahaddin Eyyubî'yi düşününüz. Bunlar Haçlıları kovarak çok önemli bir olaya vesile oldular. Zengî, Urfa'yı zabt etti; Antakya ve Diyarbakır'ı aldı. Bu tip insanlar var; böylece otoritede parçalanma eğilimi ortaya çıkıyor.

Selçuklu tarihinde de taht kavgaları yaşanmış mıdır?

Elbette, Selçuklularda hükümdar öldüğü zaman kıymetli olan kardeşler; etraflarında kendilerini seven askerlerin ve halkın desteğiyle rekabete giriyorlar. Sultan kuvvetliyse, Rey şehrinde oturuyorsa mesele yok; kudretli şehzadeler ona hürmet ediyorlar, fütuhatta bulunuyorlar, işler iyi gidiyor. Ama hükümdar öldüğü gün aniden kavgalar başlıyor. Bu durum oturmamış bir rejime işaret etmez, rejimin mahiyeti böyledir. Dolayısıyla kardeş kavgaları, Selçuklu tarihinin kaçınılmaz noktalarıdır. Okunduğunda o teferruat insanı bunaltır ama kronikleri takip etmek bir yanıyla da çok zevklidir.

Kronikler değerlendirilirken bazen yanlışlar da oluyor. H. W. Duda, İbn Bîbî'nin *el-Evâmirü'l-Alâiyye fi'l-Umûri'l-Alâiyye*'sini (*Selçuknâme*) neşretmişti. Bir cümleyi, "Çok sıkıntılar çektim ve leşkere gittim" şeklinde okumuş. Merhum Adnan Sadık Erzi bunu tenkit etti. Oradaki "leşker" bildiğimiz "asker" veya "ordugâh" değil. Anlatılmak istenen şu; İmparator, Laskaris'e, yani İznik İmparatoru'na sığınmış. Görüldüğü üzere bazı çekişmeler, hükümdarı ve hatta prensleri dış kuvvetlerle ittifaka yönlendirebiliyor ve tarihte bu yolla muvaffak olanlar da vardır. Selçuklu tarihinde bu gibi teferruat görünen bilgiler talebe için zevkli değildir ama bunlar tarih yazım alanında yazarı olgunlaştıran bilgilerdir. Nicelik olarak pek az olan Selçuklu kaynaklarının ne kadar zengin ve bâkir olduğunu görürsünüz.

Devlet yönetimine gelirsek, Selçuklularda Malazgirt'ten itibaren nasıl bir yönetim şekli vardı?

1071'de Anadolu'ya adım attık. Sultan Alparslan, Anadolu fütuhatına devam etmeye niyetli değildi. Bilâdü'ş-Şam (Suriye, Ürdün ve Lübnan) varken kimse Eskişehir Ovası'yla uğraşmak istemez. Ne o ne de diğer sultanlar Mısır'a doğru inebildiler ama ilk safhada Suriye'yi Şiî Fatımîlerden aldılar.

Tarihte olaylar sizi yönlendiriyor. Kutalmışoğlu Süleyman Şah fütuhata devam ediyor ve bir zaman sonra kendisinin soyundan gelen II. Kılıçarslan, Eğirdir Gölü civarındaki Miryokefalon'da (1176) Bizans ordusuna nihaî darbeyi indiriyor. Düşününüz, aradan sadece 105 yıl geçmiş. 105 yıl içinde fethedilen coğrafyayı düşünün; sanki bir yıldırım savaşı... Zira arada İznik ve Batı Anadolu'dan bir kısım bölgeler vardı, Haçlı Seferleri sırasında buradan çekilmişlerdi. Horasan'dan giren insanlar da öbür uçta Batı Anadolu hâkimiyetini sağlıyorlar. Tabii bu genişleme eyalet idaresinde güçlükler yaratacaktı.

Böyle bir devleti nasıl yöneteceksiniz? Günümüz anlayışıyla merkezî maliye vergi toplayıp maaş dağıtamaz. Merkezî bütçe mi yapacaksınız? Bugünkü görüşle bu sistemi çözümlemek mümkün değil. Oradaki komutanları, askeri, maliye görevlilerini, kadıyı nasıl idare edeceksiniz? İşte bu noktada ikta sistemi devreye giriyor.

İkta sistemine tam anlamıyla değinmeden önce, eyaletleri belirleyen bir üst kurul var mıydı? Burada ticaret yollarının geçiş noktaları çok mühimdir değil mi?

Ortadoğu tarihinde coğrafyaya mukayeseli bakmak lazım... Kimse eyaletleri kendi başına tespit etmiyor. Romalıların eyalet sistemi, Bizans ve Osmanlı'da devam ediyor. Çünkü bir tecrübe söz konusu... Bunun Roma icadı olduğunu da söyleyemeyiz, Perslere kadar gider. Meselâ İyonya dediğimiz eyaletin adı Ahameniş hanedanı Persleri zamanında "İstân-ı Yunan" olarak konulmuştur. "Yunan" kelimesi de buradan gelir. Şiraz civarında Persepolis'i Büyük İskender yaktırıp yıktırdı ama kalan eserler var. Biri, "Milletler Holü" dediğimiz merdivenlerdir. O merdivenlerde, İran şehinşahlarına hediye veren millet temsilcilerini görürsünüz. Kapadokyalılar, İyonyalılar, Baktriyalılar; bütün milletlerin sefirleri kabartmalar ve hediyeleriyle işlenmiştir.

Roma yolları, Perslilerin döşediği Kraliyet Yolu üzerinden geçiyor. Çünkü yeni gelenler coğrafyayı sil baştan keşfetmiyorlar, en uygun yer orasıdır diye aynı yol üzerinden gidiliyor. Söz konusu yolun çoğu Selçuklular ve Osmanlılar tarafından da kullanılmıştır. Keza yine arkeolog olarak bir yeri arayacaksan o yol üzerinde iz sürmen gerekir. Bu bölgede dünya yeniden keşfedilmiyor, bir tevarüs var.

İkta sistemine dönersek... Sistemle alakalı tartışılan konulardan biri de nasıl kurulduğu ve kim tarafından meydana getirildiği yönünde...

Ünlü Selçuklu tarihçisi hocamız Osman Turan, "İkta sistemini Türkler kendilerine göre orijinal olarak kurdular" demiş. Claude

Cahen de onu eleştirerek sistemin Bizans'tan alındığını söylüyor. Bu hususta Bizans modeli çok yaygındır, yurt dışındaki şarkiyatçıların ortak kanaati de bu yöndedir. Ama bu kadar kolay karar vermelerine şaşırıyorum. Selçuklu valisi veya maliyecisi hangi Bizanslının hangi kitabını okumuş olabilir? Ama İran'ın eski mirasını tanıdıkları ve tanıyanlarla çalıştıkları açık… Geniş düşünmek lazım. Bizans, Sâsânîlerden ne almış; onlara bakmak lazım.

İmparatorluklar idareyi temsil ederler, idarede aklın yolu birdir. İslam hukukçusu, Allah'ın insanlara gönderdiği vahyin temsilcisi olarak hukukçuluk yapar ama hukuk mantığı evrenseldir. Tribonianus'la Ebû Yusuf'un arasında bu bakımdan bir fark yoktur. Demek ki ortada işleyen bir mantık var. Konu, birinin diğerinden uygulama alması olarak değerlendirilemez. Asıl olan, ameliyatın içinde olma durumudur. İkta, "kat'" kelimesinden geliyor; kesme, kesişme. Geliri olan bir arazi derecelere göre dağıtılıyor. Meselâ komutan araziyi devredeceği zaman en iyi yaverini seçiyor. Kaldı ki ikta sistemi İslam hukukunun esaslarıyla çatışmaz; aslında örfî bir sistem ve tarihî bir kalıntıdır.

Hanedan üyelerine de ikta veriliyor mu?

Hanedan üyesine de veriliyor, valilere de. Ama Batı'daki gibi kralın düke koca bir ülkeyi vermesi, dükün barona dere boyunu devretmesi gibi değil. Böyle dere isimleri taşıyan baronlar vardır, belli ki fakir bir bölgenin baronu ancak oranın yargıçlık hakları var ve ırsî olarak devrediliyor. Bir derece üstteki süzerene hesap veriliyor. Orada kontrat ve müessese var ama bu topraklarda devlet çok önemlidir. Doğu'da aslında küçük birimler olarak bir başarı kazanma şansı yok. İkta sistemiyle ortaya çıkan memur, komutan; belirli hizmetleri yapmak, savunmaya katılmak, asker beslemek zorunda fakat kendi başına bir eylemde bulunamaz. Çünkü tâbi olduğu yer var. En önemlisi aldığı araziyi nasıl işleyeceğine karar veren bir Dîvân-ı Ârız var. Osmanlılarda bunun adı Nişancı Ofisi'ydi.

İkta sistemi aynı zamanda Selçukluların da model alınmasını sağlıyor değil mi?

Kuşkusuz, ikta sistemi İran'da, Selçuklularla birlikte yeni bir dünya düzeni gibi ortaya çıkıyor. Bunun sebebi de söz konusu sistemle beraber toprak sistemindeki yeni uygulamadır. Amme masraflarını ve kamu yatırımlarını bu sistem ayakta tutuyor. Nitekim ikta ileriye de tesir edecek ve Osmanlı'da tımar sistemine dönüşecektir.

Bu açıdan İran hayatını bilmemiz çok önemli... Ann Lambton'ın İran toprak sistemi üzerine yazdıkları mutlaka okunmalı.[14] Burada Selçuklu zamanında değişen toprak sistemi Türkiye'yi de etkilemiştir. Çünkü bir Anadolu Selçukluları meselesi var ki bu, bizim vatanımızın ve devletimizin kuruluşu anlamına gelir.

Anadolu Selçukluları İran kültürünü de Anadolu'ya taşıyor.

Dediğiniz gibi Anadolu'ya gelenler, beraberlerinde İran'dan bazı özellikler de getiriyorlar. Bunların İran'la teması da zaten Tuğrul ve Çağrı beylerle başlamış değil. İran, Türkler üzerinde İslamiyet'ten önce de dini, felsefesi, lisanıyla çok etkili bir camia... Sözünü ettiğimiz ikta sistemi bile esaslarını o devirden almıştır. Ama maalesef 2. asırdan 7. asra kadar devam eden Sâsânî devrinin Türklerle ne gibi temaslar içerdiğini bugünün Türk tarihi ve filolojisi henüz tespit edebilmiş değil. Eskiden, Türkiye'de İranistik çalışanlar arasında Necati Lugal Hoca gibi Pehlevî metinlerini okuyabilenler vardı.

Özetle, İran medeniyeti bir bütündür ve o bütünlüğü kavramak bizim için önemlidir; çünkü biz onlarla komşuyuz, kendimizi söz konusu dünyadan soyutlayamayız. Gerçi, Türkler buraya bir uygarlıkla gelince işler değişiyor. Ancak Bizans gibi Helen mirası taşıyan bir yapıyla kaynaşmayı da hesaba katmak zorundayız.

İran'ın halısı da çok kıymetli...

Halı ve minyatür meselesi bu tarafa geçtiği zaman değişikliğe uğruyor. Türk halısı bir bakıma İran halısına tercih edilirdi, çünkü

---

14 Ann K. S. Lambton, *Landlord and Peasant in Persia: A Study of Land Tenure and Land Revenue Administration*, 1953.

buradaki flora daha zengindir. 16. ve 17. asırlarda Uşak'tan Avrupa'ya halılar gidiyor, büyük ressamlar da o halıları resmediyorlar. Bu nedenle "Holbein halıları" denir bu resmetmelere... Fakat ne olursa olsun İran halısı çok büyük bir zanaattır. Bazı şeyler tekâmül etmiştir tabii ama oraya bakmazsanız Mimar Sinan'ı anlayamazsınız. Eserler benzer değildir ama zanaatın kökü oradadır.

İktaya tekrar dönersek; ikta sahipleri kendi işleri olan, ticaret yapan insanlar mı?

Hayır, o bozulmuş şeklidir. Asker-daimî ordu ticaret ve zanaattan uzak olur.

Melikşah döneminde bu şekilde 50 bin asker beslenmiş...

Melikşah döneminde 50 bin askerle bugünkü Afganistan ve Türkmenistan'dan Doğu Anadolu ve Suriye'ye kadar olan bölge fethedilmiş. Güney Irak bölgesindeki Karmatîler ayaklandığında Nizamülmülk onları Bahreyn'e kadar sürmüş.

Burada Nizamülmülk'e bir parantez açarsak, kendisinin unvanı nedir, hangi dili konuşur?

Nizamülmülk, hükümdar danışmanı olmasının ötesinde, hâce-i buzurg rütbesindedir. "Hâce" bugünkü "hoca" değil. Farsça bir kelimedir ve "kâtib", "şansölye" demektir. "hâce-i buzurg" ise başkâtib, yani başbakandır. Bürokrasinin aklı gibi dili de birdir.

Nizamülmülk İranlıdır, Farsça konuşur, Türk değildir. Bu hâce-i buzurg, Haşhaşîler tarafından "assasine" edilene kadar bir devlet sisteminin, bir teşkilatın üstadı olarak görülüyor. "Suikast" kelimesini değil, "assasine etmek" ifadesini kullanıyorum; çünkü Haşhaşîler düpedüz siyasî teröre girdiler. İslamî coğrafyalarda terör başladığı zaman

"İran medeniyeti bir bütündür ve o bütünlüğü kavramak bizim için önemlidir; çünkü biz onlarla komşuyuz, kendimizi söz konusu dünyadan soyutlayamayız."

Bernard Lewis hemen *The Assassins* kitabını çıkardı, iyi de etti. Dana altında buzağı aramayalım. Tarih bir tekerrür değildir; ama olayların kökleri vardır ve biz de bunlara inmek zorundayız.

Evet, Nizamülmülk hem sosyalist hem dinci hem de anarşist bir iktidar anlayışında olan Bahreyn Karmatîlerini yok etti. Bununla da kalmadı; Fatımîlerin propagandasına karşı Bağdat'ta Nizamiye Medreseleri'ni kurdu. O medreselerde Sünnî bir doktrinden çok devlet adamlarının ve yargı zümresinin yetiştirilmesi amaçlanıyordu. Bürokrasinin teşkilatlanması Türk devletlerinin en önemli yanıdır; askerlik ve bürokraside rütbe ve hiyerarşiye tâbi olacaksınız. Bizim Tanzimat reformları sırasında en kolay intibak ettiğimiz mesele, II. Mahmud'un bürokrasiyi sınıflandırıp derecelendirmesidir. Hâlbuki bu kolay bir ameliye değil; meselâ Büyük Petro Rusya'sında bu mesele yüzünden çok canlar yandı. Bizde ise millet neredeyse bu reforma davul çaldı. Çünkü tarihî olarak Türklerin kökeni buna bağlı, yani hiyerarşik derecelendirmeye...

Selçuklu İmparatorluğu'nda Nizamiye Medreseleri oldukça önemli...

Nizamiye Medreseleri derece derecedir. Hemen fıkıh okumaya başlayamazsınız. Bu medreselerde tıb var. Tıbbın kaynağı Doğu'dur; çok önemli bir İbran tıbbı var, eski Mısır'ın rahipleri uzun zaman devam etmişti. Helenistik Ptolemaios döneminde düşünün ki Hipokrat tabipleri bile (Kalkedonlu Herophilos gibi) gidip İskenderiye'de kadavra üzerinde teşrih öğrendiler. Çoğu kişi zanneder ki kadavra üzerinde anatomi çalışmaları Bologna'da başladı; hayır, bu çalışmalar önce Helenizm Mısır'ında başlamıştır.

Nizamiye Medreseleri Doğu'da ilmin kararmaya başladığı dönemde tahsile düzen getirdi, örgütledi ve bilhassa Selçuklu imparatorluk bürokrasisinin gelişimini mükemmelleştirdi. Evet, bu bakımdan Nizamiye Medreseleri Selçuklu İmparatorluğu'nda çok önemlidir.

O dönemlerde İran bürokrasisinde vuku bulan savaş alanındaki yapılanma nasıldı?

"*Selçuklulardaki yenilik askerlik sahasındadır. Devlete askerî bir kast hâkimdir.*"

Selçuklularda bir devlet teşkilatı ve bu teşkilatta Abbasîlerden beri devam eden bir İslamî yapılanma var; Dîvân-ı Ârız, Dîvân-ı İstîfâ, Dîvân-ı Leşker. Araplarda Dîvânü'l-Berîd vardır; posta işleriyle ilgilenir ama postacılıktan çok casusluk ve istihbarat faaliyetleri yapar. Selçuklu devlet yapılanmasında da bu tip unsurlar görülür. Gayet donanımlı bir İran bürokrasisinden bahsediyoruz. Bunlar tâ 11. asırda işleri fevkalâde idare ediyor. Öte yandan, Selçuklulardaki yenilik askerlik sahasındadır. Devlete askerî bir kast hâkimdir. Söz konusu yapının içine girmek için irsiyyet yetmez, kılıcına sahip olacaksın. Yükselecek insanlar da ikta sistemi dâhilinde, bu kişiler arasından çıkıyor. Türkçeyi de askerler yaşatıyorlar. Organizasyon bakımından da çok önemli bir yere sahipler. Bir emirle tâ Kaşgar'dan mimar ve usta getiriliyor. Eserlere baktığımız zaman Kaşgar camilerindeki tekniği görürüz. Bu; Hind'deki Babür İmparatorluğu'nda ve burada Osmanlı İmparatorluğu'nda da görülür. Türk imparatorlukları büyük bir eser yapacakları zaman ferman çıkararak her yerden ustaları toplarlar. Keza böyle bir organizasyon olmadan hayat olmaz.

10

SELÇUKLULARDA TOPLUMSAL YAŞAM VE DİL

SELÇUKLULARDA TOPLUMSAL YAŞAM VE DİL

Türklerin Anadolu'ya ilk geldikleri dönemde bölgeyle uyuşmaları nasıl oldu?

Kuvvetlenen, İran'dan getirdiği ikta sistemiyle sağlamlaşan, yerli sanatçı ve zanaatkârları mobilize eden, bölge ziraatını benimseyip uygulayan, ticaret yollarına oturmuş bir Türk unsurundan bahsediyorsak Anadolu'da Bizans'la ikinci bir çatışma da tabii ki kaçınılmaz hâle geliyor. Popüler tarihçi Yılmaz Öztuna şu vakayı nakleder: Miryokefalon Zaferi'nden sonra Kılıçarslan'ı tebrik için gelenler arasında ruhanî reisler var, Ermeni Patriği de aralarında... Patrik, Sultan'a, "Muzaffersiniz, Tanrı mübarek etsin" diyor. Sultan da, "Dualarınız sayesinde" diye cevap veriyor. Anadolu Hıristiyanlarıyla da bir *symbiosis* söz konusu, yerli unsurla kaynaşılıyor. Olay, bir Müslüman komutanın, Roma ismine yakışır şekilde diğer unsurlara kucak açmasındadır. Nitekim Göreme Vadisi kaya kiliselerindeki duvar resimlerinde, sultanın figürü Hz. İsa'nın bir yanında eski Hıristiyan Roma imparatorlarının yerini almış olarak bulunur.

Anadolu nasıl isimlendirildi? Türklerin dilde ve dinî literatürde ciddi bir etkisi oluyor sanırım.

Anadolu kıtasına Venedikliler ve Cenovalılar "Turchia" dediler. Çünkü her yer Türk dolu, en bariz etnik grup Türkler... İdare edenler Türk hanedanı, kançılarya Farsça konuşuyor ama idare edenin kullandığı Farsça ve ağdalı Türkçe kitleler için bir şey ifade etmiyor.

Onların şiirleri, dinledikleri Dede Korkut destanları belli... Ama bu, Orta Çağ'da, geleneksel toplumlarda kaçınılmaz bir durumdur. İran gibi eski medeniyetlerde iş değişir; Firdevsî'nin yazdığı şiiri dağdaki çoban da okur. Zaten okuyanlardan toplanmış, süslenip geliştirilerek yeniden yaratılmıştır.

Anadolu'da kilise de bir anlamda geri çekilmiş durumda... Geri çekilmiş ama tamamen ölmüş de değil, propaganda yapıyor. Anadolu'ya gelenler arasındaki Şamanları Hıristiyan yapıyorlar. Meselâ, birçok Karamanlı Hıristiyanımız vardı. Öyle ki Karaman eyaleti Hıristiyan doluydu, onları mübadele döneminde Yunanistan'a yolladık; yakın tarihimizin en büyük yanlışlarından biri de budur. Orta Çağ'da söz konusu Hıristiyan Türklerin menşeini, yani Hıristiyanlığa geçişini Şamanist köklerinden başka türlü açıklamak mümkün değildir.

Anadolu'da da hem konuşma dili açısından hem de etnolojik açıdan Yunanlık mı hâkimdir?

Anadolu'da sadece Yunanlık hâkim değil, meselâ kalabalık bir grup olan Ermenilik var, bütün Güneydoğu Anadolu'da Aramca konuşuluyor, dağlarda Kürtlük var. Yani konuşulan dillerin hesabı kolay değil. Bütün bu karmaşık yapı üzerine Türkler gelince hiç şüphesiz ki Türkçe bir anlaşma dili, *lingua franca* hâlini alıyor. Durum bundan ibarettir. Yoksa sayı hesabı yaparak "kimin kimi yediğinin tespitini yapmak" mümkün değildir.

Tarih içinde, modern İsrail hariç, bir memleketin etnogenetik yapısının değişmesine son örnek Türkiye'dir. Avrupa'ya da birtakım kavimler gelmiştir ama bunlar çok daha eskiden vuku bulmuş değişmelerdir. 12. asırda bir memleketin Türkleşmesi çok zordur. Zamanla bu oluyor ama bunun Batı dünyasında nasıl kabul edileceği bir sorun teşkil ediyor. O zaman, hatta o

"Tarih içinde, modern İsrail hariç, bir memleketin etnojenetik yapısının değişmesine son örnek Türkiye'dir."

zamandan da sonra 19. ve 20. yüzyıllarda Hıristiyan dünyanın kolay kabul edeceği bir vakıa değildir bu. Dahası sadece ilmî literatürde değil, siyasî bakımdan da pek kolay kabullenilir bir değişim değildir.

İran'da çok çeşitli diller konuşuluyor. Bu durum Farsçanın yapısından mı kaynaklanıyor?

İran, Sâsânîlerin ülkesiydi, burada Farsça konuşuluyor, başka diller de var. Türkler Maveraünnehr'den buraya aktılar. Ülkeyi Türkleştirmediler, Farsça devam etti. Hatta daha çok yeni gelenler Farsların etkisinde kaldı. İran Türkleri ne kadar Farsça kullanırlar bakınız. Türkler bu ülkeye "İran" dediler, bir ad koydular. Bu isimlendirme eski İran'da da var ama nadiren kullanılıyor (İranşehr). İran'da bugünkü Türk unsur da İran'ı benimser ve "Bu ülkeyi biz kurduk" derler. Onlarda azınlık kompleksi yoktur. Bu ülke, Farsçayı Türkçeyle birlikte yaşattı. Ortaya Farsçası, Türkçesi kadar kuvvetli olan ve Farsçaya katkıda bulunan bir Türk unsuru çıktı. Bu bir zenginliktir ve her azınlık bunu başaramaz. Aynı durum Avusturya İmparatorluğu'ndaki Çekler için de söz konusu edilebilir (meselâ Franz Kafka, Josef Jireček ve Tomáš Masaryk gibi portreleri düşünün) ama İran ve Türkiye arasında bu tip etkileşim çok yaygındır. İran'da belirli yerlerde, eğitim seviyesi düşük katmanlarda Türkçe kalmıştır. Şüphesiz Türkçe ordunun dili ve halka da tesir ediyor; halkın dili o kadar tesir etmez, ancak Rusya'daki Ukraynaca gibi olur. Kazvin'den öteye geçtiğinizde Türkçeyi yoğunlukla duyarsınız.

Orta Asya'da da Farsça konuşuluyormuş. Hâfız bu yüzden meşhur olsa gerek...

Bu ülkenin uzantısı zaten Orta Asya'da... Burada belli bir zamana kadar Farsça konuşulurdu. Hâlen de Buhara ve Semerkant'ta Yahudi nüfus Farsça konuşur. Eskiden kalan dili muhafaza ediyorlar. İnsan Farsçayı ve Fars şiirini biliyorsa bunu sever, benimser ve tutar. Hiçbir şey İran şiiriyle mukayese edilemez. Zaman olarak baktığınızda da mükemmelliği karşısında hayrete düşersiniz. Göz yaşartacak derecede, fevkalâde derin bir şiirdir.

Şunu övünerek söylemeliyiz; ünlü şair Hâfız'ın şerhleri hemen hiçbir dilde Türkçede olduğu gibi yaygın ve kalabalık değildir. Hatta 15. asırda Osmanlı imparatorluk camiasına katılan Bosna'da dahi bu yeni kültürel faaliyet o derece yaygındır ki; Sûdî-i Bosnevî'nin yaptığı Hâfız şerhi, neredeyse beş asırdır herkesin en çok okuduğu ve Hâfız'ı anlamak için müracaat ettiği eserdir.

Toplum sistemine gelirsek... Selçuklularda nasıl bir toplum sistemi var, aşiret sistemi devam ediyor mu?

Selçuklularda aşiret sistemi vardır, bir nevi Oğuz kabilelerinden oluşan bir federasyon... Ama devlet aşiret konfederasyonu olmaktan çıktı; bu büyük bir devrimdir, zira İranlı bu geçişi Akkoyunlu, Safevî, hatta Kaçar devrinde dahi beceremedi. Türk kavmi gerçek imparatorluğu burada kurdu.

Bu aşiretler üzerine en derli toplu tetkiki merhum Faruk Sümer *Oğuzlar* adlı eserinde yaptı. Ben talebeyken ikinci baskısını okumuştum, yani kitap yazıldıktan yirmi yıl sonra. Hâlbuki yedi milyonluk Azerbaycan'da çok daha fazla baskısı yapıldı. Çünkü kimlik orada çok önemli ve millet olarak da tarihe çok meraklılar... Anadolu'da bu kimliklere maalesef merak yok. Aslında bu merak ırkçılık değildir. Bizde birtakım talihsiz insanlara "veled-i zina" diye saldıranlar, kendileri büyükbabalarından ötesini bilmezler. Bu doğrudan doğruya historiyografik kirlenmeye giriyor. Millette böyle bir endişe yok.

Tarihe merakın canlanacağını umuyorum; yeni nesil, eskilere göre daha bilinçli ama bu arada tarih bakımından kaybolan, elden gitmiş oluyor.

Orta Çağ tabiri nedir, Ortadoğu için ne ifade eder? Belediyecilik sistemi Orta Çağ'dan itibaren mi başlıyor?

Açıkçası Orta Çağ tabiri, Ortadoğu için hiçbir şey ifade etmez. Batı'da bir Orta Çağ kültürü ve dünyası vardır. Bu kültür; kilisesi, toprak düzeni ve cemiyetleriyle yaşar. Peter Schreiner, kitabında

Bizans'ı anlatıyor,[15] diyor ki; "Bizans şehirlerinde kendi kendini yönetme söz konusu değil." Bu lafa gülünür. Orta Çağlarda sözde Roma-Germen İmparatorluğu denen coğrafyada şehir mi var? En kalabalık şehrin nüfusu 10 bin civarında... Paris biraz daha kalabalık ama bu kalabalığın getirdiği büyük sorunlar var. Zaten güneye, İtalya'ya indiğiniz zaman Floransa, Venedik, Cenova, Pisa gibi şehirlerle başka bir dünyaya adım atarsınız. Tabii buralarda da nüfus 300 bini bulduğu zaman kesinlikle veba gibi salgınlar baş gösteriyor. Belli ki sulama, hijyen ve korunma sistemleri yetersiz...

Konstantiniyye, İskenderiye, Şam gibi şehirler için böyle problemler daha az söz konusudur. Şam 8. asırda büyük bir şehir olmuştu artık. Keza Bağdat 10. asırda koca bir şehirdir. Batı'da o zamanlar bu anlamda bir şehir yok. Gerçi yerleşimlerde bugünkü belediyecilik açısından takdir ettiğimiz bir otonomi var, insanlar belediye reislerini seçiyorlar. Çoğu yerde durum böyle değil; hem belediye reisliği hem yargıçlık yapacak adamı kral tayin ediyor ama zaten nüfus çok az... Ortada bugünkü anlayışla çok demokratik bir yapı olduğunu da zannetmeyelim; Yahudiler rey veremiyorlar. Çünkü oy verilirken İncil'e el basılmak zorunda... Ruhban kiliseye bağlı; şehrin özerkliği ve kuralları onları bağlıyor. Rey vermedikleri gibi yükümlülüklere de girmiyorlar. Roma-Germen İmparatorluğu ise bildiğimiz gibi bir imparatorluk değil; birtakım kontlukların, dukalıkların bir araya geldiği bir yapıdan bahsediyoruz. Tepelerinde bir kayzer var. Söz konusu kayzer kıymetli bir adamsa seferberlik zamanı biraz asker ve kaynak toplayabiliyor ama değilse hiç sözü geçmiyor.

1077'de Alman İmparatoru IV. Heinrich, Canossa Şatosu'ndaki Papa VII. Gregorius'un önüne sürünerek gitti. Papa kış şartlarında günlerce yolculuk yapan imparatoru kapıda bekletti ve sonra güya affetti. Heinrich'ten, Papa'nın kendisi olmasa da asıl itimat etmesi gereken dükler, prensler fena hâlde desteklerini çektiler. Bu, güç noksanlığından ileri geliyor. Orada birtakım şehirler de her zaman boş olan hazineden yaşam haklarını satın alıyorlar. Bu bir gelişmedir

15 Peter Schreiner, *Byzanz 565-1453*, Oldenbourg, München 1986.

ve sonucunda bugünkü şehir idaresi, şehir demokrasisi ortaya çıkmıştır. Mussolini zamanında İtalya'da çoğulcu idare yoktu; parlamento gösteri için duruyordu ama belediyeler hep vardı ve oldukça eski mekanizmalar işlerdi.

Orta Çağ'da tarım sistemleri var mıydı?

Şark tarihine yaklaşmak için birtakım kavramları anlamamız lazım. Orta Çağ tasnifi ve tasrifi bizim coğrafya için hiçbir şey ifade etmez, ortak olan nedir? Organik enerji kullanılır; hayvan gücü, odun-kömür enerjisi ve bunlara dayanan tarım. Tarımın esasları çok iyi kullanılmıştır. Çift sistemi vardır: Bir çift öküz ve bir çiftlik. Köylünün ekonomisi budur. Faaliyet devlet kontrolündedir ve bölgede tarım yapılabilmesi için büyük sulama tesisleri kurulmalıdır; devlet buna hâkim olur. Avrupa'da tarım teknikleri ancak 11. asırdan sonra değişmeye başlar. Birtakım tarikatlara bağlı (Benedikten, Sistersiyen gibi) amele rahipler ormanları temizleyerek tarıma açıyorlar.

Bunların diğer rahiplerle aralarında bir hiyerarşi var mı, kilise rahipleri daha mı üst derecedeler?

Zaten herkes kilisenin hizmetindedir. Meselâ Cizvitler Rönesans zamanında kurulmuştur; hepsi dini yaymakla mükellef olan âlim adamlardır. Sistersiyen denen (sarnıççı) rahipler var ki onlar zaten çilekeş insanlar, bütün işleri boğaz tokluğuna zanaatkârlık ve amelelik yapmak. Bunlarla birlikte çevre ve dolayısıyla tarım sistemi değişiyor. Fakat görülüyor ki oraya gelene kadar Batı ve Doğu arasında ekolojik yönden bile büyük fark var.

Kültür ve medeniyet ilişkisinde belirli bir ayrım var mıydı?

Batı-Doğu ayrımını iyi görmemiz gerekiyor. Bu ayrım; ziraatta, devlet yapılanmasında, merkeziyetçi sistemde, vergilerin toplanmasında ve -en önemlisi- Roma İmparatorluğu'nun mirasının tevarüs ediliş şeklinde görülür. Mirasın nasıl alındığı meselesi çok önemlidir. Batı'da, "Batı Avrupa, Roma İmparatorluğu'nun mirasını devraldı" diye öğretiliyor. Bu öğretideki esasları ciddiye almalıyız, çünkü birtakım Barbar kavimleri ve lisanları ancak ciddi filologlar tespit edebilirler. Konuşulan dillerin yazıya dökülmesi nasıl gerçekleşecek ve kullanılanı hangisi olacak? Ya dil yetersiz ya da konuşan sayısı... Yazı ve hukuk için geniş kitlelerin kullandığı bir dil lazım. Açıktır ki bu Latinceydi. Bunun dışında da sistemler ve idarî kalıntılar var ama ne dereceye kadar... Doğuda da bir Yunanca vardı, (Koine) denen Orta Çağ Yunancası. Helenistik dönemden 15. asrın sonuna kadar yaşadı. Ancak o da çok kalabalık ve yaygın bir kitlenin dili değildi. 19. asrın Fransızcası gibi her yerde okumuşların kullandığı bir dildi.

Doğu'da ise Roma İmparatorluğu'ndan kalan miras ne derece alınmış, bilmiyoruz. Batı kendinden önceki imparatorluğun mirasını aldığı konusundaki propagandayı bilinçli ve hatta fazla vurgulayarak yapıyor. Doğuda ise böyle bir durum söz konusu değil. Her şey bizimle başlıyor, sanki herkes kendi varlığını (ve arz-ı endam edişini) milat kabul ediyor. Sanıldığının aksine bu durum bir milleti büyütmez, küçültür. Sahip olduğu mirası tutamayan ve tartamayan bir toplumun medenî kimliğini, medenî kişiliğini, medenî zenginliğini ispat edip ortaya koyması fevkalâde zordur.

Ortadoğu'nun şekillenmesinde Selçukluların rolü nedir?

İran Selçukluları Batı'ya, Küçük Asya'ya açılalı bin yılı bulmadı. Bu dokuz asırlık tarihin en önemli vakası, Selçukluların Anadolu'ya girmesidir. Böylece Ortadoğu'nun siyasî-coğrafî yapısı değişiyor. Bu, Avrupa için de bir dönüm noktasıdır ki Türkler, İran'a girdikten sadece iki asır sonra Küçük Asya'yı da alıp soluğu Balkanlarda aldı ve Avrupa kültürünün, siyasetinin, medeniyet tarihinin vazgeçilmez bir zıt unsuru oldular.

Anadolu Selçuklularının özet olarak tarihteki üç önemli rolü nedir?

Anadolu Selçuklu dünyası ticaret bağlarıyla artık kuzey dünyasının içine de girmiştir. Bu çok önemlidir. Çünkü öylesine bir iktisadî ve coğrafî sistem kurulmuştur ki Asya, Akdeniz kıyılarına bağlanmıştır. Selçukîlerin tarihteki birinci büyük rolü budur.

Selçukîlerin ikinci önemli özelliği at göçebeliğine dayanan, organizasyonu yüksek, askerî bir millet olması;[16] Ortadoğu'nun idarî hayatına giriyor ve Roma İmparatorluğu'nu zorlamaya başlıyorlar. Dahası Selçukîler bu kültüre hiçbir düşmanlık gütmeden Roma'nın varisliğine talip oluyor.

Üçüncü önemli nokta ise lakaytlıkla karışık bir dinî tolerans sayesinde Anadolu'nun Türkleşmesi ve İslamlaşmasıdır. Bunu Hegelyan bir tabir olan "Gemüth"le açıklayabiliriz.[17] Anadolu'ya gelen Selçuklular, Sünnî fakat Şiîler gibi katı değiller. Burada sosyolojinin "saçaklanma" tabirini kullanabiliriz; rahatlık sürekli devam ediyor. Daha önce de vurguladığım gibi Sultan Mesud, kendisini Hıristiyanların da emiri gibi görüyor, keza Hıristiyanlar da onu öyle kabul ediyor. Meselâ Kapadokya'daki kilisede imparator resminin yerine Sultan Mesud'un resmi konuluyor. Tamamıyla bir *symbiosis* söz konusu... Bu tarz bir yerleşimle kıtanın yaşam biçimi de olgunlaşıyor. Karaman'da Hıristiyan olan Türkmen takımları var. 19. asırdaki Konya vilayetinde (Isparta, Nevşehir, Konya'da Sille...) oturuyorlardı, okudukları İncil Türkçeydi fakat Yunan harfleriyle yazılmıştı. Biz onları mübadele zamanında Yunanistan'a gönderdik ki Yunanca dahi bilmiyorlardı. Ancak İstanbul'a gelenler iki kuşak sonra Helenize olurlardı. Meselâ Kumkapı'daki Türk-Hıristiyan Kilisesi onlarındır. Aya Konstantinidi'nin papazı merhum rahip Sakulidis, Yunan harfleriyle yazılmış Türkçe eserlerin en büyük koleksiyoncusuydu, müthiş bir kütüphanesi vardı, söz konusu koleksiyonu İstanbul'daki Yunanistan Başkonsolosluğu'nun kültür merkezine devretti.

"Sahip olduğu mirası tutamayan bir toplumun medeni kimliğini, medeni kişiliğini, medeni zenginliğini ispat edip ortaya koyması fevkalade zordur."

16 Bu konuda detaylı bilgiye ulaşmak isteyen okurlar için şu çalışma tavsiye edilir: Muharrem Kesik, *At Üstünde Selçuklular: Türkiye Selçukluları'nda Ordu ve Savaş*, Timaş Yayınları, İstanbul 2012.

17 Hegel'in, *Vorlesungen über die Philosophie der Weltgeschichte* (Tarih Felsefesi Dersleri) kitabında "Germanische Welt", 4. Bölüm'e bakılmalı.

Peki Anadolu'da zanaatlar ne durumdaydı?

Tarihimizde Anadolu'da zanaatlar konusu çok tetkik edilmemiştir. Stalin dönemi tarihçilerinden Grekov, abartarak Kiev Rusya'sındaki yüzlerce zanaat dalından bahsediyor. O kadar zanaatı nereden çıkarmış bilmiyorum ama her zaman belirttiğim gibi zanaatlar, yerleşik kent medeniyetinin inkişafı açısından önemlidir.

Selçuklu Türkiye'si için bu tip bir çalışma Erdoğan Merçil'e kadar pek yapılmadı. Zanaatlara bakıldığında çok şaşırıyorsunuz. Tekstil Anadolu'nun her yerinde var. Ayrıca her yerde silah ve zırh sanayii söz konusu... Komik isimli zanaatlar var; meselâ "aynedâr." Demek ki berberlik için aynayla gezen adamlar var.

Başka hangi meslekler vardı?

Stratejik ve askerî sanatlar ve hatta tarım faaliyetleri var; meselâ pirinç ekim ve üretimi. Bu üretim, Halil İnalcık'ın önemli bir çalışmasına konu olmuştur. Pirinç stratejik bir mal... İtalya bölgenin pirincine muhtaç... Keçe de aynı şekilde stratejik bir madde... Osmanlı'da daha stratejik hâle geliyor, çünkü kullanım alanları ve teknikler değişiyor. Keza keçe, Osmanlı devrinde topçuluk için lazımdır.

Şütürbânlık, yani devecilik mesleği icra ediliyor. Devecilik Anadolu'da çok önemli; sırf lojistik açıdan değil. Türkler başka bir başarı sağladılar; çünkü burası ne Arabistan ne Orta Asya'ydı. Dahası yeni bir deve cinsi ürettiler. Bölgeye göre hayvan üretimi şarttır. Keza Ruslar, Kars bölgesini 93 Harbi'nden (1877-78 Savaşı) sonra ilhak ettiklerinde kırk yıl içinde inanılmaz derecede sığır ve at cinsleri ürettiler. Nitekim bir yerde yerleşmek istiyorsanız oraya uyacaksınız.

Anadolu'da "Keştîvan" denilen kayıkçı zümreleri de var. Çünkü her yerde nehirler var. Cambazlar, hokkabazlar, hatta fahişeler bile zanaat defterlerine kaydedilmiştir. Keza fahişelik, şehir cemiyetlerinde kontrol altında tutulan bir meslektir.

Mesleklerin gelişimi ve zanaatkârların yaşam biçimi önemli...

Zanaat sahiplerinin eskiyi devraldıkları fakat yeni durumlara göre zanaatlarını geliştirdikleri çok açıktır. Çünkü bunlar asker;

hayvancılığın bir uzantısı olarak dericilikte iyiler... Demircilik marifetiyle silah üretimi yapıyorlar. Şüphesiz tüm bunların getirdiği organizasyon becerisi bir yaşam biçimi yaratıyor.

Peki, Anadolu'daki göçebeler hep aynı şekilde mi geçimlerini sağlıyorlardı?

Her göçebe ayrıdır. Hayvancılıkla hiç uğraşmayan göçebeler de vardır. Bu kişiler basit yaşarlar. Meselâ Doğu Avrupa'da, Besarabya'da birtakım Romanlar (Çingeneler) hayatlarını basit şekilde idame ettirirler; şehir nüfusuyla alışveriş içindedirler fakat iktisaden meta üretimi yapmazlar. Keçi ve koyun gibi hayvanların nakli ve bunlardan sağlanan ürünlerle yaşayan başka bir göçebe tipi vardır; daha çok Ortadoğu'da yaygındır. En az onlar kadar yaygın ve tarihî bakımdan İbn Haldûn'un sosyolojisine de konu olan; devletleri, şehirleri ve siyasî tarihi etkileyen başka tip göçebeler de vardır. Büyük deve sürülerini güdenler var. Asya göçebeleri at sürüleri ile geçinir ve fevkalâde hızlı örgütlenen ve sevk kabiliyeti olan askerî topluluklardır. Bunların hepsi hakkında yeterli bilgimiz yok. Meselâ Mısır'daki Hiksoslar (MÖ 1630-1520 arası hükmeden yabancı menşeli hanedandır. Mısır dilinde "hekau khaswet", "yabancı krallar" demektir. Atı, gerekli donanımı ve askerî teknolojiyi Mısır'a getirdiler)... Belli ki bu kişiler atçı göçebeler, ne kadar kalıcı olmuşlar tam bilinmez ama Mısır'da kısa süreli bir hâkimiyetleri var.

Dahası Mezopotamya krallıklarını dahi yok etmiş göçebeler var; meselâ Ârâmîler. Kaç asır dilleriyle bölgeye hükmettiler, şehirleştiler ve bugüne kadar kalabildiler. İslam devirlerinde Arapça içinde erimeye başladılar. "Urban" dediğimiz Arapların, çölde yaşayan bedevîlerin de atçılıkları söz konusu, bunlar zaman zaman devlet düzenine hâkim oluyorlar. Endülüs tarihi, bu toplulukların müspet veya menfî yönlendirmeleriyle çok etkilenmiş ve onlardan çekmiştir. Aynısını Türkler için de söylemek mümkün, çünkü büyük bir hareket kabiliyetleri var. 7. asra kadar bugünkü Moğolistan'da yaşıyorlardı. Düşünün ki 4-5 asır sonra Türkler, Tuna boyuna kadar uzanıyorlar.

Roma İmparatorluğu'nun yıkılış zamanında Hunların, Vizigotların, Germenlerinki gibi ani ve büyük göç hareketleri yapmıyorlar. Onlar birer nehr-i cûş gibi patlamış ve bir yerde durmuşlardır.

Türkler çok yavaş, çok ölçülü, çok kademeli olarak Batı Orta Asya'ya, Maveraünnehr'e; oradan Horasan ve İran'a; yavaş yavaş Suriye'ye sarkıyorlar. Türklerin buralarda hâlâ kalıntıları vardır. Nihayet Anadolu ve Balkanlara da giriyorlar. Söz konusu kademeli ilerlemeyle birlikte bir devletleşme de görüyoruz. Çünkü örgütlenme nitelikleri var. Gittikleri yerlerde bulunan devletlerden de hem bürokrasi hem iktisat hem medeniyet bakımından bir şeyler alıyorlar. Kesin olarak üstün oldukları bir alan var; o da askerî örgütlenme.

Anadolu'nun 11.-13. asırlar arasında Türkleşmesi nasıl gerçekleşiyor?

Bir yerleşim meselesinden bahsediyoruz. Burası "No man's land" (ıssız, terk edilmiş ülke) diye tabir edilen kimsenin sahip olamayacağı bir bölge değil. Frenklerin, Germenlerin, Saksonların, Ostrogotların gelip yerleştikleri Kuzey Avrupa gibi boş değil. Küçük Asya, tâ İlk Çağlardan beri tarihin en yoğun olarak yerleşilen, şehirleşen, üretim ve tarım yapılan merkezi... Sorunuza dönersek, ortada büyük bir muamma var; cevapları aranmalı. Birtakım Frank kabileleri gelip eski Galya'daki boş topraklara yerleşecekler. Misyonerler onları Hıristiyan yapacak, 5-6. asrın kavşağında I. Clovis vaftiz edilip Fransızların ilk Hıristiyan kralı olacak...

Türklüğün yerleşmesi böyle gelişen bir olay değil. Anadolu'da müesseseleşmiş biçimde Hıristiyanlık ve yanı sıra bir Yahudi nüfus mevcut... 12. asırda bu topraklarda bir Türkleşme ve İslamlaşma başlıyor. Bunun izahı kolay değil. İktisadî ağları, yerleşme coğrafyasını, kullanılan dilleri ve bu dillerin birbirleriyle ilişkilerini bilmek lazım.

"Türkler çok yavaş, çok ölçülü, çok kademeli olarak Batı Orta Asya'ya, Maveraünnehr'e; oradan Horasan ve İran'a; yavaş yavaş Suriye'ye sarkıyorlar."

Türk düşünürler ve yabancı Türkologlar haklı olarak bir meseleye takılmıştır; "Bu hangi dinî propaganda ve örgütlenme yapısıyla başarılabilir?" diye soruyor ve tarikatlar üzerinde duruyorlar.

Küçük Asya'da tarikatların rolü, İslam tarihinin hiçbir çağında görülmediği kadar etkin ve örgütlü... Bu olgu bir yandan tarihçilik bakımından çok problemli... Yazılı kaynak sorunu var. Meselâ Ahmet Yaşar Ocak'ın çalıştığı Babaî İsyanları... Nedir tam olarak? Birtakım iddialar var; "Bunlar Kalenderî dervişlerdir, Hacı Bektaş-ı Veli de onlardandır" diyorlar. O zaman işin kronolojisi de karışıyor. Söz konusu isyanlar nasıl örgütleniyor? Tarikatlar nasıl bir kültürle yayılıyor, hangi kitaplarla genişliyor, nasıl faaliyet gösteriyorlar, ritüelleri nasıl? Bu konuda tam anlamıyla bir bilgi sahibi değiliz. Ama hiçbir şey görmüyor da değiliz. Belli ki Türklerin ana yurdundan gelen bir panteistik İslâm var, ki bizim kavmimiz için önemli...

İslamiyet de yayılıyor tabii...

Din mutlaka yayılıyor. Bu yayılma, daha evvel bu dinin sâliki olmayanları da kapsıyor. Türkçe de mutlaka yayılıyor. "Adam Hıristiyan'dı, Türkçe öğrendi." Bu beni pek ikna etmiyor; Konya'nın kıyısında, dağlarda yaşayan insanların Hıristiyan Helen veya başka dil konuşan gruplarda iken oturup Türkçe öğrenmesi pek makul ve mümkün değildir. Ama İslam'la bağları zayıf olan/olmayan Türk göçebenin Hıristiyanlığa kayması sosyolojik geçiş olarak daha kolay görünüyor. Anlaşıldığı kadarıyla Selçuklu devrinde göçebelerin inanç hayatları bizi şaşırtacak hatlara sahip... Orta Anadolu coğrafyasındaki Karamanlı dediğimiz Hıristiyan Türklerden söz ediyoruz.

"Küçük Asya'da tarikatların rolü, İslam tarihinin hiçbir çağında görülmediği kadar etkin ve örgütlü..."

Yunanca bu kıtada nasıl yaşamış?

Justinianus önemli bir imparator, Roma hukukuna çok katkı yapmıştır fakat pagan felsefesini pek sevmez. Atina Mektebi'ni kapatarak pagan dünyaya son darbeyi vurmuştur. Bütün eski Yunanca felsefe metinleri, Antakya ve Nizip'te yaşayan Süryanî âlimler tarafından Aramcaya taşınmıştır. Aramca zengin bir dil, Yunancayı bile çevirmek için fazlasıyla yeterli... Bu metinler Abbasîler devrinde Aramcadan Arapçaya çevrildi. Bugünkü Süryanîlerin, yani Ârâmîlerin torunlarının medeniyet tarihindeki rolleri bu bakımdan çok önemlidir. Klasik medeniyeti İslam medeniyetine taşıyan bir kavimden söz ediyoruz. Burada Yunanca var ama MÖ 5. asırdan itibaren Yunanca bütün Yukarı Doğu-bilhassa Doğu Akdeniz'de âlimlerin, diplomatların diliydi. Mısır İskenderiye'si Yunanca merkezlerinden biriydi. Roma İmparatorluğu'nun buradaki dilleri Yunanca ve Latinceydi. Ama Aramca, Ermenice, Koptça Doğu Akdeniz ve Doğu Anadolu'da yaşamın dilleriydi.

Süryanîler demişken, Süryanîler kimlerdir, kökleri nereye dayanır?

Süryanîler; Mardin, Diyarbakır, Malatya, Antakya ve Urfa'da bulunan Hıristiyan cemaattir. Teoloji literatürü onlara, 451'deki Kadıköy Konsili'nin kararlarını tanımadıkları için "anti-Kalkedon" der (Diğer anti-Kalkedonlar, Ermeniler ve Mısır'daki Kıptî Kilisesi'dir). İsimlerinden anlaşıldığı üzere kendilerini Asurîlere bağlıyorlar. Aslında Aramca konuşurlar. Bugün Aramca sadece kilisenin ibadet dili olarak kalmıştır. Şu an Suriye'de bazı köylerde konuşuluyor. İlginçtir, bir zamanlar Irak'ta da Aramca konuşulmuştur. Sâsânîler devrinde bütün Yahudi grubu bu dili konuşuyordu. İsrail kurulup bölge Yahudileri göç edince Aramca büyük kan kaybetti.

Aramca farklı milletler tarafından da konuşulmuş mudur?

Aramca MÖ 3. asırda umûmî bir dil olmuştur. Yahudiler bile İbrancayı sinagoga bırakıp Aramca konuşur olmuşlardır. Hz. İsa da İbranca bilirdi ama Aramca konuşurdu. Bugün Süryanî Kilisesi Aramcayı kullanıyor fakat konuşma gittikçe azalıyor; bu azalmada Türkiye'den İsrail'e Yahudi göçünün de etkisi var. 1940'larda Hitler'in kovduğu bilim adamlarından Hellmut Ritter, Türkiye'de bir araştırma yaptı ve bu notlar yayımlandı.[18] Demek ki II. Cihan Harbi sırasında bile yaygın konuşulan bir dilden bahsediyoruz. Ben de 1964 yılında Mardin sokaklarında bu dili duydum. Hoş, büyüleyici bir dildi.

Türkiye'de Aramca eğitimi veren hiçbir kürsü yok, dışarıda da çok az... Bu dil öğrenilmeden bırakın Hıristiyanlığı, semavî dinlerin ilahiyatı dahi yapılamaz. Keza İslam devrinin parlak çağındaki kelamcılar ve hadisçiler İbranca ve Aramca bilirlerdi. Buna en güzel örnek İsmâil Buhârî hazretleridir.

Süryanî Kilisesi kime yakındır, Süryanî Büyük Patriği nerede bulunurdu?

İtikatları 19. asra kadar -ikisi de anti-Kalkedon oldukları için- Ermenilerle birleşiktir. Bu tarihten sonra Tanzimat reformlarıyla Süryanî Kilisesi'ne ayrılık hakkı verildi. Süryanî Büyük Patriği de eskiden Antakya'da otururdu, bir ara Mardin'de bulundu fakat bugün Şam'dadır.

Azerbaycanlıların geldikleri ana yurt neresidir; Türkiye Türkleri ve Azerbaycanlılar aynı kökten mi geliyor?

İki topluluk da Horasan üzerinden, Maveraünnehr'den gelir. Bunlar, Kafkasya'nın otokton halkları değiller; iki millet de Oğuz'dur. Oğuz tâifesinin bu topraklarda görülmesi 10. asır civarındadır. Aynı kökten geliyoruz tabii ki, keza aynı dili konuşuyoruz.

Azerbaycan dili ne zamandan beri var? Sizce Azerbaycan Türkçesini neden severiz?

Azerbaycan diline, dil denilmesi resmî bir meseledir. Evet, Azerbaycan Türkçesini neden severiz? Çünkü bizim dilimizin gençliğidir. Herkes gençliğini sever. Azerbaycan Türkçesindeki Farsça kelime kullanımı bizdekinden çok daha yaygın ve oturaklıdır. Biz bir

---

18 *Türōyo*: *Die Volkssprache der syrischen Christen des Tur 'Abdîn,* Hrsg. vom Orient-Institut der Deutschen Morgenländischen Gesellschaft, Beirut, 5 bände, Steiner, Wiesbaden 1967-1990.

dil devrimi yaptık, onlar yapmadılar. Ayrıca hiçbir zaman onlar gibi konuşamazsınız, çünkü lehçenin en büyük özelliği taklit edilememesidir. Kök aynıdır ve "Azerî" lafı o yüzden yanlıştır; "Azerbaycanlı" demek gerekir. "Azerî" ise çok küçük bir etnik grubun adıdır. Başka bir sır daha vereyim; Azerbaycanlılara Türk demenin Turancılıkla alakası yoktur. Çünkü 1936 Sovyet Anayasası'nda alınan Stalinist tedbirlere kadar hepsi Türk'tür. Meselâ, 1928'de orada basılan lügatin başlığı *Rusça-Türkçe*dir. Mahallî Azerbaycan lehçesindedir. Meselâ Samed Vurgun gibi şairler bile şiirlerinde "Türk kızları" tabirini kullanır.

> *"'Azerî' lafı yanlıştır; 'Azerbaycanlı' demek gerekir. 'Azerî' ise çok küçük bir etnik grubun adıdır."*

Prensip; Azerbaycanlıların bile kızdığı "Azerî" lafının kullanılmamasıdır. Azerbaycan halkının çoğunlukla o küçük etnik grupla alakası yoktur. Konuşulanın ayrı bir dil olduğunu savunanlar bile "Azerîce"yi değil, "Azerbaycan dili" ifadesini kullanıyorlar. Resmî tutum bir yerde kabul edilebilir ama bazı kullanımların yanlış olduğunu da bilmemiz lazım. Selçuklu devrinin Türkçesi muasır İran, Azerbaycan ve Türkiye coğrafyasında aynıdır. Elimizde bulunan makul sayıdaki yazılı abidelerimiz bunu gösteriyor.

11

SELÇUKLULARDA ŞEHİR HAYATI

SELÇUKLULARDA ŞEHİR HAYATI

Selçuklularla birlikte Türkler şehir hayatına da alışmaya başlıyorlar diyebilir miyiz?

Orta Anadolu Türklere aitti. Burada bir sistem kurularak restorasyon yapılmış; bu, ekonomik bir restorasyondur. Boşalmış köyler yerleşime açılıyor, göçebeler oralara yerleştiriliyor. Bazı bölgeler var ki araştırılmaya muhtaç; söz konusu bölgelerde antropolojik araştırmalar yapılsaydı daha fazla bilgi sahibi olur, orta zamanın Türk tarihini çok daha iyi anlardık. Artık böyle araştırmalar için pek şans kalmadı, çünkü göçebelik bitti. Köylerle birlikte bu dönemde şehirlere de kalabalıklar yerleşiyor.

Ancak ilginç şekilde şehirlerin adları değiştirilmemiştir. Meselâ Kengrion, "Çankırı"ya dönüşüyor; yeni isim verme yok, telaffuza göre bir değişim söz konusu... Belli ki yerleşim coğrafyasında mühim değişiklikler var. Maalesef bugün için bunları vesikalarla tetkik etmemiz mümkün değil. Keşke bu araştırmalar yüz sene evvel yapılsaymış... O zaman köylerin isimleri değiştirilmemişti. Şimdi ise İçişleri Bakanlığı'nda aralarında tarihçi bulunmayan bir kurul oturup yer adlarını değiştiriyor. Heyetlerde tarihçi var denilse de inanmamak lazım, çünkü bizde toponimi denilen ilim henüz neşvünemâ hâlinde... Şahıs isimlerini ise merhum Faruk Sümer araştırdı: *Selçuklu ve Eski Türklerde Adlar*. Çok önemli ve alanında tek bir çalışmadır bu.

Şehirleşmeyle beraber ticaret yolları da zenginleşiyor mu?

Anadolu'daki en önemli değişikliklerden biri, milletlerarası ticaretin tekrar bir düzene bağlanmasıdır. İmparatorluk sahibi bir kavim, düşünün ki Çin'den Akdeniz'e kadar olan toprakları hükmü altına almış. 12. ve 13. asırlarda Anadolu'da müthiş bir kervansaray ağı kuruluyor. Birkaç asır içinde sırayla Anadolu'da inşa edilen onlarca kervansaray listeleri veriliyor. Bunlar arasında henüz tespit edilemeyenler de var. Kervansaraylar Anadolu'ya müthiş bir ekonomik reform yaşatıyor. Hazar Denizi, Baykal Gölü dışında deniz görmemiş bir millet, denizcilik yapmaya başlıyor. Alaeddin Keykubad Alâiye'yi (Alanya) kuruyor, Sinop Limanı ıslah ediliyor, oradan Kırım'a kadar uzanılıyor. Venedikliler ve Cenovalılar da ticaret bakımından bu ulaşım sisteminin içinde bizimle birlikte...

Ama denizci olamıyoruz...

Denizcilik kolay bir iş değildir, zaman ister. Bizim denizciliğimiz yedi asrı bulmamıştır. Öyle ki Türkiye henüz son asırlarda denizci olmaya başladı. Bu sürede 16.-17. yüzyıl Osmanlı denizciliği istisnaî bir safha ve yeşerdiği bölgeler farklı... Sakız-Midilli gibi adalarda eğilim var; Cezayir, Tunus gibi üs ülkeler de mevcut... Bugün birdenbire okyanusa açılıyorsun, gençler denize merak duymaya başlıyor, denizcilik meslek olarak seçiliyor artık. 20. asrın başında İstanbul'dan İzmir'e vapurla gitmek bir hadiseydi; insanlar buna alışık değildi, artık zihniyet ve davranış değişti.

Korsanlık meselesine gelirsek...

Orta Çağ'da iki türlü korsanlık vardır. Biri, deniz gerillalarıdır. Bunlar mal da yağmalarlar, insanları esir alıp satarlar da... Fakat devlete hisse verirler ve koruma altındadırlar. Amiral Francis Drake düpedüz haydutतur fakat mallarını Kraliçe Elizabeth ile paylaşır. Cezayir Korsanları da Osmanlı İmparatorluğu'nun gerillalarıdır, bize çalışırlar. 17. asırda Rusya'ya çalışan Kazaklar da vardır ama onlar pek fukara ve sınırlıdır. Devletler tarafından korunan bu korsanlar dışında bir de kimseye bağlı olmayan deniz haydutları vardır. Daha çok Karayip Denizi'nde geziyor ve Akdeniz'de de bulunuyorlar. Bu iki tür korsanlığı ayırt etmemiz lazım.

Korsanlık 18. asırdan itibaren, devletlerarasındaki navigasyon antlaşmaları dolayısıyla, saldırmazlık centilmenliğiyle yavaş yavaş ortadan kalktı. Bu deniz hukukunun tarihî gelişimi konusuyla Türkiye'de Seha Meray uğraşmıştır.

Deniz ticareti de bu dönemde yapılıyor mu?

Anadolu Selçukîleri, Sinop'tan açılarak Sudak ve Kefe limanlarına ulaşıyorlar. Zaten onlardan önce böyle bir denizcilik altyapısı da var. Karadeniz'in bütün kıyıları, karşıda Kırım kıyıları Ceneviz kaleleri ile dolu... Selçukîler oraya ulaştığı vakit 1220'ler civarıdır. Oradan Anadolu'ya ticaret yoluyla mal geliyor. Venedikliler ve Cenevizliler aracılığıyla da batıya gidiyor. Anadolu'ya intikal eden kısım kıta içinde dolaşıyor. Meselâ bu mallar arasında bal ve balmumu var; o dönemde hem besin hem ilaç olarak kullanılır ve pahalıdır. Burada sırf Venedik ve Ceneviz değil, aynı zamanda teşekkül etmeye başlayan Alman Hansa Birliği de ticaret yapıyor. Kuzey Almanya'da Hamburg, Lübeck ve Bremen'in bir araya gelmesiyle Hansa Birliği oluştu ve zamanla yayıldı. Bu birlik Norveç'te, Rusya'daki Velikiy Novgorod'da, Londra'da konturlar kurdu. Oralarda, Hansa'daki gibi bir idarî yapı da teşekkül etti. Novgorod knezinin yanında "Veçe" denen bir konsil vardı. Hatta bazı Ruslar demokratik geleneklerini bu yapıya dayandırarak övünürler.

Aleksios Komnenos döneminde Bizans'ın askerî yetenekleri zayıflamış hâldedir. Ordu eski Roma zamanındaki kuvvetine sahip değildir. Biz eski Roma'nın lejyonerlerini biliyoruz; bir lejyoner yemeğini de yapar, söküğünü de diker, hastalığını da tedavi eder, atına bakmayı da bilir. Savaş teknikleri konusunda çok ustadırlar; meselâ en hafif bir emirle kalkanlarını bir anda bir araya getirip adeta zırhlı bir kaplumbağaya dönüşürler. Müthiş stratejileri vardır.

Tüm bu sebeplerle, Galya'da Julius Caesar'a Galyalıları hazırlıksız yakalamak için bir anda saldırma önerisinde bulunulunca Caesar kabul etmeyecekti. Kendisine göre önce ordugâh kurulur, sonra ordugâhın etrafına hendekler kazılır ve öyle savaşılırdı. Keza Caesar çok haklıydı, çünkü hazırlıksız gibi görünen Galyalılar buzdağının görünen yüzüydü sadece. Aksine böyle bir teşkilatlanmayı önemsemeyen Quinctilius Varus, kuzeyde Germanya topraklarında Heruskların başbuğu Arminius (Herman) karşısında aynı feraseti gösteremediğinden tuzağa düştü ve bütün lejyonları mahvoldu.

Bizans bu dönemde nasıl bir süreçteydi?

Bizans dediğimiz imparatorlukta bu teknikler bitmiş durumdaydı. Onun için Makedonya ailesi, son zamanlarında çok akıllı bir hamle yaptı ve bunu Komnenler de devam ettirdi: Peçenek ve Kuman dediğimiz, Orta Avrupa'da yeni türeyen Kıpçak kabileleri orduya alındı. Kıpçaklar Asya'da Kıpçakça dediğimiz lehçeyi konuşan topluluktur. Biliyorsunuz, Türkler tarih içinde çok çeşitli dinlere mensup olmuşlardır. Bizim Yahudilerimiz de var, Yahudilik içinde Karay mezhebini seçenler de var. Öyle ki dünyada hâlen üç bin civarında Karay var. Bunlar Litvanya ve Kırım'da yaşıyorlar (İsrail'deki Karay cemaatinden etnik bakımdan farklıdır).

Sabetayistler de bunlardan mı geliyor?

Hayır, onlar 17. asra ait bir mezhebe tâbidirler ve Semit asıllıdırlar. Tabii içlerine karışan Heterodoks Türk unsurların da olduğu açık... Türk Karaylar ise Kıpçak'tır. Aleksander Dubiński, Ananyaş Zayonçkovski, Zygmunt Abrahamowicz gibi âlimleri, Türkologları vardır. Bir yanda Ortodoks Yahudi olan Türkler de var. Bizim gibi Müslüman olanlar da vardır; Şiî'si, Sünnî'si ve Alevî'siyle... Anadolu Alevîliği, Şiîlikle karıştırılmamalıdır, bunlar birbirinden farklıdır. Bulgaristan'da da Bedreddinîler adı altında Alevîler vardır. Saymakla bitmez. Dediğim gibi, Türkler kadar din değiştiren ve farklı mesleklere mensup başka bir millet bulunmaz.

Peki ya Kumanlar?

Kumanlar Macaristan'a yerleştiler. Bugünkü Macaristan'da benim gençliğimde Kumanca konuşan insanlara rastlanabiliyordu.

Kumanların Macaristan'a bıraktıkları en büyük miras salatalık ziraatıdır. Mutfak üzerine önemli etkileri var. Macarlar da ırk kardeşlerini benimsemişlerdir, keza Kumanlar hiçbir zaman itilip kakılan bir azınlık olmamıştır. Onlar da hem Macarlığın içinde kendi kendilerini korumuşlar hem de can-ı gönülden o kimliğe bağlanmışlardır.

Peçenekler de mi bu civardalar?

Peçenekler bugünkü Romanya çevresindeydi, Bizans bunları asker olarak kiraladığı için Anadolu'ya bile yerleştiler. Keza Ankara civarında Peçenek köyleri vardır. Bunlar Malazgirt Savaşı'nda Bizans tarafından Alparslan'ın kuvvetleri arasına geçmişlerdir. Ama buna rağmen Peçenekler, Bizans ordusunda yer almaya devam etmişlerdir.

Bizans ordusu dediniz, Bizans ordusunu kimler oluşturuyordu?

Bizans'ın iki büyük askerî kaynağı vardır. Bunlardan biri de Türk kavimleri... Diğer takım ise doğunun Ermenileri, Suriyelileri ile bunlar arasındaki asıl önemli kanat olan kuzeyin Varegleri, yani Vikingler ve bir yandan da Kuzey Slavları... Osmanlı'ya geldiğimiz zaman bu kompozisyonun genişlediğini görürüz. Osmanlı devşirme eminlerinin eski Roma tarihini tetkik ettiklerini hiç zannetmiyorum fakat aklın ve askerin yolu birdir. Osmanlılar tekrar Roma'nın Balkanlardaki askerî kaynaklarına el atmış, bunun yanına bir de kendi unsurlarını katmışlardır. Bu iç unsurlar Türkmenler değildir. Türkmenler, hassa ordusu içine, kapıkulu sınıfına değil; eyalet ordularına yerleştiriliyorlar.

Kıpçakları Türk sayabilir miyiz?

Kıpçaklar Türk dünyasının çoğunluk nüfusu değildir ama yaygındırlar. Çoğunluk; Balkanlarda, Anadolu'da, Azerbaycan'ın İran ve Kafkas kısmında bulunan Oğuzlardır. Türklüğün iki kolundan biri olan Kıpçaklar, Oğuzlara göre çok azdır. Anadolu'da da Kıpçaklar vardır. Bayburt, Gümüşhane gibi bölgelerde Kıpçakları görürsünüz. Karakum kuzeyindeki Kıpçaklar, Oğuzlara göre daha geç Müslüman olmuşlardır.

Kıpçaklar, Bizans ve Selçuklu açısından nasıl bir rol oynuyorlar?

Kıpçaklar kiralık asker ve müttefiktirler, bunun dışında bir etkileri yok.

Peki ya Bulgarlar? Selçuklu döneminde onların etkisi var mı?

Bizim Volga üzerinde tanıdığımız Bulgarların (İtil Bulgarları) Türk kavmi olduğu ve İslamiyet'e ilk geçenlerden olduğu malûm... Bunlar Selçuklu'nun muasırı değil. Onların isimlerini bıraktıkları Balkanlardaki Bulgar Çarlığı (Bolgarskoye Tsarstvo), Selçuklu zamanında yeniden doğdu. Bu Simeon'un Tuna Bulgarları'ndan sonra tarihteki ikinci Bulgar Çarlığı'dır. Bulgarların Anadolu'da Selçukî döneminde bir etkisi yok. Az önce değindiğim gibi, Balkanlarda iki Bulgar Çarlığı vardır; biri, Bizans'ın Makedonya devrinden önce kurulan Çar Simeon Çarlığı yani Tuna Bulgarları, diğeri de daha sonra restore edilen Tırnova Çarlığı. Türklerin 1395'te Tırnova'nın fethiyle bertaraf ettiği çarlık, bu ikincisidir.

Yine civar unsurlardan Kiev Rusya'sı... Selçuklu'nun onlarla ticaretten başka bir ilintisi yok ama onlar da Altın Orda Devleti için önemliler... Onları ortadan kaldıranlar Kıpçaklardır. Pek doğru olmayan isimle Tatarlar, yani aslında Kıpçak kabileleri Rusya tarihinin en korkulan, dehşetengiz misafirleridir.

Ticarî ilişkileri kıstas alırsak, en bilmemiz gereken ülke hangisidir?

Bizim medenî ilişkilerimiz, kültürel ve ticarî tarihimiz açısından bilinmesi gereken ülke İtalya'dır. Maalesef Türklerin İtalya tetkikleri başlangıç düzeyinde... Asıl tarihçi olarak girişimi ve en toplu girişi Şerafettin Turan Hoca yaptı. İtalyan filolojisi ile uğraşanların da çalışmaları var. Venedik'le ilgili yüzlerce eser mevcut ama Venedik'in Türklerle olan ilgisine dair bir eser henüz ortada yok. Ama o taraftan Maria Pia Pedani, bu taraftan Tayyip Gökbilgin'in başladığı tetkikler iki koldan da sürüyor.

İtalya'ya geçmişken, Avrupa'nın şekillenmesinde sadece savaşlar mı etkili olmuştur?

Bugünkü Avrupa'yı oluşturan olaylar Rönesans ve Reform değildir; Haçlı Seferleri, Otuz Yıl Savaşları ve Cihan Harpleri'dir. Otuz Yıl Savaşları içinde yok görünüyoruz ama Protestan ve Katolik ligaya yeterince rahatsızlık verdik. Haçlı Seferleri'nde de kâh savaşarak kâh görmezlikten gelerek bir şekilde taraf olduk. Türkiye her zaman Avrupa tarihinin içindedir, dışında tutmak mümkün değildir. Tabii ki yer aldığımız I. Cihan Harbi'nin sonuçları malûm; bunu diğer yazılarımızda ele aldık.

Avrupalılar Selçuklu topraklarında ticaret yapıyorlardı değil mi?

Alman İmparatoru Friedrich Barbarossa'nın Selçuklu topraklarından serbestçe geçmesine izin verilmiştir. Niçin, çünkü bu askerî geçiş daha önceki ticarî geçiş geleneğine dayanıyor. Anadolu Selçuklu Devleti'nin ikbal devri, miladî 13. asırdan, İlhanlı Moğollarının 1243'te Kösedağ Savaşı'nı kazanarak Anadolu'ya hükmetmelerine kadarki 40 yıllık dönemdir. Bu ise I. Gıyaseddin Keyhüsrev, İzzeddin Keykavus, Alaeddin Keykubad gibi hükümdarların saltanat dönemidir. İpek Yolu sayesinde Doğu Asya ve İran'dan Bizans ve İtalya'ya uzanan bir ticaret ağı vardı. Anadolu yolları kervansaraylarla donatıldığından (bu kervansaraylarda konaklama bedava sayılırdı ve emniyet sağlanmıştı) ticaret ülkede zanaatları da beslemişti. Şehirler gelişmekteydi. Rûm (Anadolu) Selçukluları Kuzey'de Sinop'tan, Kırım'da Kefe ve Sudak'a, Güney'de Alâiye'den Akdeniz limanlarına açılabiliyordu. Selçukîlerin İtalyanlara verdikleri ticarî imtiyazlar 1220'de Venedik ile yapılan bir antlaşma ile başlamıştı. Daha önce de Kıbrıs Krallığı ile benzer bir sözleşme yapılmıştı. İki dünya arasındaki canlı ticarete o devrin Gulielmus de Rubruquis gibi seyyahları da tanıktır. Esasen Konya, Sivas, Erzurum gibi merkezlerin sonraki dönemlerle karşılaştırılamayacak zenginliklerini başka türlü izah edemeyiz.

"Türkiye her zaman Avrupa tarihinin içindedir, dışında tutmak mümkün değildir."

Selçuklu ülkesi, beynelmilel ticaret yolu üzerinde olduğundan durumundan istifade etmiş ve her türlü ticarî ilişkiyi devam ettirme gayreti gütmüştür. Ayrıca bu dönemde gelen göçebelerin bir kısmının toprağa yerleştirilmesi, bazı sönük köy ve kasabaların ihyası, Anadolu Selçuklu Devleti'nin Küçük Asya'ya ekonomik bir değişim getirmesini sağlamıştır.

12

ANADOLU SELÇUKLULARI VE BİZANS

ANADOLU SELÇUKLULARI VE BİZANS

Anadolu Selçukluları'nın 1243'te Moğollara karşı kaybettiği Kösedağ Savaşı pek çok tarihî anlatıda önemle vurgulanıyor.

Tarihte büyük adamların rollerine karşı otuz kırk yıllık tepkiler vardır. Avrupa'nın 19. asır tarihçi fikir ikliminin babalarından biri Thomas Carlyle'dır. Kendisinin fevkalâde dokümantasyona, bilgiye ve muhteşem üsluba dayanan bir çalışma stili vardır. İslam peygamberi Hz. Muhammed'i de tarih içinde onun kadar hakkıyla anlatabilen azdır. Tarihçi olarak kişi kültüne büyük saygısı olan ve yöntemi buna dayanan Carlyle'dan sonra bir tepki doğdu. Tepkinin en keskin temsilcisi de Tolstoy'dur. O der ki, "Büyük adamın rolünü o kadar büyütmeyin; kaya çürür, kayanın altı çürür, boşalır ve o kayaya şöylesine dokunan onu yıkmış olur."

Belirli bir çağdan sonra tarihçilerde eski tarihçiliğin vurguladığı dominant faktörlere isyan başlamıştır. Avrupa tarihçiliğinin eski isimleri "Habsburglarla Burgondiya hanedanı arasındaki evlilikle Belçika ve Kuzey Fransa'nın bir kısmı Avusturya'ya bağlandı ve zenginlik geldi" diyorlar. Tepki tarafında olanlar ise bu tarz bir yoruma "boş veriyorlar". Savaşlar için de aynı tutumu sergiliyor ve daha çok iktisadiyattan önemle bahsediyorlar. Doğrudur, iktisadiyat önemlidir ama tarih de bundan ibaret değildir. Bazen bakarsınız ki bazı iktisadî gelişmeler, askerî gelişmelerle yok olup gider. Yine aynı şekilde askerî gelişmeler, medenî gelişmelere de etki edebilir. O beğenilmeyen savaşlar ve antlaşmaların sonunda bazı yerler yutulur ve yeni sistem içinde başka bir iktisadî dünyaya geçilir. Meselâ savaştan önceki Çekya ile savaştan sonraki Çekya aynı değildir. Savaş, istila ve tekrar başka türlü bir hegemonya bütün altyapıyı bertaraf etmiştir.

İşte Kösedağ Savaşı da böyle bir savaştı. Nitekim Alaeddin Keykubad gibi Anadolu'nun hem siyasî hem iktisadî yapısını çok etkileyen ve iyi komutanlık geleneğini sürdüren bir hükümdardan sonra birdenbire bir çöküş başladı.

Kösedağ Savaşı'nda Moğollar daha iyi mi savaşmıştı?

Moğolların kendilerine has hızlı harp teknikleri var. Türkler de bu teknikleri biliyorlardı fakat Memlûklerin başarısını Selçuklu Hanedanı gösteremedi. Dolayısıyla İlhanlılar Anadolu'ya sızmaya başladı. İdarî hayat mahvoldu. Öyle ki Anadolu söz konusu süreçten sonra tekrar toparlanıp gelişmeye ancak Batı Anadolu'daki atılım ve yeniden yapılanmayla başlayabilecektir. Burada Aydınoğulları, Saruhanoğulları, Germiyanoğulları ve Menteşeoğullarının hakkını vermek gerekir. Özellikle Germiyanoğulları, Malatya'dan batıya kısa zamanda göçerek yerleşen dinamik bir unsurdur ve zamanla etraftaki beylikleri de kontrolü altına alıyor. İleride Osmanlılar bunları tedricen yutacak ve en sonunda da I. Murad devrinde Germiyan'dan Bayezid'e (Yıldırım) gelin getirerek bu önemli beyliği de çeyiz alarak ilhak edecektir (Osmanlı tarihinde tek örnek).

Bir de o dönemlerde sizin de bahsettiğiniz gibi İlhanlılar var...

Evet, Anadolu Selçukluları; İlhanlılar dediğimiz, İran üzerinden gelen Moğolların baskısıyla Kösedağ Savaşı'nda tarumar olmuşlardır. Söz konusu savaş sonrasında İlhanlılar, Anadolu'ya tam olarak yerleşmeseler de vergi almaya başlıyorlar. Anadolu için sevimsiz ve aşındırıcı olabilirler ama İran'ın gelişiminde olumlu katkıları da var. Bu dönemde bütün Asya'yı ören bir ağın içinde İran ticareti, mimarisi, sanatı, tarihçiliği, aidiyeti ilerledi. Sonraki Akkoyunlu,

Timurlu, Safevî gibi İran Türk devletleri de bu döneme çok şey borçlu...

Peki Memlûklerin bir zaman sonra yaptığını Anadolu Türkleri neden yapamadı?

Bir Anadolu düşünün ki müreffeh yapı bir anda çöküyor. Kösedağ Savaşı kazanılabilecek bir muharebeydi. Memlûkler 1260'ta, Ayn Câlût'ta İlhanlıları durdurdular. Böylece Filistin ve Mısır kurtuldu. Vakıa İlhanlılar Anadolu'ya geliyorlar ama tam kontrol sağlayamıyorlar, çünkü Türkmenler başlarına buyruk şekilde hareket ediyorlar; zaman zaman da İlhanlı unsurlarına karşı püskürtme hareketlerinde bulunuyorlar.

Dahası bu devirde Batı Anadolu'da hem Anadolu Selçuklularına hem Moğollara karşı bir itaatsizlik var. Beylikler Dönemi'nde Anadolu'da başka türlü bir savaşçı tipi, memur tipi, dindar tipi ve şeyh ve mürit takımı ortaya çıkıyor.

Büyük Selçuklu İmparatorluğu parçalandığı zaman o topraklar üzerinde Anadolu Selçukluları, Kirman Selçukluları, Suriye Selçukluları gibi devletler kuruldu.

Bu bir yorumdur. Orta Çağ'ın ananevî devletlerine baktığımız zaman bugünkü yapılanma anlayışıyla değerlendirme yapılmamalı. Suriye Selçukluları diyoruz. Suriye diye bir ülke var, oraya Türkmenler gitmiş, oranın yerlileri de var. Suriye eski bir *kulturkreis* (*Kulturkreis* Almancadaki özel bir sosyolojik terim, "kültür yaşam yaratı çevresi"). Orada bir devlet olmayabilir, keza tarihte Suriye İmparatorluğu yok, Suriye merkezli devletler var. Bunlar Neolitik Çağ'a kadar gider. Yine aynı şekilde Orta Çağlarda Emevîleri görüyoruz; Şam merkezli İslam İmparatorluğu'nun başındalar... Suriye merkez olmakla birlikte o yapılanma da bir Suriye İmparatorluğu değildir.

> *"Ortaçağ'ın ananevi devletlerine baktığımız zaman bugünkü yapılanma anlayışıyla değerlendirme yapılmamalı."*

Tarih sürecine baktığımız zaman Büyük Selçuklular kaç yıl hüküm sürüyor?

Büyük Selçuklu İmparatorluğu'nun bir asrı geçkin bir devlet hayatı söz konusu... Selçuk Bey'den başlıyoruz, Sultan Sancar'la da imparatorluk tarihe karışıyor. Daha sonra onların yerine Harezmşahlar gelecek ve ardından nihayet bölge İlhanlı-Moğol hâkimiyetine girecek. Fakat Selçuklular, Sultan Alparslan zamanında Anadolu'ya girdi. Alparslan'ın fetihlerle Anadolu'ya yönelmediğini, şartlar dolayısıyla stratejiyi Ortadoğu'ya göre kurduğunu belirtmiştik. Oğlu Melikşah zamanında da bu stratejide pek değişiklik yoktur.

Büyük Selçuklular tam olarak nasıl bir süreçle tarih sahnesinden siliniyor?

Birtakım prensler ve atabeyler idareyi ele alıyorlar. Nûreddin Zengî, İldenizliler, Hüsameddin Çoban... Selçuklu İmparatorluğu'nda bir inkıraz söz konusu... Devlet Sultan Sancar'ın ölümüyle bitiyor. Selçuklular kolay parçalandılar ama bu parçalanma onları ortadan kaldırmadı.

Selçuklu'da Osmanlı'nın aksine bir kabile federasyonu var; Oğuz kabileleri. O kabilelerden bazıları Selçuklu sultanına isyan ediyor. Ayaklanmadan sonra bölgede az önce de değindiğim gibi Harezmşahlar Devleti kuruluyor. İlk hükümdarları Anuş Tigin'dir. Bu devlet; Horasan, Türkmenistan ve Orta Asya'nın bir kısmına hâkimdi. Hive şehrine de sahiptiler.[19]

20. yüzyılda dahi Stalin bu milletleri ayrı zannettiği için birtakım bölme işlemleri yaptı. Azerbaycanlılara Tatar demek gibi yanlış tespitlerde de bulundu ama kendi açısından doğru yaptığı bir şey vardı ki milletler arasında bir tarafın diğerinden güçlü olmasına müsaade etmedi. Komünist sistemde bunu çok daha ileri götüren kişi Tito'dur. Kendisi Hırvat'tı ama Hırvatlara hiç yüz vermezdi, en yakın çalışma arkadaşını Arnavutlara eziyet ediyor diye işten attı.

19 Hive bugün Özbekistan Cumhuriyeti'nde, Türkmenistan sınırında bulunan şehirdir. Burada konuşulan şive Oğuzlara yakındır.

Tabii bunlar öznel durumlardır. Sosyalist sistemlerde milliyetler arasındaki kayırma düzeni tam olarak bertaraf edilmiş sayılmaz.

Neden Anadolu Selçukluları komutayı idare edemiyor?

Anadolu Selçukluları, Kutalmışoğlu Süleyman Şah'tan itibaren varlar ancak böylesi bir coğrafya nasıl idare edilsin? Konya, ardından da İznik alınıyor. Kılıçarslan Haçlılarla burada savaşıyor. İlk Haçlı ordusunu gerilla taktikleriyle epey zayiata uğratıyor ama Konya'da karar kılınıyor, daha doğrusu buna mecbur kalınıyor. İznik macerası ilk dönemde bu şekilde bitiyor. Bir zaman sonra da İznik, Haçlılardan mutazarrır olan başka bir devletin, Bizans'ın sığındığı bir yer olacaktı. Laskaris Hanedanı'nın bölgeye gelmesiyle İznik tekrar tekâmül etti. Burada Theodore Laskaris tarafından İznik İmparatorluğu (Nicaea) kuruldu ve onların adına General Paleolog 1258'de Haçlıları kovarak İstanbul'u kurtardı. Böylece Bizans'ta Paleolog ailesi kendi devrini başlatmış oldu.

Türklerin girdikleri yerden çıkmama gibi bir anlayışları da var.

Hiç kimse girdiği yerden çıkmaz, tutunup yerleşmeye çalışır. Manuel Komnenos gibi çok büyük bir komutan, Miryokefalon mevkiinde, Isparta'nın kuzeyinde bizim ordumuzla karşılaşıp II. Kılıçarslan'a yenildi. Böylece Batı Anadolu Türklere açılmış oldu ve şunu unutmayalım, Türkler o asırlarda girdikleri yerden pek çıkmıyorlardı.

Türkler Anadolu Selçuklularıyla denize de açılıyor değil mi?

Evet ama Orta Asya'daki Hazar'ı, Çin tarafındaki Pasifik'i aklımıza getirmeyelim; beynelmilel seyr-i sefâin Akdeniz'de, söz konusu bölgelerde değil. Selçuklular Anadolu'da yüz sene kadar oyalandıktan sonra Sinop ve Alâiye'yi alıp denize açılıyor. Sinop'tan Sudak ve Kefe'ye gidiliyor. Zaten Kırım'daki Sudak Limanı'na gittiğinizde iki şey görürsünüz; Cenovalılara ve Selçuklulara ait eserler. Bu eserler çok göz alıcı değiller belki ama 13. asırda şüphesiz bu sayede Kırım etki altına alınıyor. Kırım'da bundan çok kısa bir müddet sonra Altın Orda istilası olacak ve burası ister istemez Türk-İslam dünyasına kapanacak.

Altın Orda Devleti içinde Moğollar azdır, devleti oluşturan unsurlar (kabileler) daha ziyade Kıpçak'tır. Kançılarya Uygurca konuşup yazar. Zaten Kırım'da daha evvelden bu unsurlar mevcuttu. Selçukî dünyasıyla temasa geçmeleri, etnisite ve dinî unsurlar bakımından birtakım etkiler uyandırmıştı.

Anadolu Selçuklu dünyası; o vakte kadar Hıristiyanların olan Roma İmparatorluğu'nu (Bizans) bir İslamî Roma İmparatorluğu'na çeviren, dahası Türklerin Akdeniz'e açılmasını sağlayan bir dünyadır. Bu tarihlerden itibaren Türklerin esas çoğunluğu Anadolu'ya geçiyor. Nüfus ve tarihî olgular bakımından Küçük Asya Türkiye'si, Türk dünyasının en önemli unsurudur. Öyle ki Türkler söz konusu dünyayla bütünleştikleri ölçüde tarihî bir kişilik ve ehemmiyet kazanıyorlar (Bu durum, çevredeki diğer Müslüman dünya için de geçerlidir). Nitekim 15. asra kadar İslam kültürü ve ilmini Orta Asya muhafaza etse de daha sonraları bu saha da Anadolu'ya kaydı.

Bir de Selçukluların Anadolu'yu tahrip etmesi gibi bir tartışma var, ara ara gündeme gelen bu iddia hakkında neler söyleyeceksiniz?

Anadolu Selçukluları ve Anadolu konusunda Türkler açısından ortaya atılan sayısız teori vardır. Öyle ki tarih ilmi içinde en yanlış bilinen bir yüzyıldan bahsediyoruz. Dahası maalesef en başta yanlış bilenler de Türklerdir. Bazı üniversalist ve Batıcı geçinenler dahi, "Geldik, burada antik medeniyeti tahrip ettik," derler. Gerçek bu değil.

Roma'da 4. asrın sonunda Hıristiyanlık kabul edildiğinde heykellerin kafaları kırılıyordu, politeist ve pagan anlayışa tepki vardı. Anadolu zaten o dönemde çökmüş. Asya metropolitliği Efes iflas etmiş; Bergama Afrodisias, Akdeniz kıyı şehirleri aynı durumda... Bütün bunları 11. asırda doğudan gelen adamlara mâl edersek yanlış olur.

Diyorlar ki, "Anadolu insanını kestik/kestiniz." Yunanca bütün Roma dönemi boyunca doğuda *lingua franca*dır. Her gece Yunanca konuşanlar arasında konaklayarak Fırat kıyısına kadar gidebilirsiniz. Bu, Anadolu'daki milletlerin Helenefon olduğu anlamına gelmez. MÖ 5. asırda Perikles'in zamanındaki kolonizasyonla Kıta

Yunanistan'ı halkının kolonizatörleri, Karadeniz kıyısına ve hatta Anadolu'nun içlerine kadar nüfuz etti. Güney İtalya ve Sicilya'nın kıyılarına da çıktılar amma velâkin orada Güney İtalya'da Messapiler gibi kavimler onları durdurdu, içeri giremediler. Bu sebeple Anadolu'ya nispeten daha rahat yerleşebildiler. Bugünkü Mersin'in yanı başındaki Soli'ye Romalılar "Pompeipolis" diyorlardı, çünkü o şehri Pompei ıslah etmişti. Soli'de insanlar eski Farsçaya yakın bir dil konuşurdu ve bunların Yunancaları da karışık ve bozuktu; bu nedenle içinde yabancı unsur bulunduran dillerin "solisizm"lerinden bahsedilir. Solisizm daha sonra kavramsallaşmıştır. Meselâ "Türk dillerinde Slav solisizmleri" deriz veya tersine Balkan dillerindeki Türk solisizmleri...

"Nüfus ve tarihî olgular bakımından Küçük Asya Türkiye'si, Türk dünyasının en önemli unsurudur."

Anadolu'da Türk idaresinin kurulması Süleyman Şah dönemi miydi?

Evet, Kutalmışoğlu Süleyman Şah; Anadolu'nun fethi, Türk idaresinin kurulması, devletimizin temelinin atılması ve milletimizin tarihî teşekkülü bakımlarından son derece önemli bir hükümdardır. Süleyman Şah tarihimizde bir yanlışa da malzeme olmuştur. Kendisini Osmanlı'yı kuran Ertuğrul Gazi'nin babası olarak tanıtıyorlar. Süleyman Şah o kadar büyük bir lider ki halk nezdinde lafla Ertuğrul Gazi'ye bağlanıyor. Tabii ki doğru değil. Kronolojik olarak da bu iki isim birbirine bağlanamaz. Osmanlı tarihinde isimleri bu bakımdan tashih etmemiz gerekiyor.

Tarihte bu karışıklık nasıl vuku buldu?

Bizim kuşak Devlet-i Aliyye'nin, Gazi Osman Bey'in babası olarak Ertuğrul Gazi'yi ve onun dahi atası olarak da Süleyman Şah'ı bilirdi. Okul kitaplarında yer alan bu mütearife (!) gerçi akademik muhitlerde tartışılmaya başlamıştı ve adı geçen Süleyman Şah'ın Osman Gazi'nin dedesi yahut büyük dedesi değil, doğrudan Selçuklu hükümdarı olabileceğine işaret edilmişti. Mezar da aslında bir muamma olarak kalıyordu fakat bunlar bir milletin menkıbevî tarih dönemi için fazla önemli değildir (Menkıbe yazılı tarih vesikalarıyla bir arada bulunabilir). Bugün bilmemiz gereken konu, Süleyman Şah'ın Anadolu Selçuklu Devleti'nin gerçek kurucusu I. Süleyman Şah olduğu ve 1075-1086 arasında hükmettiğidir.

Peki Süleyman Şah kimdi?

Kutalmış'ın oğlu olan Süleyman Şah, 479 hicrî/1086 miladî tarihte vefat etti. Kutalmış'ın Alparslan'ın karşısında yenilip ricat ederken attan düşüp hayata veda ettiği kaydedilir. Çocuklarından en önemlisi Süleyman Şah'tır ve Süleyman Şah Urfa, Bilecik, Haleb ve hatta Filistin'e kadar olan alanda siyasî kavgasına devam edecektir.

Selçuklu Devleti'nin belirli bir veraset sistemi yoktu. Suriye gibi Batı Anadolu'da da İznik'i alarak Antik Bitinya'ya adım attı. I. Süleyman Şah, Anadolu Selçuklu Devleti'nin gerçek kurucusudur. Nitekim Büyük Selçuklu hükümdarından da (Sultan Melikşah) Anadolu'nun hükümdarı olarak menşur almıştır. Lakin İran'daki Büyük Selçuklulara tâbiydi. Aynı durumda olan Suriye ve Filistin bölgesinin hükümdarı Tutuş'la Haleb üzerindeki yaşanan bir anlaşmazlık neticesinde yenildi ve galiba hayat ve iktidarı için çıkış yolu olmadığından intihar ettiği rivayet edildi. Anadolu'da Türk hâkimiyeti hakkıyla kendisinin eseridir.

Caber'deki Türk mezarı denen makam da kendisine atfedilir ve netice itibariyle de 19. ve 20. yüzyılın ilk yarısındaki popüler tarih yazımı Anadolu Selçuklu Devleti'nin kurucusu ve Selçuklu Hanedanı'ndan Süleyman Şah'ı Osmanlı'nın atası olarak tasvir etmiştir.

Bugünlerde Süleyman Şah'ın türbesi vesilesiyle kendisinden çok bahsediliyor.

Caber Kalesi'ndeki Türk mezarı 1970'lerde Suriye'nin baraj çalışması dolayısıyla sular altında kalınca yer değiştirilerek daha kuzeye nakledildi. Bugün de IŞİD takımının kuşattığı bu bölgeden güvenlik nedeniyle daha kuzeyde, Eşme'de gömülmek üzere şimdilik muhafaza ediliyor. Bu gibi kurtarmaların yapılması normaldir ama üzerinde abartmalı spekülasyonlar da yapılmamalıdır. Suriye'deki Türk mezarı, tarihî bir anıt olarak düşünülmeli ve şu anda müzakere edilecek bir Suriye devleti ortada olmadığı için anlaşmaya kadar tarihî bir miras olarak muhafaza edilmelidir (O dönemde Suriye'nin protektörü olan Fransa ile yapılan 1921 Sözleşmesi ve 1923'te Lozan'da tarif edilen sınırlara göre 1973'te nakledilen Süleyman Şah Türbesi olarak düşünülmelidir). Aslında bütün Kuzey Suriye'nin düzenlenmesinde gelecekteki barış için hayatî bir önemi olduğu söylenebilir.

Osman Gazi'nin, babası Ertuğrul Gazi'nin (onun da isminin Gündüz Alp olduğu anlaşıldığından Söğüt'teki türbedeki isim tashih edildi) ve Gündüz Alp'ın atasının Süleyman Şah olmadığı bilinmelidir. Süleyman Şah bundan neredeyse iki asır evvel var olan Anadolu'daki Türk vatanının ve devletinin kurucusudur. Maalesef 13. yüzyıla ait tarih kayıtlarımızın muasır devletlerinkine göre mükemmel olmaması, hatta neredeyse çok az ve parça parça kayıtlarla tespite çalışılması Süleyman Şah Türbesi üzerinde de kesin konuşmayı zorlaştırıyor fakat böyle muhafaza edilen bir anıt olduğuna göre beynelmilel antlaşmanın berkitilmesi (öyle de oldu) ve taviz verilmemesi gereklidir. Ortadoğu devletleri için türbe de sorunlu bir konudur ama zihniyetin değişerek karşılıklı saygıyla söz konusu sorunların çözülmesi beklenir.

Süleyman Şah'tan sonraki dönemde hangi gelişmeler yaşanıyor?

Süleyman Şah ve Kılıçarslan gibi hükümdarlardan sonra önümüzde İzzettin Keykavus ve Alaeddin Keykubad'ın hüküm sürdüğü parlak devirler var. Bunlar Küçük Asya'yı, Türkiye'yi fütuhatla genişletiyorlar, denizlere açılmaya başlıyoruz. Çaka Bey gibi kişiler münferit denemeler yapıyorlar. Öyle ki kendisi Ege'de kırk gemilik donanma kurup etraftaki birtakım adaları fethediyor. Bunlar devam etmedi tabii ama belli ki Anadolu şartlarına uyma söz konusuydu. Yine bu dönemde yer isimleri ve yazı değişiyor. Bununla isimlerle millileştirme gibi bir niyetle uğraşmadılar, değişiklikler bir telaffuz meselesi olarak ortaya çıktı. Meselâ "paleo"lar (eski) "balya", "Paleo kastron" Eskihisar, "Balyakasrı" Balıkesir", "Palio patras" Balyabarda, "Kengrion" Çankırı, "Angora, Engürü" Ankara, "polis"ler Bolu, "Heraklia"lar Ereğli oldu.

Kuşkusuz Anadolu'da bizim kurduğumuz yerler de var, meselâ Konya'nın Toroslar tarafındaki bir kazası olan Ermenek. Maalesef ihmal edilmiş bir Orta Anadolu kasabasıdır. Yine Bursa'daki Yenişehir de Türkler tarafından kurulmuştur. Çokça değişen bu yer isimleri aslında nüfustaki hareketliliği de gösteriyor. Köy isimleri çok yenidir, bu da demek oluyor ki boş kalan toprakları iskân söz konusuydu. Söz konusu köyler çoğu zaman aşiret isimlerini taşıyorlar. Ancak Güneydoğu ve Doğu Anadolu'da durum biraz farklı... Oradaki Türk aşiretleri Otlukbeli Savaşı'ndan sonra İran'a geçtiler. Hem Fatih Sultan Mehmed hem Yavuz Sultan Selim döneminde, buralardaki Türkmen kabileleri Uzun Hasan ve Şah İsmail taraftarları oldukları için Anadolu'yu terk edip İran'a geri gitmişlerdir.

Peki Keykavus, Keyhüsrev gibi isimlerdeki "Key-" ne anlama geliyor?

"Kayzer" anlamındadır; hem unvan hem de isimdir.

Keykavus dönemi aynı zamanda bir refah dönemi olarak biliniyor.

Evet, bu dönem tarihimizin en bereketli dönemidir. Bunu sadece biz söylemiyoruz, Claude Cahen gibi bu devir tarihçiliğinin hükümdarı bir adam da söylüyor. Cahen kaynaklara hâkimdir, İslam tarihi üzerine yorumları fevkalâdedir. Yazdığı Fransızca eser orada değerlendirilip basılmadığı için İngilizceye çevrilip basıldı: *Pre-Ottoman Turkey* (Osmanlılardan Önce Türkiye). Müthiş bir üslubu vardır. Devir için, "Anadolu köylüsünün ne bundan evvel ne bundan sonra görebileceği bir refah dönemi" der.

Türkler Anadolu'ya ilk geldikleri anda İpek Yolu ticaretini destekleyen en önemli tesisleri ve kaleleri kurdular; kervansaraylar... Selçuklu İmparatorluğu bugünkü İran'da Horasan ve Türkmenistan'dan başlayan yol üzerinde büyük kervansaraylar ve kapalıçarşılar zincirini Anadolu'ya taşıdı. 1960'ların başında Türkiye'ye gelen İtalya'nın ünlü sanat tarihi uzmanı ve restoratörü Pietro di Sanpaolesi, Halil İnalcık Hocamıza unutulmaz bir mukayese yapmıştı: "Konya yolu üzerindeki ünlü Sultan Hanı, Alaeddin Keykubad tarafından 1220'lerde yaptırıldı diyorsunuz, bu tarihlerde İtalya'da böyle büyük bir eser yoktur." Profesörün mukayesesi doğruydu, ne var ki Selçuklu İmparatorluğu'nun da bu hanların büyüklüğünde bir sultan sarayı bile yoktu. Elimizdeki Kubadâbâd yazlık sarayı bu kervansaraylarla mukayesesi güç bir yapı gibi gözüküyor. Devlet ve toplumun bütün enerjisi, askerî savunma ve iktisadî kalkınmaya harcanmıştır.

Türkiye İmparatorluğu'nun Orta Çağ'daki refahı ancak *Pax-Romana* döneminin zenginliğiyle mukayese edilir. Bir ölçüde de II. Cihan Harbi'nden sonraki zenginleşmesiyle, Anadolu'nun yeni refahıyla oldu. Söz konusu topraklarda en büyük problemimiz sağlık örgütlenmesi ve eğitimdi; bu meseleyi yine Atatürk anlamıştı ve konuya kendisi kadar kafa yoran başka bir devlet adamı olduğunu sanmıyorum.

Devlet sınırları kesin hatlarla belli miydi?

Orta Çağ devletlerinde sınırlar bugünkü gibi kesin ve net değildir. Şu an bırakın Avrupa'yı, büyük savaşlar geçirmiş coğrafyaları; Afrika kıtasında bile sınır komisyonları var. O zamanlarda ülkeler alınıyor, eyalet yapılıyor; eyaletlerin hacimleri belli ama bunlara ne kadar hükmedilebiliyor; bu konu tartışmalıdır.

Malazgirt Savaşı'ndan önce Doğu Roma İmparatorluğu'ndaki süreç nasıldı? Söz konusu dönem için Bizans adına bir dirilişin yaşandığını söyleyebilir miyiz?

Elbette, Küçük Asya'nın içinde zaten Doğu Roma İmparatorluğu var; Roma'nın mirasını ve adını taşıyan, 5-6 asırdan beri bütün Suriye, Mezopotamya, Mısır, Kuzey Afrika'ya kadar topraklarını kaybeden Doğu Roma. O kadar ki Türkler girdiği zaman darbeyi sırf doğudan değil, batıdan da yemişler. 1071'de Sultan Alparslan, Malazgirt gibi Ermeni nüfusun çok kalabalık olduğu bir bölgede Bizans ordularını yeniyor. O zamanki Bizans'ta imparator, Romanos Diogenes'ti.

Bizans'ta 11. yüzyıl başlarında tahtta Makedonya sülalesinden II. Basileus var. Basileus ve hanedanı, Bizans'ta gerçek bir Rönesans yaratan ailedir. Bulgarları yeniyorlar, Girit'i ve Müslümanlardan Kıbrıs'ı geri alıyorlar, Güney İtalya ve Sicilya'da zaten yerleşik vaziyetteler... Bizans'ın hem savaşlar hem ilimler hem siyaset bakımından adeta yeniden dirildiği dönemin imparatoru II. Basileus, 1025'te çocuksuz olarak ölmüştür. 1025'le 1089 arasındaki listelere baktığınız zaman; o çok titiz ve mahir Bizans tarihçilerinin tespit edebildiği on üç imparator bulunur. Bunlardan ikisi kadındır; Zoe ve Teodora. İktidar bakımından çok karışık olan bu devrin sonunda Romanos Diogenes geliyor. Diogenes, Malazgirt'te yenildikten sonra hâkimiyet Komnenoslara geçiyor. Komnenos sülalesi bizim için çok önemli... İmparator Aleksios Komnenos, Bizans tarihçiliğinin de en büyük konusudur. Çünkü devrin tarihini yazan, imparatorun kızı Anna Komnena'dır; babasının etrafında bulunup böyle büyük bir imparatorluğun tarihini *Alexiad* adlı eserde yazmıştır.

> *"Türkiye İmparatorluğu'nun Ortaçağ'daki refahı ancak Pax-Romana döneminin zenginliğiyle mukayese edilir."*

Peki bu eser için sübjektif bir tarih çalışması diyebilir miyiz?

Bütün tarihçiler sübjektiftir. Mühim olan kompozisyonu iyi yapmak, palavracılığın dengesini ayarlamak ve ahlaksızlık derecesinde tahrifata gitmemek... Tarih disiplininin pekin bir ilim tarafı vardır ve öbür sosyal bilimlerden farklıdır. Kâğıdın cinsi nedir, yazısı nedir, sikkenin tarihi nedir, nasıl basılmıştır; tarihi inşa eden bilgilerde yüzde yüz bir pekinlik söz konusu... Kompozisyon onun üzerine çizilir. Zamanının büyük tarihçisi Prokopius (ki kendisi Prokopi, yani Ürgüplüdür), eserinde Justinianus'u bir yandan göklere çıkarıyor; gizli tarihinde de adamı yerin dibine batırıyor. Aynı dönemin aynı kişi tarafından yazılan iki farklı tarihi... Düşünebiliyor musunuz, eserlerden biri ortada olmasa, sadece öbürüne bakarak yanlış hükümler verebiliriz. Bu, objektiflik-sübjektiflik meselesinin tarih yazımındaki en canlı örneğidir.

Komnenoslar devrinde Bizans hayli dirilmiştir. Anna Komnena'nın söz konusu *Alexiad* adlı kitabıyla yeni bir devir başlıyor; Bizans kendine dönüyor, Helenleşiyor. Eski Helence, klasik Yunancaya has deyim ve terimler yeniden dile girmeye başlıyor. Özetle, Komnenos devri de Helen bilincinin klasik Yunancadan dirilişi dönemidir.

Alexiad demir leblebidir; rastgele bir Bizantinist çevirip şerh edemez. Eski Yunanca alıntı ve esinlemeler karmaşık bir üslup ortaya çıkarmış. Viyana'da kısa bir dönem derslerine girdiğim Herbert Hunger vardı. *Alexiad*'la o uğraşırdı. Dilde Orta Çağ Helencesinden esintiler var. Ortaya çıkan üslup çok enteresan... Bizdeki Latif Demirci'nin yazıp çizdiği *Press Bey*'in Osmanlıcasına benziyor ama bu kesinlikle küçümsenecek bir birikim değil tabii.

Bizans'ta aynı dönemde donanmada yenilenmeler de görülüyor. Donanmaya İtalyanca tabirler giriyor, çünkü İtalyan kültürü, Venedik ve Cenova'nın denizcilik tecrübeleri transfer ediliyor.

Peki Aleksios Komnenos ile Selçuklu Sultanı arasındaki yazışma dili Rumca mıydı, Farsça mı?

Yazışmalarda her iki dil de vardır. Kançılaryada o diller bilinir. Bizanslıların Farsça öğrendiğini zannetmiyorum ama idareciler arasında illaki bu dili bilenler vardır. Bizde de Rumcayı öğrenenler vardır, meselâ Fatih Sultan Mehmed gibi dâhi bir padişahımız var. Ayrıca Osmanlı'nın Rumca bilen kançılarya üyeleri de vardı.

Malazgirt'e dönersek, Türkiye adı Malazgirt'ten sonra mı ortaya çıkıyor?

Yeni vatanın adını biz değil, İtalyanlar koymuştur; *Turchia*. Biz Rumî'yiz (Romalıyız) ama dışarıdakiler memleketin adını böyle koyuyor, toprağın sahibinin kim olduğu belli. Çünkü göçte ilginç bir manzara var; dağlara taşlara göçebelerimiz, köylere köylülerimiz dağılıyor. Anadolu'da aynı isimli köyler, adlarının başına "aşağı/yukarı" (süflâ/ulyâ) kelimelerini alırlar. Aynı boyun adını taşıyan köylere farklı vilayetlerde rastlanır. Aşiretler parçalanmıştır; her yerde Bayındırları, Çepnileri ve daha başka aşiretleri görebilirsiniz.

Öyleyse Türkler Malazgirt Savaşı ile Yunanların yerini alıyor diyebiliriz.

Evet, denilebilir. Şunun üzerinde durmak lazım ki Anadolu homojen ve yeknesak bir Helen ülkesi değildi. Burada baştan başa Yunanca konuşulmuyordu. Öyle olsaydı biz de Yunanca konuşan Müslümanlar hâline gelebilirdik. Anadolu kıtasında birçok lisan vardı ama Yunanca anlaşma diliydi, bunun yerini ise çok baskın bir şekilde Türkçe aldı. Çünkü nüfus yoğunluğu itibarıyla da belli ki Horasan, Maveraünnehr ve İran üzerinden çok büyük bir akım olmuş. Söz konusu ülkeler Türklerin yaşayabileceği bir coğrafyada değillerdir. Tükler İran'ın Horasan ve daha çok Azerbaycan bölgelerinde tutunmuşlardır, çünkü oralarda iklim değişiktir. Meselâ Türk devletleri Tebriz ve Kazvin'i çok sevmişlerdir; İsfahan tarafına ise ancak Safevîler döneminde gitmişlerdir.

"Anadolu homojen ve yeknesak bir Helen ülkesi değildi. Öyle olsaydı biz de Yunanca konuşan Müslümanlar hâline gelebilirdik."

Öyleyse Türkçe ve Yunanca da birbirini besliyor demek yanlış olmaz.

Evet, etimolojik lügatimiz yapılsa, Yunancanın Türkçe içinde önemli oranda kaldığını göreceğiz. Bu bir ayıptır ki bizim bir etimolojik sözlüğümüz yok. Andreas Tietze bu konuda çalışıyordu ama kendisi vefat ettikten sonra yarım kaldı. Bugün Türkçe içinde yüzde onluk bir Rumca kelime diliminden bahsediyorlar. Azerbaycanlılar "bağ" ve "açkı" diyor; biz "kilit" ve "anahtar" diyoruz. Bina için "temel" kelimesini kullanıyoruz; bunlar hep Rumcadır. Özetle, sistematik bir inceleme yaparsak Türkçede çok sayıda Rumca kelime buluruz. En basiti, "efendi" kelimesidir; bunu bir de Mısırlılara öğretmişiz.

Görüldüğü üzere Bizans'la ilişkilerimiz çok önemli; civardaki diğer unsurlar da ister istemez bu ülkenin coğrafyasına ve iktisadiyatına müdâhil olmuşlar. Bunların en başında ise İtalyan devletleri ve Rusya geliyor.

Anadolu'da bürokrasi değişiyor. Türk-Bizans ilişkileri o dönemlerde nasıldı?

"Türkler okuma-yazma bilmiyorlar." Olabilir, ihtiyaç yok zaten; çünkü İran'daki Selçuklu bürokrasisi buraya taşınıyor. Komutanlar da geliyor, tüccarlar da, zanaatkârlar da. Mehmed Fuad Köprülü bunu büyük bir vuzuhla anlatmıştır. Tersine bir hareket de var; Bizans'tan gelenler de var. Meselâ Köse Mihal... Hatta İstanbul Üniversitesi'nde profesör olan merhum Nurettin Şazi Kösemihal'e, bunu soyadından dolayı imalı yolla hatırlattıklarında, "Öyledir ve sekiz yüz senedir Müslüman'ız, daha eskiniz varsa konuşalım" demiş. Bizans'tan Anadolu'ya geçenler olduğu gibi Anadolu üzerinden Bizans'a gidenler de oldukça fazlaydı. Çünkü söz konusu dünya da ehil adama ihtiyaç duyuyor.

Adem Tüllüce'nin *Selçuklu Kimliği* kitabı bence Türk-Bizans araştırmaları açısından bir ilktir. Tüllüce, Bizans tarih yazımını dikkate alarak hazırladığı bu çalışmayla, isimler üzerinde duruyor ve grameri de iyi biliyor. Filolojik bir çalışma, bu tarz çalışmalara "prosopografi" denir. Meselâ kitapta "Alicelius", "Kasimpahsi" gibi birçok isim üzerinde durulmuş.

O zaman iki taraf arasında müthiş bir insan akımı vardır diyebilir miyiz?

Evet, bir devletin etnik kimliği tamamıyla kültürel bir vakıadır. Fatih devlet kimi eritebiliyor, kime kendi kimliğini verebiliyor; bu hususlar çok önemli... Bu, mazide böyleydi; aslında değişik üslupla istesek de istemesek de bugün de böyledir. Muasır Avrupa'nın, içine kapanık ve tutucu politikayla üçüncü dünyadan kabiliyetli insanları toplaması çok zordur. ABD bunu çok iyi yapıyor. İsrail, Yahudi kimliğini kullanarak bir şeyler yapmaya çalışıyor. Türkiye de mazide becerikli bir sistem kurmuştu, ancak bugün böyle bir politikanın enstrümanları yok, bazı iddiaların aksine böyle bir hedef de yok.

13

II. KILIÇARSLAN DÖNEMİ
Haçlılar Anadolu'da

II. KILIÇARSLAN DÖNEMİ
Haçlılar Anadolu'da

II. Kılıçarslan döneminin başında bir Haçlı sorunu var.

II. Kılıçarslan devrinde artık I. Kılıçarslan'ın stratejik hataları tekrarlanmamaktadır. Aslında buna "hatalar" diyemeyiz, çünkü kendisi düpedüz çarpışıp vatan savunmuştu. Neticede I. ve II. Haçlı seferlerinde Küçük Asya'nın batısını kaybettik. II. Kılıçarslan ise, III. Haçlı Seferi'yle karşılaştığında daha kurmayca bir strateji izleyerek, Haçlıları yol üstünde durdurup Kudüs'e yönlendirmiştir. Onlar da bu şekilde Kutsal Topraklar'a ulaştılar. İşte Anadolu, Haçlı meselesini o dönemde böyle halletti.

Söz konusu dönem Rusya'nın aktif olduğu bir dönem miydi?

Hayır, ortaya çıkan bir Kiev Rusya'sı olmasına rağmen, bu devletin Avrupa ve Avrasya tarihinde ağırlığı yoktu; yalnızca Rus millî tarihi için önemlidir. Tabii Rus Knezi Vladimir'in kızlarını Fransa, Norveç ve Macar krallarıyla evlendirmesi gibi manevraları söz konusuydu. Fakat belirttiğim gibi siyasî, askerî ve medeniyet bakımından aktif bir Rusya henüz yoktu.

Rusya neden aktif değildi?

Burada Rusya tarihi açısından zor bir devir yaşanıyor. Bugünkü Rusya arazisi Asyalı kavimlerin istilasına uğruyor. Rusya'yı, merkezde bulunan Moğolların etrafındaki Kıpçak kabileleri istila ediyor. Onlar bu topluluğa Moğolların önemli bir kabilesi olan Tatarların ismini veriyorlar; gelen topluluğun yazısı Uygurca ve kançılaryası da Uygurlardan oluşuyor. Uygarlığın rengi ve Kıpçak kabilelerinin ağırlığı nedeniyle Altın Orda'ya Moğol veya Tatar demek, sadece ortada gezinen isim dolayısıyla mümkündür. Söz konusu fetih hareketiyle Kiev Rusya'sı yıkılıyor. Bunun üzerine Rusya Devleti kendine kuzeyde toprak aramaya başlıyor. Orman içlerinde şehirler kuruyorlar. Çünkü gelen Tatarlar steplere hâkim olsalar da ormanlara nüfuz edemiyorlar. Moskova Rusya'sı da bu sayede yaşayacağı, dirileceği bir coğrafya seçiyor.

Peki Moğolların o dönem altın çağını yaşamasının en önemli sebebi nedir?

Moğollar tâ Macaristan'a kadar çok kısa sürede yayılıyorlar. Cengiz Han ve birinci kuşak halefleri bütün Ortadoğu'yu Filistin'e kadar, Avrupa'yı Macaristan'a kadar, Asya'yı Çin ortalarına kadar ele geçiriyorlar. Gel gör ki süratle büyüyen bu koca imparatorluğun ömrü ne Roma İmparatorluğu ne Bizans İmparatorluğu ne Osmanlı İmparatorluğu ne de İslam İmparatorluğu'nun ömrü kadar uzundur. Demek bazı zaaflara sahipler ancak kuvvetli tarafları da mevcut... Avusturyalı tarihçi Karl Jahn, Moğolların banknotları üzerine çalışmalar yapmıştır. Kâğıt para kullanıyorlar. Çünkü o kadar uzun mesafede altın taşıyamazsınız. Asayişi birtakım güvencelerle temin ediyorlar. Kiev ve Moskova'da topladıkları paraları ta Çin'e götürüyorlar. Şüphesiz Altın Orda devrinde İpek Yolu böyle bir yol ağı ve ticaret sayesinde altın çağını yaşamıştır.[20]

---

20 Altın Orda devrine Rusya tarihinde "Mongolo-Tatarskoye İgo" (Монго́ло-тата́рское и́го) yani "Moğol-Tatar Boyunduruğu Devri" denir. Tatarlar savaşı yöneten önemli bir Moğol kabilesiydi. Bu merkez kuvvetin etrafında yer alan muhtelif kabileler içinde Kıpçaklar çoğunluktu. Fakat hem kendileri hem etraf hem de çağdaş tarihçilik Rusya'da Tatar hâkimiyetinden söz ediyor. Zamanla da kullanım Tatarlıkla ilgisi olmayan Müslüman halkların hepsi için kullanıldı. Dostoyevskiy, roman kahramanlarından Dağıstanlı Ali'ye "Tatarin Ali" diyor. Sovyet terminolojisinde dahi Tatar, Oğuz ve Kafkas kabilelerin bazıları için kullanılıyor. Kazan Tataristan'ı tarihçileri otuz yıldır Tatar ismini kaldırma eylemi başlattı (Bu kayda değer bir yaklaşımdır. Ancak yerine konmak istenen

O dönemde Almanya'da da hareketlilik var değil mi?

Evet, Kuzey Almanya'da Hamburg, Lübeck ve Bremen serbest şehirlerinin (*Freie Reichsstadt*) öncülüğünde Hansa Birliği kurulmuştur. Daha sonra birliğe güneyde Magdeburg ve Köln katılmıştır. Üç bine yakın üyeye ulaşan söz konusu birlik güneyde Augsburg'a kadar iniyor. Birlik içindeki şehirlerin paraları birbirleri arasında geçerli, gümrük meseleleri kolaylaşıyor, ortak işler yapıyorlar.

Hansa Birliği'nde iki tip üyelik var; Kimi asil üye, kimi de imtiyazlı üye (kontur). Tabii bu imtiyaz kelimesi yanıltıcı olmasın. Aslında ikinci sınıfı ifade eder. Ne var ki Hansa silahlı bir güç değildi, bu şehirleri savunması söz konusu olamazdı. Kolonilerini koruyacak silahlı güç ise Venedik ve Cenova gibi güçlü İtalyan deniz cumhuriyetleriydi. Meselâ Hansa Birliği'ne Londra imtiyazlı üyedir: orada Guildhall'ı kuruyorlar. Danimarka'yla Stralsund Antlaşması'nı yapıyorlar ve Danimarka'nın tüm şehirleri böylece birliğe aynı statü ile (kontur olarak) dâhil oluyor. O zamanın Danimarka'sı bu yatırıma muhtaç... Baltık kıyısındaki Riga birliğe imtiyazlı üye olarak alınıyor. Riga, şehirdeki Sovyetik mahalleyi bir kenarda tutarsak, tamamen Alman karakteri taşır. Çok zor bulunabilecek Almanca kitaplar burada bulunabilir. Belli ki sadece üst sınıf değil, orta sınıfı da Alman kültürünün içinde... Meselâ ünlü rejisör Sergey Eyzenşteyn'in *art nouveau* üslubunda ünlü bir mimar olan babası Rigalıdır.

Roma Germen İmparatorluğu ayrıca devam ediyor fakat Hansa Birliği'ne dâhil olan şehirler, serbest şehirlerdir. Bunlar, Moğol İmparatorluğu'nun tesis ettiği yapı sayesinde Novgorod'a kadar ilerliyorlar. Novgorod'da âdeta oligarşik demokratik bir yapı oluşuyor. O da bir konturdur. Zenginlik dolayısıyla şehrin unvanı "Gospodin Velikiy Novgorod"du. Rusya tarihçileri Novgorod için uzun zamandır; "Vatanımızın ve milletimizin tarihinde demokrasinin geliştiği yerdir" derler. Rusya tarihinde ve sosyolojisinde böyle bir

---

Bulgar kimliğini ne kadar isabetle kaleme aldılar bilmiyorum). Bazı bölgelerde ise Altın Orda devrinde benimsenen yanlış isim hâlen kullanılıyor.

anti-Moskova grubu vardır. Novgorod, Moskova Rusya'sına 15. asır sonunda bağlandı; yani III. İvan döneminde. Moskova'nın bölgede hâkimiyet kurması Rusya için bir kırılmadır.

Söz konusu dönem için Hansa Birliği'nin faaliyeti ve önemi nedir?

Hansa Birliği, Kuzey ve Orta Avrupa'yı dünya tarihine açmıştır. Bu birlik, Venedik ve Cenova gibi tam anlamıyla siyasî ve iktisadî bir kuvvet değil, dünya siyasetine ve iktisadiyatına eklemlenmenin bir parçasıdır. Tabii bunu abartanlar da mevcut... Meselâ Hitler devri Alman tarihçiliğinde "Medeniyet var ama silahsız olunca ne oluyor görüyorsunuz" tarzında yorumlar yapılmıştır. Sanki Hansa Birliği silahlı olsa ne olacaktı? Birliğe dâhil olan şehirlerin tek tek nüfusu genelde birkaç bin kişiden az... Köln gibi birkaç istisna on binden fazla... Bunlar birbirlerini tanımışlardır. Ama asıl medenî ve iktisadî öncüler, İtalyan denizci devletleri; düşünün ki 1300'lerde Dante ve ondan esinlenen Giovanni Boccaccio ortaya çıkıyor. 14. asırda Kuzey Avrupa'da bunlardan etkilenen, İngiliz millî ve edebî dilinin öncüsü sayılan Geoffrey Chaucer kendini gösteriyor.

Bunların yanı sıra Hansa Birliği, kuzeyin önemli mallarının ticaretini yapıyor; kürk, bal, kereste ve daha birçok şey... Araştırmalar gösteriyor ki Uzak Asya bir şekilde bu Hansa Birliği ile temasa geçmiş. Tabii birlik zamanla çürüdü; bunda gerek Orta Avrupa'da millî imparatorlukların teşekkülleri, gerekse Bizans'ın gerileyip Rusya'nın kuvvetlenmesi gibi sebepler etkili olmuştur. Öyle ki birlik 1664'te son toplantısını yapıp sona ermiştir.

Yayılmalarında şehirli tüccarlar çok etkili olmuş; her yere gitmişlerdir. Daha önemlisi; mukaddes topraklardan, Kudüs'ten ve Akdeniz yollarından çekilen Alman kökenli St. George Şövalyeleri'ni Baltık'a sevk ederek bu sayede bölgeyi Almanlaştırdılar. İşte Baltık Almanlığı bu dönemin kalıntısıdır ve Polonya topraklarına Alman hücumu da yine bu devirde başlamıştır. Bölgede Polonya restorasyonu ancak II. Cihan Harbi'nden sonra mümkün olacaktır.

12. yüzyılda kiliselerini Bizans'tan koparıyorlar değil mi?

Hayır, o başka bir konu; Bizans (Doğu Roma) Kilisesi hiçbir zaman Roma Kilisesi gibi olmamıştır. İstanbul'daki patrik bir başpiskopos tayin ediyor. Başpiskoposlar dil bakımından serbestler... Düşünün ki Roma uzun zaman boyunca kiliselerini bu bakımdan kontrol altında tuttu. 1960'larda Papa XXIII. Ioannes serbestiyet verene kadar Katolik kiliselerinde toplu dualarda (*liturgie*) millî dil kullanılmazdı. Papazın vaazı millî dilde olurdu fakat dualar Latince okunurdu. Doğu Kilisesi'nde ise herkes kendi dilini kullanıyordu. Moskova her ne kadar bir patriklik olsa da her zaman için dualarda ilk olarak İstanbul patriği anılır. Bu tip bir birliğin varlığına rağmen Doğu'da kiliselerin mal varlığı, idareleri, dilleri ayrıdır. Bunda İstanbul'un yarattığı medeniyet etkili olmuştur.

12. yüzyıldaki otosefal olma durumunun devam etmesinin sebebi de bu mudur?

Ortodoks kiliseler arasında otosefal olarak Kıbrıs Kilisesi ve Sina Manastırı (St. Catherine) vardır. Rusya Kilisesi 15. asırda otosefal olmuştur. Aynı şekilde 19. asrın başında Sırbistan, daha sonra da Romanya değişmiştir. Asıl önemlisi ise Atina Başpiskoposluğu'nun Yunanistan'ın bağımsızlığından sonra hemen otosefal olmasıdır.

Novgorod Knezliği, Moğollara haraç vererek mi saldırıdan korunuyor?

Novgorod vergi veriyor. Knez Aleksandr Nevskiy, Töton Şövalyeleri'ni Velikiy Novgorod ve Batı Rusya'dan atmıştır fakat Altın Orda için aynı durum söz konusu değildir. Tatarlar Altın Orda hanı ile iyi geçinip haracını ödemiştir. Ancak Moskova ileride (8 Eylül 1380) Kulikovo Savaşı'nda Dmitriy Donskoy komutasında Moğolları oradan itecek ve bu vergiyi kaldıracaktır. Gel gör ki Toktamış Han zamanında söz konusu vergi yeniden kondu. Rusya'yı gerçek anlamda kurtaracak olay ise Timur Beg'in Altın Orda ve Toktamış'ı yenmesi olmuştur. Böylelikle Moskova Rusya'sı ancak 15. asır sonunda nefes alabilecektir.

Bu dönemde de yavaş yavaş Kuzey Avrupa'nın gelişimi başlıyor.

Kuzey Avrupa'nın gelişmesi geç olmuştur. Bu dünyanın Akdeniz dünyasına eklemlenmesi önemlidir. Tarihin bu aşamalarda değişim yönleri çok başkadır. Depremin merkez üssü Küçük Asya, İtalya, Yunanistan ve Mısır'dır. Bu hat İran'dan Hind'e kadar iner. Hind temasları çok dolaylı olan bir kıtadır; dünyanın geri kalanından Himalayalar ve güneyindeki Okyanus sebebiyle kopuktur. Bunların müsaade ettiği ölçüde Hind dünyası bu tarafla bütünleşmiş ve çok şey de vermiştir. Öyle ki özellikle belirttiğim gibi 12. asırda yaşayan Endülüslü Müslüman Kadı Ahmed, medeniyeti yaratan milletlere Hindlileri de katıyor.

Anadolu'ya dönersek, söz konusu dönemde Anadolu'da İlhanlı Moğollarının olduğunu görüyoruz.

1243 Kösedağ Savaşı'yla İlhanlı Moğolları Anadolu'da bir sulta kuruyorlar. Ancak bir yakıp yıkma faaliyetine girişmediler. Hülagü doğuda İran ve Bağdat'ı aldı. Moğollar İran'a yerleştiklerinde Türkler dâhil bütün yerli unsurlarla çok iyi kaynaşıyorlar ve düzen devam ediyor. Kazvin'de Olcaytu Hüdâbende'nin meşhur türbesine bakınız; belli ki tüm coğrafyadan usta ve tezhibçileri, nakkaşları ve hakkakları (taş oymacı) bir araya getirebiliyorlar.

Moğollara direnenler ise Memlûkler oluyor. İstila döneminde Memlûkler, devlet olarak beceri ve geleneklerini ispat etmişlerdir. Kendileri aristokrat değil, istihdam edilmiş veya köle olarak alınmış Kafkasyalılar ve Türklerdir. Mısır'ı Kavalalı Mehmed Ali Paşa'ya kadar onlar yönettiler. Ayn Câlût'ta[21] Moğolları durdurdular. Selçukluların güney sınırları da yine onların elindedir. Şöyle bir dünya düşünün; bir yanda İlhanlılar, bir yanda Memlûkler, Balkanlarda millî bir oluşum, kuzeyde Altın Orda ve Avrupa da son yapısına kavuşmak üzere...

21 Ayn Câlût, "Câlût'un Gözü" anlamındadır. Câlût, Tevrat'ta Goliath adıyla anılan savaşçı devdir. Hz. Dâvut ile Câlut'un savaşı İsrailiyatta ve peygamberler tarihinde meşhurdur. Ayn Câlût toponimi de buradan gelir.

13. asra gelirsek, öncelikle bu asır için neler diyebiliriz?

Ortadoğu için 13. asır çok hareketli bir devirdir. Söz konusu dönemde büyük imparatorluklar sahneye çıkıp sonra bir anda çekilmişlerdir. İlhanlı Moğolları fırtına gibi bütün Asya'yı geçip İran'a girdiler, oradan Suriye ve Irak'a kadar gittiler. Abbasî halifesini öldürdüler. Memlûkler ile baş edemeyen İlhanlılar, belirttiğim gibi bugünkü Filistin topraklarında yapılan savaşta yenildiler. Çok mühim bir olay bu… Demek ki kendileri de Kafkasya ve Asya kökenli olan Memlûkler, Moğolların savaş tekniklerini biliyorlar; çünkü istihdam edilerek, paralı asker olarak veya kölelik yoluyla Mısır'a gelmiş ve bir müddet sonra devletin yönetimini ele geçirmişlerdir.

O zaman Memlûkler olmadan Ortadoğu tarihini düşünmek mümkün değil.

Evet, Mısır'a da hâkimler fakat aristokrat bir sınıf değiller. Savaşçılığa dayanan bir hiyerarşi var. Filistin ve Suriye onların elinde... Savaşçılıkları hafif süvariliğe ve hafif zırha dayanıyor. Silahlarının en iyi örnekleri Topkapı Sarayı Müzesi'nde görülebilir. Öyle ki oradaki Memlûk zırh ve silahları bu topluluk hakkında yeterince bilgi verecek seviyededir. Burada sorulması gereken en önemli soru şudur: Peki Osmanlı böyle bir kuvveti nasıl yendi? Tamamen askerî bilgi ve teknoloji sayesinde... Yoksa Memlûkler de en az Yavuz Sultan Selim'in ordusu kadar savaşçıydı. Aynı şey Safevîler için de geçerlidir. Osmanlı ordusu, onlarla yapılan savaşları konvansiyonel silahlara geçtiği için kazanmıştır.

Söz konusu dönemde Moğolların etkisine ayrıca bir parantez açmak lazım.

Moğolların en büyük özelliği, çok kısa bir sürede çok büyük bir imparatorluk coğrafyasına sahip olmaları; bununla beraber, aynı bölgelerden çok kısa bir süre içinde çekilmeleridir. Kubilay Hanlığı da Çin gibi bir bölgede kaçınılmaz olarak erimiştir. Helenleri titreten, Asya, hatta Avrupa tarihine damga vuran Moğolların en önemli gücü civarındaki Asyalı kabile ve milletleri hizmetlerinde ve kançılaryada da istihdam edebilmeleridir. Ama 13. asır dünyasında böyle bir kuvvetin ömrü hiçbir yerde uzun olamazdı.

Peki Moğolların kendi içlerinde artı ve eksileri neler?

Moğollar sulh zamanında çok teşkilatlıydılar. İran onlar zamanında bir nevi altın dönemini yaşadı. Bütün sanatçıları bir araya getirdiler. Buna İranlı yerli sanatçılarla birlikte Hindli, Anadolulu sanatçılar da dâhildi. Keza dönemin mimarî eserlerinde hepsinin izleri görülür. Moğollar para kullanıyorlar. Kervanları çok iyi işletiyorlar. Ticaretteki bu gelişme ve hareketlilik Venedik'e, Hansa şehirlerine de yansıyor. Fakat veraset sistemleri sakat... Özgün bir uygarlığa sahip değiller. Kançılarya Uygurlardan oluşuyor. Nüfusları fazla değil; büyük ölçüde Kıpçak Türklerini başka unsurları kullanıyorlar. Bu durum zamanla bir çözülme ve renk değiştirme meydana getiriyor. Bu gibi sebeplerle Anadolu'da fazla iz bırakamıyorlar. Anadolu Türkiye'si de onlardan sonra yoluna Beylikler Dönemi'yle devam ediyor.

"Moğolların en büyük özelliği, çok kısa bir sürede çok büyük bir imparatorluk coğrafyasına sahip olmaları; bununla beraber, aynı bölgelerden kısa bir süre içinde çekilmeleridir."

14

BEYLİKLER DÖNEMİ VE OSMANLI BEYLİĞİ

BEYLİKLER DÖNEMİ VE OSMANLI BEYLİĞİ

13. asırda Bizans'ın durumuna bakalım...

1200'de İznik'teki Laskarisler adına General Paleolog İstanbul'u yeniden aldı ama alınan şehir artık eski Konstantinopolis değildi. Şehir, hem nüfus hem zenginlik hem de dış dünyayla ilişkiler bakımından 1204-1260 arası Latin hakimiyeti boyunca mahvolmuştu. Yeni imparator son Laskaris'i saf dışı etti ve Bizans tarihinin en uzun ömürlü hanedanını, son Paleologoslar egemenliğini kurdu. Dolayısıyla Bizans dediğimiz Helenik miras ister istemez bugünkü Yunanistan'ın Epir dediğimiz mıntıkasına ve Larissa'ya doğru kaymıştır. Bunlar Anadolu'dakilere göre daha rahat geçiniyorlar ama coğrafî zenginliğe müsait değildiler. Türkler 15. asırda bölgeye gelene kadar onların görevi, Orta Çağ Helen medeniyetini kilise ve dil olarak ayakta tutmak olmuştur.

Beylikler Dönemi'yle ilgili mevcut bilgiyi yanlış tarif etme problemi mi söz konusuydu?

Bu dönemde paramparça bir Anadolu yok. Beyliklerin her biri Balkanlar tarihindeki devletler kadar büyükler... Stefan Duşan ve Stefan Nemanja'nın imparatorlukları bunların çoğundan uzun ömürlü olamadı. 14. asra kadarki Bulgaristan için de aynı şeyi söyleyebiliriz. Bunların zenginlikleri sınırlı; asla Karaman ve Germiyan beyliklerinden daha büyük değil. Batı Anadolu'da bir Aydınoğulları Beyliği var ki zenginlik bakımından hepsini satın alacak kuvvetteydi. İnanmayan; İzmir Havaalanı'nın güneyinden başlayarak Cuma Ovası'nı gezebilir.

Cuma Ovası'nın adı değiştirilerek Menderes Ovası yapıldı.

Maalesef, bu ova yüzlerce yıldır Türklerin Cuma Ovası'dır; orada buluşulur, alışveriş yapılırdı, ordu orada toplanırdı. Bunu kalkıp da Menderes Ovası yapmak doğru değildir. Siyaseten yanlış işler yapıyoruz. Bir gün devlet adamımızı haksız olarak idam ediyoruz, ertesi gün de yine yanlış olarak memleketin 800 yılını toponimiden siliyoruz. Bunlar tutarsız hareketlerdir.

Peki Cuma Ovası'nın o dönem için özelliği neydi?

Cuma Ovası, Aydın, Germencik, Nazilli, Sultanhisarı'nı gezip Aydınoğullarının sahip olduğu zenginlikleri görebilirsiniz. Bölgedeki gelir kaynağı sırf incir ve üzüm değil; müthiş bir dericilik, tahıl ihracatı, dokumacılık da var. Zaten dokumacılık bütün Anadolu'da özgün olarak sürüyor. Dokuma ürünlerini iç pazarlar tükettiği gibi deve kervanları, Venedik ve Cenova gemileri de alıyorlar. Zenginlik bakımından 13. asırda Balkanlarda Aydınoğulları Beyliği gibi bir yer az bulunur. O devirde bir ölçüde Burgondiya, İtalya'da Cenova ve Venedik hariç Avrupa'da dahi hiçbir hükümdar bu beylik kadar zengin değildi. Kimse Habsburglar demesin; onlar henüz tahtta değillerdi ve tahta geçtikleri zaman da zenginlikleri yoktu. Keza Habsburglar parasızlıklarıyla meşhurdur. Avrupa'da ancak kuzeydeki Burgondiya dukaları zenginlik açısından bu beyliklerle yarışabilir. İtalya'da da Venedik, Cenova, Toscana ve Floransa... Söz konusu devletlerde üretim fazla; Aydınoğullarında ise daha çok doğal zenginlik var.

Beylikler arasında Osmanlı Beyliği'nin bulunduğu coğrafya nasıldı?

Beylikler arasında Osmanlılar çok geç inkişaf edecektir. Osmanlı'nın bulunduğu bölgeye, Bursa-Söğüt, Antik Çağ'da "Bitinya" denir. Coğrafya olarak Kalkedon'a, güneyde Bursa, İznik ve Yenişehir'e uzanır. Burası çok bereketli bir bölgedir. Osmanlı'nın yanı başında, eski çağlarda adı "Misya" olan bölgede Karesi Beyliği bulunur. Bunlar daha çok hayvancılık ve atçılıkla geçinir; ziraat, dericilik ve madencilik de yaparlardı. Balya madenleri yakın zamana kadar da işliyordu.

> *"Türkler bilinçli olarak yer adı değiştirmezler, bu isimler zaman içinde telaffuzlara göre değişir."*

"Balya" kelimesi de daha önce de bahsettiğim gibi "paleo"dan bozmadır. Bütün "paleo"lar Türkçede "balya" olur. Paleo Kastron, Balya Kasrı (Balıkesir); Paleo Patras, Balyabadra olur. Yerli Rumlar "p" harfini "b" gibi telaffuz ederler; bizimkiler de onu tamamen "b"ye çevirmişlerdir. Zaten Türkler bilinçli olarak yer adı değiştirmezler, bu isimler zaman içinde telaffuzlara göre değişir. Zaruretten değişen yer adları çok azdır. Bunun yanında, yeni kurulan yerleşimlerin isimleri Türkçedir. Yine yer adlarının telaffuza göre değişmesi de Anadolu'ya hastır ve kesif Türklükle doğrudan doğruya bağlantılıdır. İran'da isimler bozulmuyor, eskisi neyse takip ediliyor. Burada Türkler çok kesif olduğu için kendi telaffuzlarına göre isimleri kolaylaştırıyorlar. Meselâ Ruslar kendi coğrafyalarının toponimisini olur olmaz isim değişiklikleriyle mahvettiler. Bin yıllık Gence'nin adı "Kirovabad" oldu. Kirov, Leningrad'da öldürülmüş; Azerbaycan'la ne ilgisi var? Güya orada siyasî komiserlik yaptığı içinmiş.

Peki söz konusu dönemde Osmanlı Beyliği gücünü sadece Bizans'a mı yöneltti?

Batı Anadolu'daki genişleme Bizans aleyhine devam ediyor. Dediğim gibi zamanın en küçük beyliklerinden biri Osmanlı Beyliği'dir ve Bizans'ın komşusudur. Osmanlı'nın güneyinde Germiyan, doğusunda Candar, batısında Karesi beylikleri var. Osmanlı Beyliği başta Bizans dışında kimseyle kavga etmedi. Çünkü anladılar ki küçük bir beyliği ancak Bizans'la kavga etmek selamete götürür. Kuşkusuz Osmanlı Beyliği önemli bir coğrafyadaydı, dahası Osman Bey de Sultan Orhan da bunun farkındaydı. Selçukludan alınan berat, davul ve sancak önemlidir tabii ancak asıl dönüşüm; Halil İnalcık'ın da işaret ettiği gibi 1302'deki Koyunhisar Muharebesi'yle olmuştur. Belli ki o beylik ancak Bizans'a karşı zafer kazanıp diğer Türkmenleri yanına alarak büyüyecekti. "Kayı aşiretinden dört bin çadır yahut dört bin kişi çıkar ancak." Bu kadar nüfusla büyük işler başarılamayacağı açıktır.

Osmanlıların bulunduğu coğrafyada sahil kesimi ve sahillerin dışarıyla iletişimi nasıl sağlanıyordu?

Cenova ve Venedik aracılığıyla sağlanıyordu. Bu devletlerin gemi ve tüccarları olmadan söz konusu beylikler nefes alamazlar. Çünkü denizcilik yeni yeni başlıyor. Hâlbuki Marmara Denizi'nde daha müsaittiler. O yüzden Mustafa Akdağ ile Halil İnalcık arasında "Marmara İktisadî Bölgesi" tartışması vuku buldu. Halil Bey, Akdağ'ın önerisini reddederek, böyle bir iktisadî bölge için topoğrafyaya ve art bölgelerle olan ilişkiye dikkat çekti.

Bizans ve Osmanlı arasındaki sınırlarda durum nasıldı?

Öncelikle belirtmek gerekir ki sınır meselesini bugünkü anlayışla değerlendiremeyiz. Bizans'ın bir hinterlandı -bugünkü Trakya- ve müttefikleri var; Mora'daki Paleolog Hanedanı ve Doğu Karadeniz'de Pontikuslar. Ortodoks'tur ama o devlet içinde herkes Helen değildir; Gürcüler, Ermeniler ve başka unsurlar da mevcut... Kuzey'de Altın Orda bulunuyor; ne kadar Venedik ve Ceneviz'in etkisinde olsalar da kuvvetliler. Ayrıca 13. asır, birtakım Kıpçak Türklerinin bölgeye yerleşip Müslüman oldukları bir devirdir. Henüz Bulgaristan yaşıyor; Tırnova Çarlığı. Aynı şekilde Sırbistan yaşıyor. Romanya, bugünkü Romanya değil ama Transilvanya'yı elinde tutan ayrı bir devletin varlığı söz konusu...

Osmanlılar sınırda çeşitli pazarlar kuruyorlar...

Bunun Bizans'ı, Venedik'i, Cenova'sı; bir de Anadolu tarafı var. Nasıl bir araya gelip nasıl alışveriş yapıyorlar? Çok karmaşık bir husus... Şöyle tasavvur edelim: İznik kıyısında oturuyorsun. Bakıyorsun, Venedikli gelip ekmek alıyor; dağdan Türkmenler geliyor; Selçuklu askerleri orada; aynı şekilde kervanlar geliyor. Bu adamların bir kısmı da orada mütemekkin... Bu manzarada ilişkiler nasıl olur, bu coğrafyada nasıl oturulur; tahmin etmeye çalışın. 1400'lerin başında bir alay Kırımlı Türk Tekirdağ'da (Rodosto) oturuyor. Ukraynalı birtakım Ruslar Bursa'dalar... Burası kuş uçmaz kervan geçmez bir yer değil. Gel gör ki çağdaş tarihin havsalası bu yerleşimi kavrayamaz. Zira kendi çevresinin bugünkü verilerine ve görünümüne göre Orta Çağlar dünyasını değerlendiriyor.

"Kuşkusuz Osmanlı Beyliği önemli bir coğrafyadaydı, dahası Osman Bey de Sultan Orhan da bunun farkındaydı."

Osmanlı Beyliği zamanla Balkanlara da açılıyor...

Osmanlılar 13. asrın başından itibaren sürekli tekâmül ediyor, 14. asrın başında da Balkanlara giriyor. 14. asrın sonunda Türklük artık Balkanlarda; Makedonya'da, Bulgaristan'da yayılıyor. Her ne kadar 1402'den sonra bir küçük fetret dönemi yaşansa da Balkanlarda bu durum çok yankı bulmuyor. Fetret Devri'nin getirdiği en büyük kazançlardan biri, Timur'un İzmir'i fethetmesidir. Öyle ki İzmir bu fetihten sonra bir daha hiç elden çıkmayacaktır. Fetret Devri'nin sona ermesinden sonra şehir Osmanlı'da kalmıştır.

Osmanlılar 15. asrın ortalarında da bir imparatorluk hâline geldi. Söz konusu imparatorluğun içinde henüz doğu tarafı, yani Arap dünyası yoktu. Doğu Anadolu'nun da tam anlamıyla olduğu söylenemezdi ama Bosna'ya kadar uzanan bir Balkan imparatorluğuna sahiptik.

Osmanlı Beyliği en çok hangi alanda zorlanıyor?

Osmanlı Beyliği'nin sorunu doğudur. Keza doğuda ilerleme gecikmeli ve temkinli olacaktır. Bugün Türkiye Cumhuriyeti toprakları olan Adana, Çukurova, Maraş, Antep gibi yerlerde bile ilerleme için Yavuz Sultan Selim devrini bekledik. Bu devlet 1300'lerin sonunda imparatorluk olmuş; bütün Batı Trakya, Bulgaristan'ın büyük kısmı, Makedonya, Gelibolu fethedilmiş. Düşünün ki Osmanlı; Fırat Havzası, Çukurova ve Yukarı Mezopotamya'yı ancak 16. asrın sonunda kontrolü altına alabiliyor. Büyük bir mareşal olan

Yavuz, ani bir atakla bütün Maşrık Arap ülkelerini ve Sina'yı geçip Kahire'yi kuşatarak Mısır'ı alıyor. Mısır'ın kolay lokma olmadığı, 1260 tarihli Ayn Câlût Savaşı'ndan anlaşılabilir. Demek ki sırf cengâverlik değil, askerî teknoloji de önemlidir. Keza askerî teknoloji sonraki dönemlerde de Osmanlı'nın en başat faktörü olacaktır. Ancak Türk silah tarihi ve Türk harp tarihi henüz karanlıktır ve ilgili araştırmalardan alınan sınırlı sonuçlar da uygun bir üslupla mekteplere aktarılamamaktadır.

Beylikler Dönemi aynı zamanda hep karışık bir dönem gibi anlatılır. Söz konusu dönemde Türkler geçimlerini nasıl sağlıyorlardı?

Beylikler kozmopolit bir görünüm arz ediyor. Artık Anadolu'da kesif bir göçebe Türkmen nüfusu vardır. Bölgenin tarım için elverişli olmasının yanında otlak olarak da çok bereketli olması yarı göçebeler için önemlidir. Göçebelik Anadolu'nun kuruluşunda ve Türkleşmesinde en önemli unsurdur ve eskiye göre farklı bir yapıdadır. Yarı göçebeler koyun ve keçi beslerler fakat esas olarak atçıdırlar. Atçı insanın ticarete, hatta beynelmilel ticarete atılması kaçınılmazdır. Çünkü at pahalı bir binek hayvanıdır ve atçılığın gerektirdiği birtakım koşullar var; silahçılık gibi. Türkler silahın da imalat ve ticaretini yapıyorlar. Keza Göktürk Kağanlığı ve Türgişler zamanında at ve silah ticareti yapılıyordu. 11. asırda Endülüslü Kadı Ahmed, *Kitâb-ı Tabakât ve'l Ümem* (Milletlerin Kategorizasyonu) adlı kitabında Türkleri ve Çinlileri medeniyet yaratıcısı kavimler olarak anmasa da onları pratik zekâları dolayısıyla bu kervanın arkasına katıyor.[22] Bu, doğrudan doğruya Türklerin atçı olmalarıyla ilgilidir.

Beyliklerle ilgili kaynaklar ne durumdadır?

Beylikler Dönemi, tarihimizin karanlık, pek bilinmeyen dönemlerindendir. Tetkikat eksik fakat bunda düşünme biçiminin de

22 Kadı Ahmed'in kitabında medeniyeti inşa eden milletler olarak saydığı uygarlıkları hatırlayalım: Yunan, Romalı, Eski Mısırlı, Keldanî, İbranî, İranlı, Hind ve Araplar.

etkisi var. Belgeler sınırlı... Sayısız kitabeden elde edilen epigrafik malzemeler var; mezar taşları da bunlara dâhil... Maalesef bu taşlar fişlenmeden, fotoğraflanmadan kayboldu. Okuması zordur, evet. Kûfi yazı zor okunsa bile hafız-ı Kur'an'ın biri hıfzındaki ayeti taşın üstünde görür. Bu tip epigrafik malzemede çözüm yollarından biri budur. Kitabede bir ayet, bilindik bir deyim vs. varsa gerisi de çözülebiliyor. Paul Wittek, Hıristiyan ve aslında Romanist olmasına rağmen bu yöntemi takip ederdi. Kendisi, I. Cihan Harbi'nde yedek subayken orduda diğer Macar subaylarla kavga edip Şam'a sürülene kadar Romanist'ti. Şam'daysa Türkçe öğrenip Türkolog oldu. Filoloji bildiği için bizim kitabeleri de çözebiliyor. Kitabe okumak, eski Türkler arasında bir spordur; şimdi de olabilir fakat anlaşılan o ki yeni Türklerin başka merakları var.

Beylikler Dönemi tam olarak ne zaman başlar?

Beylikler Dönemi, Kösedağ Savaşı'nda Selçuklu ordusunun yenilmesiyle başlar. Alaeddin Keykubad'ın halefi iyi bir komutan değildi. Zengin Anadolu, Moğollar karşısında Memlûklerin Filistin'de gösterdiği metaneti ve savaş stratejisini gösteremedi. Savaş tarihini küçümserler ama tarih savaşlardan ibarettir; beğenin veya beğenmeyin. Kösedağ Savaşı'nın kötü sonuçlarından kaçınılabilirdi. Moğollar Anadolu'ya İran'a girdikleri gibi giremediler. Burada yerel ajan ve temsilcileriyle faaliyet yürüttüler. Akabinde bir parçalanma ve aşırı vergilendirme başladı. Türkmen kabileleri arasında söz konusu vergilere karşı yer yer direnişler başladı ve Tavâif-i Mülûk diye adlandırılan tarihî zaman kesiti ortaya çıktı. Yani Anadolu cemiyeti kendine yeni bir yol aramaya başlamıştı. Ortaya çıkan beylikler içinden Karamanoğulları Beyliği, kendini Selçuklu'nun varisi ilan edecekti.

"Kitabe okumak, eski Türkler arasında bir spordur; şimdi de olabilir fakat anlaşılan o ki yeni Türklerin başka merakları var."

Beyliklerin Bizans'a karşı harekete geçmesi ne zaman oldu? Tam olarak sınırları belli miydi?

Tavâif-i Mülûk devrinde fütuhat birdenbire Bizans'a yöneldi. Karesioğulları, Germiyanoğulları, Saruhanoğulları; hepsi Bizans'a karşı harekete geçtiler. Şu tesadüf değildir; beyliklerin sınırları, eski Roma'nın büyük eyaletlerinin sınırlarıyla örtüşür. Meselâ İsfendiyaroğulları, Paflagonya arazisindedir. O araziler coğrafya, strateji, doğal engeller, tarım ve ticaret bakımından bir bütündür. Orta Çağ ekonomisinde bu çok mühimdir. Yol sistemi de eski eyaletlere göredir ve bunu Selçuklu da Osmanlı da devralmıştır. O zamanlar İzmir diye bir vilayet yoktu. İzmir, Aydın vilayetinin bir parçasıydı. Söz konusu vilayetin merkezi 19. asırda İzmir'e kaydı. Oraya tâbi yerler de bugünkü Denizli, Muğla, Aydın ve Manisa'ydı. Eski Roma'da bölgenin yukarısında İyonya, aşağısında Karya bulunuyordu. Aydınoğulları ikisinin birleşim noktasındaydı. İnkıraza uğramış Efes Limanı eyalet merkeziydi; Orta Çağ'da deniz bağlantısı alüvyonla kapanınca içeride kaldı. Merkezin İzmir'e kaymasının sebebi ise dış dünyayla ilişki ve İzmir Limanı'dır. Yoksa açıkçası İzmir'in klasik devirde Osmanlı için büyük bir ehemmiyeti olduğu söylenemezdi. Hatta donanmanın sancakbeyi üssü dahi civardaki Sığacık'tı.

Peki beylikler nasıl yapılandı?

Beylik yapılanmalarında dış dünya, yani Akdeniz'in kuzeyi ile temas kurma söz konusuydu. Eski İtalyan tarihini tetkik edenler Türkoloji'ye çok meraklı değiller, bizde de çok tetkik yapılmayınca eldeki bilgi yalnızca fragmanlar hâlinde olabiliyor. Fakat şu açık ki Menteşeoğulları, Aydınoğulları, İyonya bölgesi; zamanın İtalyan belgelerinde çok geçiyor. Çünkü söz konusu bölgelerle ticaret yapılıyor. Beyliklerin hayatlarında çok enteresan bölümlenmeler var. Onları idare edenler, eski Selçuklu bürokrasisidir. Komutanlar, maliyeciler, medrese hocaları, kadılar hep aynı... Onlar artık İran'la ilişkiyi sürdürmekle beraber bu yeni dünyanın şartlarına da uyuyorlar. O kadar ki çarşı-pazardaki isimler Farsçadan Türkçeye geçiyor. Selçuklu devrindeki "köhnefüruğ", "eskici" oluyor. Bunları Erdoğan Merçil listeledi.[23] Günlük ha-

23 Erdoğan Merçil, *Türkiye Selçuklularında Meslekler*, Türk Tarih Kurumu, Ankara 2000.

yattaki bazı Farsça kelimelerin de değiştiğini görüyoruz. Bir taraftan da bir yığın Rumca ve hassaten İtalyanca tabirler girmeye başlıyor.

Marmara çevresindeki beylikler deniz ticaretine önem veriyorlar mıydı?

Beylikler Marmara'da her şeye rağmen daha iyi yaşıyor, denizi de rahat rahat kullanıyorlardı. Keza coğrafya bunu temin edebiliyor. Bizans 1260'tan sonra hinterlandı sayesinde Trakya'yı kontrol edebildi fakat Kuzey Ege, Selanik gibi yerler Venedik'in eline geçti. Dış dünyaya açılan noktaları İtalyanlar kontrol ediyor, Karadeniz de onların seyr-i sefâini altında... Ancak Bizans'ta bugünkü Yunanistan'a doğru bir uzantı var. Anadolu'da geriye doğru Candaroğulları, Orta Anadolu'ya doğru Karamanoğulları, Eretna, Mengücekoğulları var. İran'da ise kuvvetli İlhanlılar yer alıyor.

Beyliklerin hepsini Oğuz Türkleri mi oluşturuyor?

Evet, 1071 Malazgirt Savaşı'ndan sonra İlhanlı Moğollarıyla 1243'te Kösedağ Savaşı yapıldı (Savaşı kaybettik, burayı zedelediler ama Anadolu'ya giremediler onlar). 13. asrın ortasından itibaren Selçuklu Devleti denilen siyasî camia hayli zayıflamıştı. Daha önce de belirttiğim gibi ortaya Tavâif-i Mülûk tipinde beylikler çıktı. Beyliklerin hepsini Oğuz Türkleri oluşturuyordu. Söz konusu dönem, modern Türkiye'yi diliyle, âdetleriyle kuran bir dönemdir ve Osmanlı da söz konusu beyliklerden biridir. Faruk Sümer bunları tespit etti; hangi aşiretin nereye gittiğini, nereden göçtüğünü detaylarıyla yazdı. Aşiretlerden bir kısmı Otlukbeli Savaşı'ndan sonra yenilip İran'a kaçarak yeniden Tebriz bölgesine yerleşmişlerdir. Böylece Doğu Anadolu'nun etnik yapısı da bu boşalmayla yeniden değişmiştir.

Oğuz Türklerinin bulunduğu bölgeler nerelerdi?

Kafkasya, Batı İran, Anadolu, Kuzey Suriye, Kuzey Irak ve Kırım'ın sahil bölgeleri Oğuz mıntıkasıdır. Rumeli bölgesindeki Oğuz mıntıkası ise fütuhat ve göçlerle oluşmuştur. 1783'te Kırım'ın ilhakı ve 1853 Kırım Savaşı'ndan sonraki göçlerle buralara Kıpçak kökenli

> *"Beylikler Dönemi, modern Türkiye'yi diliyle, âdetleriyle kuran bir dönemdir ve Osmanlı da söz konusu beyliklerden biridir."*

Türkler ve Çerkezler yerleşmişlerdir. Bu durum Midhat Paşa'nın valiliği zamanında gerçekleşmiştir. Midhat Paşa, Rusya'dan gelen göçleri usta biçimde yerleştirmiş ve yeni gelenlere imkânlar sağlamıştır. Kuşkusuz bu tip siyaset işleri kolaylaştırır. Ancak garip tezahürleri de var: Tanzimat Dönemi'nde Filistin ve Lübnan bölgelerinde asayişin teminiyle oradan Arap göçü yaşandığı için Siyonist göç kolaylaştı. Bugünkü Ürdün ve Suriye'de bu kadar Çerkez'in varlığını da ancak böyle izah edebiliriz. O dönemde Kafkasya boşaldı, Kafkas kabileleri direnişi çok pahalı ödediler. Bu kadar göçmeni de Osmanlı İmparatorluğu almak zorundaydı.

Beylikler Dönemi'nde Trabzon Rûm İmparatorluğu'nun durumu nasıldı?

Trabzon Rûm İmparatorluğu, Helenlerin çok az olduğu bir bölgeye yerleşti. Burası, Gürcü ve Ermeni gibi birtakım unsurların daha fazla olduğu bir bölgeydi. Çünkü söz konusu bölge onların yeri; eski imparatorlukta kim varsa oraya sığındı ve bu iltica yeniden inşa için zemin hazırladı. Komnenoslar da aynı şekilde orada kaldı. Komnenoslar büyük de bir ailedir. Gürcülerle, Ruslarla, Akkoyunlularla da akrabalık tesis ettiler. Meselâ Şah İsmail-i Safevî de bir yerde o soya bağlıdır, Komnenos'dur. Yavuz Sultan Selim de Kantakuzenos'dur. Söz konusu Bizans evlilikleri bizde de vardır; Türk hükümdarları kız alıyorlar ama kız vermiyorlar, en önemli ayırım bu. Zaten Müslümanlıkta da caiz değildir. Ama bunun aksine Altın Orda'da verilenler vardır. Meselâ İlhanlılar, hükümdarın çocuğu olmadı diye az kalsın Paleologlarla akraba olacaklardı. Çünkü Maria, Hülagü'ye gelin gitti, Hülagü vefat edince Ebû Gazân Mahmûd Han'a kalsın dediler. Mahmud Han da isyanda hayatını kaybedince zavallı Maria Bizans'a çocuksuz geri döndü. Haliç'te, Fener Rûm Lisesi'nin yanında bulunup Bizans'tan kalan ve tek kilise işlevini gören Maria Muhliotissa Kilisesi (Kanlı Kilise), Moğolların Maria'sının yaptırdığı bir kilisedir. Bu karma evlilikler bir gelişmedir ve denilebilir ki İran-Osmanlı dünyasının, Hıristiyan dünyanın siyasî formül ve âdetleriyle bir tür bütünleşmesidir.

1261'e geldiğimiz zaman şehir Latinleri o kadar eritmiş ki Laskarislerin generali Paleolog şehre yürüyüp İstanbul'a giriyor ve öyle Haliç'ten falan dolaşarak değil, düpedüz Topkapı surlarından, Altın Kapı'dan şehre giriyor. Demek ki Konstantinopolis'in 57 yıl kadar maruz kaldığı Latin istilası dönemi böylelikle sona ermiş oluyordu.

Komnenoslar nasıl kayboldular?

Komnenoslar sülalesi hâlâ devam ediyor mu bilmiyorum. Trabzon'u Türk İmparatoru Fatih Sultan Mehmed fethetti. Fazla savaşmadan, bir virayla şehri almıştı. Akabinde ahalide süratli bir Müslümanlaşma oldu. Son kalıntılar da I. Cihan Harbi ve Mütareke döneminde göç ve mübadeleyle oradan gitti. Fakat Pontus Rumluğu, Yunanistan'a olan büyük göçlere rağmen, elan Rusya'da devam ediyor. Bu ayrı bir lehçe, ayrı bir kültürdür. Ama şurası da bir gerçektir ki bugünün Pontus Rum'u, Rusça ve Azerbaycan Türkçesini kendi anadilinden daha iyi biliyor. Hatta bazılarının Yunancası neredeyse yok gibidir.

Beylikler arasında Ahiler neredeydi, kendilerinin zanaat ve meslek eğitiminde ciddi bir katkıları var.

Ahiler bütün bu beyliklerin ortasında adeta bir cumhuriyet gibiydi. Ankara ve Kırşehir bölgesinde bulunan Ahi Cumhuriyeti'ni Timur bile yutamamıştı. Ankara Kalesi'nin içinde bulunan Ahiler, organizasyon sahibi adamlardı. Fütüvvet örgütleri vardı ki bu, Orta Çağlar için çok yeni bir durumdu. İra Lapidas gibi Amerikan sosyal tarihçileri tarafından Orta Çağlar'da Mısır ve Suriye'deki fütüvvet örgütlerinin varlığı tartışılıyor. Aslında yanlış ve yetersiz bir tartışma; fakat Türkiye'dekini kimse tartışamaz. İbn Battûta gibi bir adam seyahatnamesinde büyük bir dikkatle bunlar üzerinde duruyor. Ayrıca Ahi Cumhuriyeti'nde sayısız zanaatlar ve örgütlenme biçimleri var. Rusya'dan gelen sergilerde, Kremlin'in koleksiyonunda Çar'ın sırtına attığı kaftanın burada imal edildiğini görüyoruz. Görüldüğü üzere

"Ahiler bütün beyliklerin ortasında, beylik değil, adeta bir cumhuriyet gibiydi."

bir ticarî zihniyet söz konusu... Nitekim 9. asırdan beri bu böyledir. Mordtman'ın seyahatnamesi de Ankara'daki yaşam tarzı hakkında önemli bilgiler verir. Anlayacağınız; Ankara kitaplarda anlatıldığı gibi sadece az nüfuslu küçük bir kasaba değildir. Ahilere ve öncesine uzanan bir tarihi vardır.

Anadolu'da Beylikler Dönemi'nin öncesinde de sonrasında da Müslümanlar ve Hıristiyanların bir arada yaşadıkları konusu sık sık gündeme gelmiştir.

Anadolu'da Hıristiyanlar ve Müslümanlar bir arada var olma anlayışıyla hareket etmişlerdir. Derviş, dervişçe; din adamı, din adamı gibi propaganda yapsa da henüz kimse tam anlamıyla hâkimiyet kurabilmiş değildir. Hıristiyan din adamları, Karaman'daki Oğuz topluluğunu Hıristiyan yapıyorlar. Mübadelede gönderilen yarım milyonu aşkın Hıristiyan'dan iki yüz bin kadarını söz konusu Karamanlıların oluşturduğu söylenir. Yunanistan, Girit, Yanya ve Batı Trakya'dan da beş yüz bin Müslüman Türkiye'ye gelmiştir. Ne var ki nüfus mübadelesiyle gelenlerin yerleşimlerini Türkiye daha kolay halledecekti, Yunanistan için aynı ehliyeti söyleyemeyiz.

Bu konuda Balkanlar nasıldı, farklı kimlikler bir arada mıydı?

Orta Çağlarda Balkanlar dağınıktır fakat bölgede Arnavutlara varıncaya kadar bütün Balkan kimlikleri mevcuttur. Balkanlar büyük bir imparatorluğun sınırına kadar devam eder; bu kuvvetli krallık Macaristan'dır ve apostolik krallık unvanını taşır, hep de taşımıştır. Keza Macaristan; Orta Çağların Orta Avrupa'sını ve Tuna mansabını kontrol eden kuvvetli bir krallıktır ve daha bu devirde kültür olarak Rönesans'ın eşiğindedir. 1521'de Kanunî Sultan Süleyman işte bu Macaristan'dan Belgrad'ı aldı ve beş yıl sonra 1526'da Mohaç'ta hızla Kral Layoş'u yenip bir gün içinde söz konusu krallığı ortadan kaldırdı. Bu durumda savaşlar için nasıl mühim değil diyebilirsiniz. İşte böylesi beklenmedik hızlı bir gelişme Orta Avrupa'nın tarihî çizgisini 18. asra kadar etkiledi.

15

OSMANLI'NIN KURULUŞ ZAMANINDA ORTA ASYA VE ANADOLU

OSMANLI'NIN KURULUŞ ZAMANINDA ORTA ASYA VE ANADOLU

Osmanlılara geçmeden önce Asya'daki gelişmelere bir göz atalım. Orta Asya'da Harezm bölgesinde bir Türk devleti olan Harezmşahlar var, 1230 yılında yıkılıyor. Bu, Osmanlı'nın da doğuşuna çok yakın bir tarih...

Medeniyet bakımından Türk tarihi için çok önemli bir devlet olan Harezmşahlar, Moğollar tarafından Maveraünnehr havzasına itildiler. Kullandıkları dil hemen hemen Anadolu Türkçesidir. Devletin merkezi olan ve bugün Özbekistan sınırları içinde bulunan Hive'ye gittiğiniz zaman nefis bir şehirle karşılaşırsınız. Orada bir anda Özbek Türkçesinden Anadolu Türkçesine geçilir. Bu ilginç durumun bir benzerine Sincan'da, Doğu Türkistan'da da rastlarsınız. Dil, yeme-içme ve çarşı-pazar âdetleri, iyi gelenek-kötü gelenek ve âdetler Anadolu'ya çok benzer...

Harezmşahlar Devleti'nin son hükümdarı Celaleddin Harezmşah'ın Anadolu'ya gelme gibi bir düşüncesi var mıydı?

Celaleddin Harezmşah Orta Asya'daki topraklarını kaybettikten sonra Küçük Asya'da, Anadolu'da hâkimiyet kurmak istedi fakat o noktada Selçuklu Sultanı Alaeddin Keykubad Osmanlıları yanına aldı. O sırada genç olan Ertuğrul Gazi'yle birlikte Harezmşahları yenip yeniden bir otorite tesis etti.

Karadeniz bölgesi Roma, Bizans, Türkler arasında tarih boyunca nasıl şekillenmiştir?

Doğu Karadeniz bölgesi, Kafkasya'da ne kadar etnisite varsa hepsinin yığıldığı bir yer; Gürcüler, Ermeniler, Helenler, Helen olmadıkları hâlde Helence konuşanlar... Karadeniz bölgesi işte böyle karışık bir yerdir. 1204 faciasından sonra Komnen hanedanı buraya sığınıyor. Karadeniz bölgesindeki karışık ırk ve klanlar 1461'deki Osmanlı fethinden sonra süratle ihtida etmişlerdir. Burada; Bosna ve Arnavutluk'taki gibi koyu bir Müslümanlaşma söz konusudur. Ünye isminin "Hunya"dan geldiği söyleniyor. Bundan emin değilim; bu tip durumlarda başlangıç noktası *İslam Ansiklopedisi* ve oradaki bibliyografya olmalı. Çapraz okuma yapmadan meselelerin öğrenilmesi çok zor...

İlk kaynaklarda Osmanlılar nasıl anlatılıyor?

Osmanlı tarihinin ilk kaynakları maalesef 15. asırda verilmiştir. Devlet kurulmuş, 14. asır boyunca hiç de yabana atılmayacak bir ilerleme yaşanmış, ortaya bir Balkan imparatorluğu çıkmış, 1402'de Ankara Savaşı'nın ardından önce bir dağılma ve akabinde şahane bir toparlanma gerçekleşmiştir. Fakat ilk vakayinamelerimiz II. Murad, II. Mehmed (Fatih) ve sonrasına aittir. Maalesef kuruluş meşakkatini ve ideolojisini gerçek zamanlı olarak veren tarih kaynaklarımız mevcut değil. *Tevârih-i Âl-i Osman* gibi yazarı belli olmayan (anonim) kaynaklarımız da büyük ölçüde vakayinamelerle paralellik gösteriyor. Onlarda da bir tarih izdüşümüne ya kısmen rastlanıyor ya hiç rastlanmıyor. Bu, Osmanlı tarih yazıcılığını uğraştıran çetin bir meseledir.

Osmanlı belgelerinin ilk dönemi hakkında çok tartışmalar var.

Bugün ilk Osmanlı vakayinamelerine sansasyonel değerlendirmelerle yaklaşanlar var; "Hepsi uydurma ve efsanedir, çünkü 15. asırda, imparatorluk çağında yazılmış tarihlerdir" diyorlar. Kimi de vakayinamelerin birbirini tutmadığını iddia ediyor. O zaman burada ciddi bir araştırma söz konusu olmalı. Maalesef toponimi araştırmaları Halil İnalcık'tan sonra ciddiyetle devam etmedi. Kaldı ki arkeolojik ve muasır tarihçilik metotlarına da başvurmamız gerekiyor. Osmanlı arkeolojisi konusuna Macarlar başladılar; Pal Fodor, Geza David gibi Osmanlı tarihçileri Macaristan'daki Osmanlı hâkimiyetini tespit etmek için çeşitli arkeolojik çalışmalar yaptılar. Türkiye'de de Halil İnalcık'la başlayan çalışmaları Heath Lowry, Feridun Emecen devam ettiriyor. Bunları çok geniş ölçüde ele alıp değerlendirmemiz gerektiği ortada... İnalcık'ın yaptığı toponimi tetkiklerinin metinlerle ne kadar bağdaşıp bağdaşmadığını ileride göreceğiz. Her hâlükârda şimdikinden daha sarih ve tashih edilmiş bir bilgi bütünü olduğu açık... 21. yüzyıl Osmanistleri, Halil İnalcık'ı her zamankinden daha çok okumak ve izlemek durumundadır.

Peki o hâlde ne yapmak gerekiyor?

Osmanlı tarihlerinin 15. asırda yazılmaya başlanması, bizim tarihimizi bulamayacağımız anlamına gelmez. Bizans kroniklerinden de kıymetli Venedik, Cenova ve Papalık arşivleri var. Venedik'in bailosu, Cenova'nın podestası, Katolik misyonerler rapor yazmak zorundalar (*relazione*)... Söz konusu raporlar arşivlerde duruyor. Genç nesil Türk tarihçileri buralara girmedikçe Osmanlı'nın kuruluşu ve bilhassa Beylikler Dönemi'nin tarihi temelli biçimde yazılamaz.

En zengin ve düzenli arşiv de Vatikan'dakidir. Vatikan arşivleri fragmanlar hâlinde değildir, sistematik ve düzenlidir. Buradaki bilgiler, kronolojik olarak takip edebileceğiniz bir dünya çizmektedir, bu dünya içinde Akdeniz devletleri önemli yer tutar.

Türkologlarımızın Akdeniz'i incelemesi mi gerekiyor?

Elbette, dünyadaki Türkologların belli bir kısmı; Volga boyunu, Kuzey Kafkasları, Orta Asya'nın kuzeyindeki Türk kabilelerini incelemeye meraklıdır. Akdeniz imparatorluğu olduğu için Osmanlılar onların pek ilgisini çekmez. Kırım Hanlığı için de aynı durum söz konusudur. Hanlık, Karadeniz kıyısında ama müesseseleri itibariyle Akdeniz dünyası içinde... Türkologlar Akdeniz dünyasını ilgi çekici bulmuyor, çünkü tarihçilikte, incelediğin konunun tadına varman lazım. Bizimkilerin de bileni bilmeyeni Asya ve Volga'ya takılıyor; bu iyi ama Akdeniz ülkesi ve imparatorluğumuzun varisi olduğumuzu idrak etmeliyiz. Bu mirasın sorunlu ve olumlu/olumsuz yönleri vardır elbette.

Kayı boyu Horasan'dan mı gelmiştir?

Türklerin hepsinin Horasan üzerinden geldiği söyleniyor. Gerçek şu; etnik bakımdan toponimi araştırmaları kadar tespit yapamayız ama Türkiye'de yaşayan Türklerin bir kısmı da Kıpçak Türkleridir. Bunların Horasan'dan gelmedikleri açık... Bayburt ve Gümüşhane bölgesi Kıpçak asıllıdır, Yusufeli'nde de Kıpçaklar vardır. Demek ki sadece Oğuz kabileleri değil, başka unsurlar da var; bunlar arasında eriyenler, erimeyenler bulunuyor. Ancak kesin tespit için çok uğraşmak gerekiyor. Faruk Sümer'in *Oğuzlar* kitabı, söz konusu aşiretlerin yerleştikleri coğrafyayı tespit eden bir eserdir ve ilk basıldığı dönemde Azerbaycan'da bir milyon kadar satmasına rağmen Türkiye'de aynı süre içinde mütevazı miktardaki birinci baskısı tüketilememiştir.

Söylediklerinizden, toponiminin üzerinde durulması gereken bir konu olduğunu çıkarıyoruz...

Evet, zaman geçtikçe izler kayboluyor; geç kalmamak bu bakımdan oldukça önemli... Meselâ bir yerleşmeden yol geçiyor, izler beton altında kalıp kayboluyor. Üsküdar 1300'lerin ikinci yarısında, hiç değilse Ankara Savaşı'ndan evvel ve II. Murad devrinde artık Türklerin oturduğu bir yerdi. O zaman Üsküdar'da yaşayan insanlar da sıkı bir tedbir ve kontrolün olmadığı zamanlarda kayıklarla Bizans tarafına geçebiliyorlardı. Yani Türkler İstanbul'un bizatihi içinde oturuyordu. Pera'da da Venedikliler ve Cenevizliler vardı. 15. asır sonrasından itibaren Arap Camii'nin -ki eski Fransisken kilisesidir- adının Arap Camii olmasının sebebi de İspanya'dan atılan Müslümanların, caminin olduğu bölgede yerleştirilmeleridir. Voyvoda Caddesi'nde Cenova yetkilisi podestanın oturduğu yer vardır. O bölgede İtalyanlar bulunuyor. Hatta Bahçekapı'daki Aslanlı Ev diye kaydedilen de Venedik Sefareti'dir. Aynı yerde, Cibali Tütün Fabrikası'nın bulunduğu bölgede

"Üsküdar 1300'lerin ikinci yarısında, hiç değilse Ankara Savaşı'ndan evvel ve II. Murad devrinde artık Türklerin oturduğu bir yerdi."

son Bizans döneminde Türkler de oturuyor; bunların camileri, davalarını gören kadıları var. Seyyah İbn Battûta İstanbul'dayken aşka gelip ezan okuyor. Bunu duyan kılıçlı, zırhlı biri de gelip oranın kadısı olduğunu söylüyor. Kadı zannetmiş ki biri saldırıya uğradı da ezan sesiyle Müslümanları yardıma çağırıyor.

Orta Asya ve Anadolu özellikle 1200'lü yıllarda çok karışık… Böyle bir atmosferde Osmanlı Beyliği nasıl oldu da ayakta kaldı?

Osman Gazi; Yarhisar ve Bilecik'i alıp bugünkü Eskişehir'in içine girdi. İznik ve Bursa'yı alamadı, onlar Sultan Orhan zamanında alınacaktır. Bursa da Osman Gazi tarafından uzun süreyle kuşatma altında tutulmuştur fakat o dönemde fetih mümkün olmamıştır. Keza Bursa gerçek bir şehir ve hedeftir. O kadar hedeftir ki Osman Gazi 1326'da vefat ettiğinde önce Söğüt'e gömüldü, sonra vasiyeti gereği naaşı Bursa'ya nakledildi.

"Gerçek bir şehir" ne demek?

Gerçek bir şehir; etrafındaki tarımsal bölgeyi kontrol etmeli, ürünün toplanmasını ve sevkiyatını sağlamalı. Ayrıca şehrin kendi üretimi olmalı. Bursa'nın eski adı Prussa'dır. Keşiş Dağı'nın (Uludağ, eskiden Olympos) eteklerinde, dış dünyayla ilişkisi olan bir şehirdir burası. 15. ve 16. asır defterlerine bakıldığında Bursa'da bir sürü tüccar olduğunu görürsünüz; Ukraynalı, Moskof, Polonyalı, İtalyan... Bunların hepsi şehre 16. asırda gelmedi. Belli ki Bizans'ın son zamanlarında ve Orhan Gazi döneminde de varlarmış. Nitekim Bursa beynelmilel ticarete açık bir şehirdir; çiftlikler, çok bereketli topraklar var. Yeni nesil Bursa'yı bilmez. Ben gördüğüm zaman o ova yeşil kadife gibiydi, orada çeşit çeşit meyve ve sebze yetişirdi. Bursa 1960'larda enteresan bir yerdi, romantik bir güzellikti. Şehirde sis olsa bile o, saf sisti; bugünkü sis sadece hava kirliliğindendir. Yeni anlayışla daha çok para kazanmak için Bursa'ya sanayi kuruldu; bunun için doğayı tahrip gerekli miydi? İşte uzun vadeli plan yapmamanın neticesi…

Osman Gazi o zaman Bursa'nın fethedilişini görememişti.

Vakayinameler, Osman Gazi'nin vefat etmeden önce Bursa'nın fetih haberini aldığını nakleder. Bu, fetihte Osman Gazi'nin bulunmadığını gösteriyor. Ayrıca kendisinin naaşı, vasiyetine binaen, atalar yurdu Söğüt'ten Bursa'ya nakledilmiştir. Keza Orhan Gazi de babası gibi bu şehre defnedilecektir. Bu iki kabir üzerine türbe inşa edilmesi ise II. Abdülhamid döneminde gerçekleşir.

Sultan II. Abdülhamid, Osmanlı İmparatorluğu'nun tarihî mirasının anıtlaşmasına önem veren bir hükümdardı. Öyle ki Topkapı Sarayı Müzesi'nin bahçesinde Anapa'dan getirilen eski bir fetih kitabesi vardır. Sohum Kalesi'ne III. Ahmed döneminde dikilmiş abidedeki kitabe, kalenin Osmanlı'nın elinden çıkacağının anlaşılması üzerine sökülerek Topkapı'ya getirilmiş ve bir sütun üzerine monte edilmiştir. Aslında Sultan II. Abdülhamid imparatorluğun küçülmeye başladığı bir dönemde maziyi öne çıkaran bir hükümdar olmuştur. Zaten o dönemde tüm dünyada da böyle bir eğilim vardır.

O zaman Osmanlı'nın Avrupa'da bir güç olarak kabullenilmesinde Bursa önemli bir yer tutuyor diyebiliriz.

Osmanlı'nın Avrupa'da bir güç olarak kabullenilmesinde Bursa'nın fethinden çok İznik'in fethi pay sahibidir. İznik çok bereketli bir ovanın üzerinde... Resim gibi, romantik bir yerdir. Sanayinin buraya kurulmaması gerekiyor, çünkü çok verimli bir ziraî mıntıkadan bahsediyoruz. Şehrin tarihî açısından da önemi büyük... Haçlılar İstanbul'u ele geçirdiğinde Bizans tekrar orada neşvünemâ buldu. İznik ayrıca II. Konstantin'den itibaren Hıristiyanlığın ruhanî ve idarî merkezi konumunda; ilk büyük konsil de orada toplanıyor. Nüfus olarak da Bursa'dan kalabalıktır ve ticaret yolları üzerindedir. Bu göreli olarak dün de böyleydi, bugün de hep böyledir. Dolayısıyla Orhan Gazi'nin İznik'i alması fevkalâde önemlidir. Nitekim söz konusu fethe Bizans'ın reaksiyonu sert olacaktı.

Öyle ki Paleolog III. Andronikos derhâl hazırlanıp şehri geri almak için İznik sahrasına hücum etti. Artık Osmanlı'yı durdurmak istiyordu ama bunun için çok geç kalmıştı. Orhan Gazi bugünkü Geyve yakınlarındaki Pelekanon mevkiinde Bizans ordusunu karşıladı. III. Andronikos da zırhıyla ordusunun başındaydı. Son imparator XI. Konstantin de İstanbul'u savunurken elinde kılıcıyla vefat etti.

"Sultan II. Abdülhamid imparatorluğun küçülmeye başladığı bir dönemde maziyi öne çıkaran bir hükümdar olmuştur."

Geniş bir sülale olan Paleologlar da Makedonya Hanedanı gibi muhariptir. Bizde Rûm Mehmed Paşa ve Şehid Murad paşaların da bu soydan olduğu görülüyor. Savaşçı olmak bakımından bu sülalede bir gelenek vardır. Bizans imparatorlarının hepsi böyle değildir. Justinianus asker olarak yetişmiştir ama katıldığı büyük bir muharebe yoktur. Bizans onun zamanında büyük fetihler yaptı; İtalya, İspanya ve Kuzey Afrika'ya el attı. Bu hareketlerin hepsinde komutanlardan Narses ve Belisarius'un imzası vardı. Hatta şehrin içindeki meşhur Nika İsyanı'nı da onlar bastırdı. Justinianus iyi bir idareci olduğundan, maharetli insanları görev başına getirmişti.

Osmanlı'nın kuruluşundan büyümesine hükümdarlar hep ordunun başında mıydı?

Buna karşılık, Türk hükümdarları hep ordunun başında olmuştur. Bu âdet II. Selim'e kadar devam etmiştir. Nitekim Topkapı Sarayı'nın ilk dört sahibi yataklarında vefat etmedi. Orada hayata veda eden ilk padişah II. Selim'dir. Tabii sonraki dönemlerde de sefere çıkan padişahlar var. II. Osman, Podolya Seferi'ni yaptı. 17. asrın büyük mareşallerinden IV. Murad, Bağdat ve Anadolu seferlerini düzenledi. Kendisinin söz konusu fütuhatı, çocuk olarak geçirdiği padişahlık döneminden sonradır. IV. Murad'ın yeğeni IV. Mehmed'in Rusya sahasına çıkışı vardır. Osmanlı'da sefere çıkan son padişah II. Mustafa'dır. Viyana Muhasarası'nı takip eden ve bazısı galibiyet bazısı mağlubiyetle biten savaşların en hazininde, Zenta Savaşı'nda da padişah ordunun başındaydı. Zenta'da Osmanlılar tarih sahnesine yeni çıkmış Prens Eugene'e yenildi. Prens Eugene;

sıska, kısa boylu, kahvehane centilmeni gibi bir adam ama Avusturya'nın komutanlığını yapan bu Fransız genci mareşalliği almıştır. Eugene, II. Viyana Kuşatması'ndan beri Türk savaş stratejisini izleyip taktiğini buna göre belirlemiştir.

Erken dönem Osmanlı ordusunda ateşli silahlar hakkında bilgi verebilir misiniz?

Kırım ve Erdel'den gelen yardımcı kuvvetler ateşli silah kullanmaz, top da kullanmaz. Kırım Hanlığı müstakil bir askerî güç değil; kullanacakları silahlar sınırlı, orada top bulundurulamaz. Top, Kırım'ın sahil sancaklarında, yani doğrudan Osmanlı hâkimiyeti altındaki yerlerde bulunur.

Fatih Sultan Mehmed İstanbul'u kuşatırken ateşli silahlar ordusunun mareşalidir. Yavuz Sultan Selim de öyledir; zaten o sayede Memlûkleri ve Safevîleri kolayca yenmiştir. Yoksa kılıç kuvvetinde onlar da bizden aşağı kalmazlardı; sonuçta aynı ırkın askerlerinden bahsediyoruz. Osmanlı orduları ateşli silahlar konusundaki üstünlüğünü 17. asrın sonunda kaybetti. Bu, Girit'te hafif şekilde hissedildi fakat II. Viyana Kuşatması'nda açıkça ortaya çıktı. Bundan sonraki ordu hayatımız zaten askerî reformlarla geçecekti.

Görüldüğü üzere, Osmanlı ordusu hafif zırha ve hafif silahlara dayanıyor ama aynı zamanda silah teknolojisi de takip ediliyor. Keza Osmanlılar ateşli silahlara geçiş yapmıştır. Biraz önce vurguladığım gibi; Memlûkleri, Safevîleri yenebildiysek bunda sadece bilek kuvveti etkili olmadı. Onlar da aynı askerî geleneğe sahip ırkın insanlarıydı ama Osmanlılar ateşli silahları da kullanıyorlardı. Şah İsmail ve Uzun Hasan'ın ateşli silahları idare etmek gibi bir meziyeti yoktu ama Yavuz Sultan Selim de Fatih Sultan Mehmed de birer ateşli silahlar ordusu komutanıydı. O yüzden meselâ bir film çekerken Fatih'i, Moğol başbuğunun zırhı içinde temsil edemezsiniz. Top sevk eden bir adam başka türlü giyinir. O kıyafet de bellidir. Doha'da bir İslam eserleri müzesi var; orada bizim 15.

"Topkapı Sarayı'nın ilk dört sahibi yataklarında vefat etmedi. Orada hayata veda eden ilk padişah II. Selim'dir."

asır süvarimizin temsili yapılmış. Hiç değilse o temsil görülmeli... 15. asır başlarında Osmanlı ordusu Macar tabur sistemini uyarladı ki, bu ateşli silahlardan oluşan iptidaî bir tank sistemi gibidir.

En güçlü beylik Karamanoğulları mıydı?

Karamanoğulları büyük bir beylikti. Bugünkü Konya, Niğde, Nevşehir, Mersin'in dağlık kısmı, Isparta ve Burdur'u içine alan bir bölge... Daha çok Avşarlardan oluşan ama diğer Türkmenlerin de yer aldığı bir beylikten bahsediyoruz. Göçebeliğin getirdiği mobilizasyon kabiliyetine ve savaşçılık meziyetine sahipler ancak ateşli silahları yok. Bu yüzden Karamanlılar, Murad Hüdavendigâr'dan itibaren Osmanlı'yla mücadele pek edemedi, ettikleri an da yenildiler ama sürekli tekrar dirilmesini bildiler. Osmanlılar da bu bölgede ahaliyi yerinde tutmamıştır. Rumeli'deki fetihlerden sonra yeni topraklara buradakiler koloni olarak sürülmüştür.

Birtakım insanlar, Osmanlı'nın Rumeli'yi Türkleştirememesinden bahsediyorlar. O zaman zaten böyle bir mefhum söz konusu değil ama başka bir amaç var; ele aldığın topraktaki yabancı unsura güvenmiyorsan orayı kolonize edersin. Bu, eski devletlerin bir özelliğidir, kozmopolit bir imparatorluk olan Roma da böyle yapmıştır. Belli yerlere, İtalya Yarımadası'nın insanları yahut *veteranus* denilen eski askerleri yerleştirmişler. Meselâ Efes (*Ionia*) bölgesinde Latince konuşan bir grup vardı, sonradan yerli ahali arasında eridiler fakat oraya kolonizasyon amacıyla yerleştirilmişlerdi. Yunanlar da bunu yaptı ve muvaffak oldular. Tâ Perikles devrinden beri Doğu Akdeniz'de, Anadolu kıyılarında ve hatta Güney İtalya ile Marsilya'da koloniler kuruldu. Marsilya, Foça'nın kardeş şehridir; çünkü kolonlar oradan gidiyor. Yunanların buralara gönderdiği insanlar kalmış, Yunanca da *lingua franca* olarak oturmuş. Yunanlığın böyle bir direnci var, Latinler bu derece başarılı olamamışlar. Türkler de koloni gönderiyor, başkalarına Türkçeyi veremeseler de kendileri Türkçe konuşuyor. Kolonide Türkler kalabalıksa başkaları orada Türkçeyi *lingua franca* olarak kullanıyor. Yine aynı şekilde Balkanlarda da kolonizasyon faaliyetlerinde bulunuldu ama ilk devirde Balkanlar, Selçukluların Anadolu'yu Türkleştirmesi gibi Türkleştirilemedi.

Çünkü bölgeye o kadar yoğun bir nüfus getirilmedi. Gerçi bu, gerekli görülmemiş de olabilir veya Anadolu halkının göç isteği olmadığı da anlaşılabilir. Meselâ Karaman'dan sürgün olayı Fatih Sultan Mehmed asrında halk tarafından pek sevilmemesinin nedeniydi. Mahmud Paşa'nın "veli" diye anılması galiba Rumeli'ye mecburi sürgünü durdurma çabası ve kısmen muvaffak olmasıydı.

Türklerde veliahtlar, vezirler, devlet adamları farklı yörelerde komutanlık yapıyorlar mıydı?

15. asır sonunda ve hatta 16. asırda, hükümdarın yanındaki ulu şehzade, diğer veliahtlar ve vezirler asker olarak işin içindelerdi. Fatih'ten sonra ise devlet teşkilatlanıyor. Veliahtlar sancaklara gidiyorlar. Sancaktaki şehzade, yerine göre savaşa çağrılır veya çağrılmaz. Bu iş artık 17. asırda bitiyor. Bu yüzyıldan sonra padişah ve şehzadeler savaşa gitmemeye başlamıştır. Bunu bir zaaf olarak görenler var fakat aslında bu, merkezî devletin oturmasıdır. Cengâverlikte bile bir sınırlama başlıyor. Ancak her hâlükârda ilk dönem şehzadelerinin çok iyi yetiştiğini kabul etmemiz lazım. Bunlar sırf kılıç-kalkan, strateji değil, farklı şeyler de öğreniyorlar. Fatih Yunancayı Yunan Adaları'nda, İtalyancayı Venedik'te, Farsçayı İran'da öğrenmedi. Hepsini Akşemsettin gibi hocaların önünde oturup hıfzederek öğrendi. Demek ki kendisine Yunanca öğreten Helen hocalar da vardı. Keza kendisinin müthiş bir hafızası var. Şehzadeler mektepte diğer şehzadelerle birlikte özel olarak eğitilmiyorlardı. Birçok şeyi, Enderun gulamlarıyla beraber öğreniyorlar. Maiyetindeki çocuklarla derse girersen tembel görünmemeye, mahçup olmamaya dikkat edersin. İşte sarayda bu şekilde çok kuvvetli bir disiplin vardı. Maalesef bu konuda teferruatlı bilgiye sahip değiliz ama üst üste bu kadar komutan, idareci yetişmesi de tesadüf olamaz. Geleneksel eğitim, topluca ve rekabetle sağlanan bir olgudur. Kadınlar da böyle yetişmez mi; mutfak işleri, dikiş nakış; hep rekabet sayesinde öğrenilir.

Anadolu'da o dönem Osmanlı'nın izlediği yol nasıldı?

Anadolu'nun idarî yapısını ve coğrafyasını öğrenebilmek için yapılacak tek şey var; Roma dönemindeki idarî yapılanmayı öğrenmek.

"Anadolu'nun idari yapısını ve coğrafyasını öğrenebilmek için yapılacak tek şey var; Roma dönemindeki idari yapılanmayı öğrenmek."

Bir Osmanlı tarihçisi, Anadolu'nun eyaletlerini, sancaklarını saymak zorundadır. Bunun yanında Roma İmparatorluğu'nun idarî coğrafyasını da bilmelidir. Çünkü coğrafyada, idarenin kuralları "Aklın yolu birdir" hesabınca aynıdır ve sapmaları affetmez. Bataklıktan tekerlekle geçemezsin; senden evvelki tatbikatı bilmek zorundasın, onu bilmeden de herhangi bir değişiklik yapamazsın. Başka türlüsü imkânsızdır, çünkü vergini ona göre toplayacaksın, ürünleri ona göre değerlendireceksin.

Anadolu'da Roma'dan beri kullanılan yollar, Sanayi Devrimi'nden ve demiryolu ulaşımının yaygınlaşmasından sonra değişti. Geçmişte bugünkü gibi bir İzmir vilayeti var olamazdı. Daha gevşek bir kontrolün olduğu, hassaten vergilerin toplandığı ve alt birimlere otonominin verildiği bölgede Aydın vilayeti; Denizli, Muğla ve İzmir'i kapsıyordu. Burası Menteşe yöresidir. Aynı şeyi bugün yapabilir misin? Yaparsın ama ortaya mükemmel, koca bir bürokratik aparat çıkar. Bu da seçmenleri rahatsız eder. Bu yüzden hiçbir hükümet buna cesaret gösteremez. Unutmayalım kanunlarda da böyle olur. Meselâ Akkoyunlu hükümdarı Uzun Hasan'dan kalma arazi ve ceza kanunnameleri Osmanlı tarafından "Hasan padişah zamanında" diye alınan kanunlardır. Ömer Lütfi Barkan külliyatında ve İsrailli tarihçi Uriel Heyd tahlillerinde; Dulkadiroğulları Beyliği'nde İlhanlı hükümdarı Ebu Said'den geçme ceza kanunlarının olduğu üzerinde durur. Bu gibi kanunnamelerin tarihi İlhanlı devrine kadar uzar. Aslında Osmanlı Beyliği'nin idarî, bürokratik kadroları, adlî teşkilat kısımları kaçınılmaz ölçüde eski beylikler ve Selçuklu döneminden kalmadır.

Osmanlı'da Türk kime deniyordu, devşirme sisteminden kısaca bahseder misiniz?

Osmanlı İmparatorluğu'nun temel unsuru Türklerdir, dili Türkçedir, ordusu Türkçeyi kullanmayı ve bu karakteri benimsemeyi sürdürmüştür. Devşirme dediğimiz sistemle ordunun sadece çekirdek kısmına asker temin edilmiştir. Bürokrasi için de aynı durum geçerlidir. Türk tarihçiler, insanların devşirme usulüyle Türkleştirilmesindeki sürat ve yoğunluğu incelemiş değildir. Bunu daha çok yabancı tarihçiler ve Balkanlılar incelemiştir. Sırp tarihçi Radovan Samarcic'in ifade ettiği gibi; uzak dağlardan, ücra köylerden toplanan bu Hıristiyan çocuklar, çocukluklarında kendilerine öğretilmiş bazı dua, deyim ve atasözlerinin kalıntılarını hep taşımışlardır. Çocukluklarından getirdikleri bu izler, sonradan öğrendikleri dil içinde farklı bir renk olarak bulunmuştur. Türk evlerine verilerek kendilerine din ve dil öğretilmiş, acemioğlan olarak yetiştirilmişlerdir. Yönetici olup üst sınıfı teşkil etmek üzere alınanlar ise, Enderun Mektebi'nde, imparatorluğun kültürüne ve ideolojisine göre yetiştirilmişlerdir.

Osmanlı'nın Batı'daki ilerleyişini nasıl inceleyebiliriz?

Osmanlı İmparatorluğu'nun Batı'daki ilerlemesi şöyle olmuştur: Birinci safhada bugünkü ana vatanımız kurulmuştur. Bu aşamada hem Türklerin etnik bakımdan yerleşmesi hem de nüfusun dinî müessese ve tasavvufî hareketlerle İslamlaştırılması ve Türkleştirilmesi söz konusudur. Asıl önemlisi, memleketin altyapısı, İran kıtası ile bağlantıyı sağlayacak şekilde hazırlanmıştır. İşte muhteşem kervansaraylar ve ticaret yolu! İşte eski Roma sistemini kullanan ama yenisini de geliştiren bir su sevk ve dağıtım sistemi! Doğrudur, kentler bir restorasyona dayanmaktadır. Meselâ Karaman'daki Ermenek, Bursa'daki Yenişehir gibi bir iki belirgin merkez dışında tamamen yeni kurulmuş bir yapı yoktur, dahası buna gerek de yoktur. Çünkü coğrafya, yeni gelenin eskilerden öğrenmesi gereken bir bilgidir. Şehrin, coğrafyanın neresinde ve nasıl kurulacağını eskiler çok daha iyi bilirler. Mühim olan; bin, iki bin, üç bin yıldır var olan yerleşim merkezlerine intibak etmeyi bilmektir. Yine şehirlerin suyu, iaşesi, yollarının emniyeti, yol güzergâhlarının tespiti bakımından da eski kuruluşlara, eski altyapıya itaat etmeyi bilmek, onu kollamak, sadece zarafet açısından değil; teknik olarak da ehemmiyet arz eder. Bu durum, Anadolu'daki şehirleşme ve yerleşmede en mühim unsur olmuştur.

16

OSMANLI'NIN DOĞUŞU

OSMANLI'NIN DOĞUŞU

Gelelim çok tartışılan bir mevzuya. Osmanlı'nın kuruluş yılı tam olarak kaçtır?

O devirde devletler noter akdiyle kurulmuyor. Şehir devletlerinde otonominin kuruluşu, Kayzer'den gelen beratın tarihine göre belirlenir. Osmanlı'ya da benzer şekilde Selçuklu sultanından tabl, tuğ ve beratın geliş tarihi esas alınarak 1299 tarihini kuruluş yılı olarak veriyoruz ama Halil İnalcık sadece bunlarla devlet olunamayacağını savunuyor. İnalcık, burada Osmanlı'nın kuruluşu için 1302 Koyunhisar (Bafeus) Muharebesi'ne dikkat çekiyor. Bu devletçik mütemadiyen Bizans arazisinde ilerliyor, her seferinde yeni bir tekfurla savaşıyor. O da haklı... 1304'te sınırları genişlemiş ve beylik ismine layık olmuş bir yapı oluşuyor. O çevre açısından müthiş bir zafer kazanılıp Bizans ordusu tarumar ediliyor. Bizans kronikleri bile bunu bir facia olarak anlatır. Bu savaştan sonra herkes hayranlıkla Osmanlı Beyliği'ne koşuyor. Karesi Beyliği'ni yutsanız o kadar hayranlık uyandıramazsınız. Bafeus Muharebesi'nden sonra nüfus da otorite de artıyor; toprak sağlamlaşıyor. Müderrisler, Selçuklu ümerâsı, tüccarlar Osmanlı Beyliği'ne geliyorlar. Hatta iş o noktaya geliyor ki tekfurlardan birinin kızı, diğer tekfurun oğluna gelin giderken yolda kızı kaçırıp Orhan'a getiriyorlar. Bu, önemli bir detay; sırf kızı güzel görüp alma meselesi değil, bir nevi otorite sağlanıyor. Söz konusu kaçırılan kız Nilüfer Hatun'dur (Holophira). Bunun gazi geleneği ve söylemi içinde gerçek bir olay anlatımı olmaktan çok bir "siyasal formül" olması ihtimali vardır. Gerçi Orhan Gazi sonradan Kantakuzenos'un kızı Theodora'yı da aldı. Theodora bizim için önemli fakat ilk kroniklerde ilginç şekilde ondan bahsedilmiyor. Sultan Murad Hüdavendigâr'ın annesi Nilüfer Hatun'dur.

Kuruluş dönemini Sultan Murad'a atfedenler de var.

Sultan Murad bir imparatordur. Bazı kalıntıları ve yerleşimi dikkate alırsanız Osmanlı'nın kuruluş devrini Fatih Sultan Mehmed'e kadar getirmek yanlıştır. Gelibolu'ya kadar çıkılmış, 1361'de Edirne alınmış. Bunlar, kuruluştan ayrı bir devir, belli ki artık başka bir teşkilatlanma söz konusu oluyor. Açıkçası bizde dönemlendirmeleri kesin hatlarıyla çizmek zordur.

Peki Osmanlı'nın kurulduğu bölgedeki ticarî hareketlilik nasıldı?

Belirli bir alışveriş var. Dağdaki Türkmen yağını, peynirini satıyor. Rûm köylüleri kereste satıyor, Venedikli tüccar cam satıyor. Osmanlı'nın kurulduğu bölgede böyle bir hareketlilik söz konusu...[24] Gümrük sistemi de var, vergi alınıyor; Bizans bu sistemi kurmuş bir imparatorluktur. Bunlar kaybolmuş değil, hayat devam ediyor. Alışverişin yanında nüfus açısından iki taraflı geçişler var. Birtakım insanlar mesleğini Bizans'ta devam ettiriyor, Bizans'tan bu tarafa geçenler de var. İhtida edenlerin sayısı belli değil, herhâlde tanassur edenler de olmuştur. Bunların tespiti için dil, coğrafya ve vesika araştırmaları lazım.

Yani Osmanlı, canlı bir ticaret merkezinde ve aynı zamanda Bizans-Tebriz yolu üzerinde...

Osmanlı Beyliği'ne Bizans-Tebriz yolu pek etki etmez, çünkü artık İstanbul Limanı işliyor. Osmanlı'nın henüz İpek Yolu üzerinde de bir hâkimiyeti yok ama iç ticarette bir bağlantı var.

---

24 Nitekim bir ara başkent diyebileceğimiz Bursa, Yenişehir'de ilk devirlerden kalma Azerbaycan-İran tarzındaki tüccar konakçığı böyle bir gelişimi yansıtır.

Osman Gazi'nin oğulları da yöneticilik yapıyorlar değil mi?

Süleyman Gazi, Orhan Gazi'nin kardeşi olduğu hâlde ona vezirlik yapıyor. Gelibolu'ya, Süleyman Gazi ile geçtik (Halil İnalcık, Gelibolu'ya sallarla geçildiği efsanesini de çürütmüştür). Gelibolu'daki kalelerin Venedik'e karşı savunulması için İmparator Kantakuzenos bizden *mersener*, paralı asker istedi ve bu konuda yardım ettik. Sonra kaleleri işgal edip birine yerleştik ve o tarihten sonra da yarımadadan çıkmadık. Bu bir nevi Avrupa'ya geçiş anlamına gelir. Keza bu konuda Gelibolu çok stratejik bir yarımada... Oradan hareketle birkaç sene içinde Edirne fethedildi. Selanik'in fethi daha sonradır; orayı kaybettik ama 1421'de, II. Murad zamanında tekrar aldık. Selanik'i aldığın zaman bugünkü Makedonya'nın kapıları eline geçer. Nitekim orası; Trakya, Kuzey Ege ve Makedonya arasındaki en stratejik şehirdir. Buranın alınması, imparatorluğun Balkanlar üzerinde kurulacağı anlamına gelir.

> *"Açıkçası bizde dönemlendirmeleri kesin hatlarıyla çizmek zordur."*

Osmanlı'nın kuruluş döneminde Moğollarla beylikler arasındaki hiyerarşi nasıldı? Osmanlı'nın ilk kuruluşunda stratejisi nasıldı, daha doğrusu kime yönelikti?

Moğollarda Avrupa'dakine benzer bir hiyerarşi vardır. Şarkta var olmayan tipteki feodal hiyerarşi bu dönemde Anadolu'da görülüyor. Tebriz'de İlhanlı Moğolları yerleşmiş durumda; onların efendisi Büyük Moğollar. Kösedağ Savaşı'nda Rûm Selçukluları yenilince onlar da İlhanlılara bağlanıyorlar. Hiyerarşinin en sonunda Türkmen beylikleri var ki bunlar da Selçuklulara bağlı devletçikler, uç beylikleridir. Osmanlı'nın uç beyliği çok enteresan, burnunun dibinde Bizans var; İznik, İzmit ve Kalkedon havalisi... Bunlar şarka doğru, Bilecik ve Eskişehir tarafına uzanıyorlar. Güney tarafında ise Kütahya'ya ilerliyorlar. Fakat Kütahya'ya tam geçemeyecekler, çünkü orada Germiyan Beyliği var. Batıya yönelik Karesi Beyliği ile de mücadele edebilirlerdi ama orayla hiç uğraşmadılar, keza Osmanlıların bütün derdi Bizans'tı. Bu, tarihî misyonu gerçekleştirmek bakımından hem büyük bir zorluk hem büyük bir şanstır. Bunun bir de iktisadî tarafı var. Bir Marmara İktisadi Ünitesi'nden bahsedebiliriz. Daha önce de belirttiğim gibi bu terim, Halil İnalcık'la merhum Mustafa Akdağ arasında bir ilmî münakaşa konusu olmuştur. Konuyu biraz daha açayım... Akdağ bu bölgeye "Marmara İktisadi Ünitesi" diyerek iktisadî yapıyı fazla mükemmel olarak betimledi. O kadar da değil ama gerçek şu ki bölgede küçük bir beylik için olağanüstü bir iktisadî hayat vardı. Çarşı-pazarda her şey değişiyor ve bu yapı gayet kolay şekilde beynelmilel ilişkilere açılıyordu. Yalnız henüz Osmanlı sikkesi diye bir şey yoktu; sikke, süzeren devlet adınadır. Hutbede ise önce İlhanlı hükümdarı, sonra Selçuklu hükümdarının adı okunuyordu. Bunların ardına Osman Gazi'nin adının da eklenmesi ancak kendisinin son zamanlarında mümkün olmuştur.

Osman Gazi'den bahsetmişken, kendisi halkla da bütünleşen bir yapıya sahip... Aynı zamanda da Selçuklularla bağlantıyı devam ettiren bir yönetim algısı var.

Osman Gazi'nin önemli icraatlarından biri pazar kurması olmuştur. Nitekim pazar kurmak çok önemli; çünkü geleneksel devletlerde pazar yeri kurmak, belediye encümeni kararıyla olmaz. Mahallî halk izin ister, başlarında şeriat adamı olarak mutlaka kadı bulunması lazımdır, devlet reisi tasdik eder ve pazar ancak öyle kurulabilir. Hangi mescitte hutbe okunacağı ve nerede pazar kurulacağı kararları çok önemlidir. Pazar yeri hakkında kronikler şunu yazıyor: Germiyan'dan bir kişi gelip Osman Gazi'ye, "Bu pazarın bâcını (vergisini) bana verin" demiş. Osman Gazi de adama kızıp, "Bre kişi, bir yerde pazar kurulduğunda benim alacağım mı olur, var git işine, sana zararım dokunur!" deyip adamı kovmuş. Etrafındakiler, "Bu âdettir, cümle vilayetlerde pazardan bâc alınır ki etrafı gözetenler de ekmek parası kazansın" deyince, Osman Gazi iki akçe pazar vergisi koyup, "Mal satan iki akçe versin, mal satmayan hiç vermesin" demiş.

Daha ileriki kroniklerde Karamanlı Kara Mehmed ve Candarlı sülalesi için şu söylenir: "Evvelce padişahlar hazine tutmak nedir bilmezlerdi, bu iki aile geldi, âlemi fitneyle doldurdu, defter tutmak onların işidir." Aslında bu, maliye teşkilatının kuruluşudur. Bütün bunlara baktığımızda Osman Gazi zamanındaki yönetimden bir beylik olarak bahsedebiliriz. Osman Bey aynı zamanda bir gazi ve Bizans'la çarpışıyor. Henüz kendi adına bir sikkesi olmasa da Selçuklu ona bu konuda bir muhtariyet vermiş.

Osman Gazi zamanında fetihlere de önem veriliyor.

Evet, örneğin Osman Gazi Karacahisar'ı alıp orada bir şehir kuruyor; kadı tayin ediyor ve umûmî bir mescit yaptırıp hutbe okutuyor.

Peki Osman Gazi'nin ilk stratejisi neydi?

Osman Gazi kendi ırkından olan beyliklerle uğraşmayıp Bizans'a doğru ilerliyor. Buradaki strateji, diğer beyliklerle iyi geçinmek ve Bizans'tan toprak kazanmak üzerine... Bizans'tan alınan topraklarda sulh u salâh hâkim oluyor, halklar yan yana oturup ticaret yapıyor. Türkler Üsküdar'da oturuyor ve sonraki dönemlerde sandalla Bizans tarafına geçebiliyor. Unkapanı bölgesinde de Türk tacirler ve onların mahkeme işlerine bakan bir kadı var.

Kapitülasyon Akdeniz dünyasında çok eski bir müessesedir. Milletler birbirleriyle ticaret yaparlar, ticaret yaptıkları yerde birlikte otururlar, orada yargıçları olur. Osmanlı da bunu temin ediyor, hatta yerine göre de ittifaklar kuruyor.

Söz konusu ittifaklar Orhan Gazi zamanında da devam ediyor...

Orhan Gazi İznik'i aldığı zaman büyük bir fütuhat yapmıştı, payitaht buraya taşındı. Pelekanon'da birkaç yüz şehit vererek Bizans İmparatoru'nu yenmek ve ordusunu dağıtmak önemli bir iştir. Bu zafer Anadolu'dan Osmanlı'ya doğru büyük bir hücumu da beraberinde getirdi. Bir müddet sonra Karesi Beyliği de Osmanlı'ya katıldı. Görüldüğü üzere, beylikler içinde en zayıfı olan Karesi bile ancak 1329 Pelekanon Savaşı'ndan sonra ilhak edilebilmiştir. Böylece Osmanlı'nın sınırları; Çanakkale Boğazı'nın doğu yakasından Güney Marmara'ya, İzmit'e kadar genişlemiştir.

Veraset sistemi Osman Gazi döneminde mi belirli bir düzene kavuşuyor?

Veraset sistemi Osman Gazi devrinde de oturmuş değildir. Osmanlı'da taht için ilk kanı da Osman Gazi dökmüştür. Ertuğrul Gazi'nin kardeşi ve dolayısıyla Osman Gazi'nin amcası olan Dündar Alp, beyliğin genişleme gayretine mütemadiyen müdahale ediyor, gaziler arasında ikilik çıkarıyor, hatta tekfurlarla beylik aleyhine antlaşmalar yapıyordu. Osman Gazi bu sebeplerden dolayı, Köprühisar Savaşı'ndan önce, amcası Dündar Alp'i herkesin gözü önünde okla vurmuştur. Osman Gazi, kendi eliyle siyaset uygulayarak, doksan yaşına gelmiş amcasını öldürmüştür ama etrafındaki tüm muhalefeti de bu sayede susturacaktır. Bunun dışında, Orhan Gazi zamanında sonraki devirlerde görülmeyen bir veliaht uyuşması söz konusu olmuştur. Orhan Gazi'nin kardeşi Alaeddin Paşa, devlette bir vezir gibi görev yapmıştır. Kronikler kendisi hakkında şöyle diyor: "Padişah, Orhan'ı hep kayırır, komutayı ona verir, iltifat edermiş. O yüzden Alaeddin de kardeşine ve dolayısıyla babasına itaat etmiş." Tabii böyle bir uyuşmaya her zaman rastlanamayacak, çünkü devletlerde veraset kolay bir mesele değildir.

İlk padişahların adlarının arkasından "gazi" unvanı geliyor. Nedir bu "gazi"?

Bu padişahların hepsi gaza etmişler. Necdet Öztürk'ün *Gazi Padişahlar* kitabı ilk kronikler dikkate alınarak bu padişahları anlatmak için kaleme alınmıştır. Öztürk'ün sahası, İlk Osmanlı Devri'dir. Kendisi, çalışmasında Osman Gazi, Orhan Gazi, Murad Hüdavendigâr, Bayezid Han, Çelebi Mehmed, II. Murad ve Fatih Sultan Mehmed'i anlatmış. Ben olsam II. Murad ve Fatih Sultan Mehmed'i hariç tutardım. Keza Floransa'daki devlet ofisinde büyük devlet reislerinin portreleri asılıdır. Orada Osmanlı hükümdarları II. Murad'dan başlıyor, yani II. Murad'dan sonra artık beynelmilellik durumu söz konusudur. Bu gibi sembollere dikkat etmek lazımdır.

Reinhartshausen Şatosu'nun sahibi olan Kont Kufstein bir harita uzmanı ve aynı zamanda önemli bir tarihçidir. Onun soyu, buraya sefir olarak gelmiş. Roma hukukçusu Kudret Ayiter hocamız, yakın tarihle de ilgiliydi. Avrupa'da Ren Nehri kıyısında bulunan şatoda padişah portreleri buldu. Bu gibi şatolarda, tanınan devlet reislerinin portrelerine dikkat etmek lazım... Demek ki Osmanlı uluslararası ağırlığı olan bir devlet olmuş, dış ilişkileri var.

II. Murad, Fatih Sultan Mehmed gibi hükümdarlar bu sebeple ilk gazi padişahlardan ayrı tutulmalıdır. Bu onların "gazi" unvanını gölgelemez ama açıkçası ilk dönem bitmiştir.

Halil İnalcık'ın da bu konuda açıklamaları var.

Halil İnalcık diyor ki, "1302 Koyunhisar'da (Bafeus) yapılan savaşta Bizans'ın teşkilatlı ordusu geldi, Osmanlı bu orduyu karşılayıp yendi. Artık Osmanlı, bu sayede meşruiyetini kabul ettirmişti." Bu savaştan sonra etraf beyliklerden ve Anadolu'nun içinden gelen millet akın akın Osmanlı Beyliği'nde katılmaya başladı. Gelenler sırf yiğitler değildir; zanaatkâr, ulema ve devlet adamları da gelmiştir. Çünkü daha önce de vurguladığım gibi istikbalin Osmanlı'da olduğu anlaşılıyor.

Evet, İnalcık siyasî ve sosyolojik bakımdan devletin kuruluşu için Koyunhisar'ı işaret ediyor. 14. asrın başında bir Osmanlı Beyliği var; bu adeta büyük bir dukalıktır. Osmanlı, görüldüğü üzere, Selçuklu'ya bağlı beylikler içinde söz konusu savaştan sonra en dikkat çekeni olmaya başlamıştır. Fakat hâlâ en geniş beylik değildir; Karaman, Germiyan, Candar beylikleriyle Osmanlı Beyliği'nin toprakları mukayese bile edilemez.

Osman Gazi ikinci evliliğini Şeyh Edebali'nin kızıyla yapıyor...

Bu mevzular biraz karışıktır. Biliyorsunuz, Garp tarihi hanedan evlilikleriyle doludur. IV. Henry, Fransa neredeyse batmak üzereyken Medicilerden "Şişman Banker" denilen Marie ile evlendi. Marie, Fransa'ya önemli miktarda döviz getirdi. Bu dövizle Fransa, Medici

Bankası'na olan borcunun önemli bir kısmını ödeyecekti. Öte tarafta Maximilian, Burgondia düşesi Mari ile evlenerek Burgondia ve Belçika'yı aldı. Onun oğlu Güzel Philip, İzabel ve Ferdinand'ın kızı Juanna ile evlenerek İspanya coğrafyasını aldı. Daha sonra Ferdinand, Macaristan ve Slovakya'yı Kral Layoş'un kız kardeşi Anna ile evlenerek ilhak edecekken, Macaristan'ı Türkler fethetti. Bunlar hep evlilikler sonucunda vuku bulan gelişmelerdi.

Osman Gazi'nin söz konusu evliliği ise bu saydığımız örnekler gibi değerlendirilemez. Yalnızca nüfuz sağlama açısından önemli olduğu söylenebilir. Ancak Murad Hüdavendigâr'ın oğlu Bayezid'i Germiyan Beyi'nin kızıyla evlendirmesi söz konusu ki o evlilikle Kütahya çeyiz olarak Osmanlı'ya katıldı. İstisnaî durum budur.

Hanedanın tarihinde kadın isimlerin olmaması sizi şaşırtıyor mu?

Doğrusu evet, ilginç bir durum... Hakikaten bizim hanedan tarihimizde kadınların adı yoktur. Öyle padişahlarımız var ki annesinin nereli olduğu, etnik kökeni belli değil. Dahası fazla da geri gitmeye gerek yok; koskoca Kösem Sultan'ın, hatta II. Mahmud'un annesi Nakşidil Sultan'ın bile nereli olduğu belli değil. Bunların kaydı tutulmamış. Saray hayatında kadın çok zeki ve güçlüyse ayakta kalmayı bilir ve valide sultan olur; o zaman da iş değişir, padişah kızı olmasa da padişah anası olduğu için "sultan" unvanını alır. Henüz padişah anası olmadan sultan unvanını alan bir tek kişi vardır; Hürrem Sultan. Çünkü Kanunî Sultan Süleyman onu resmen nikâhına almıştır.

Orhan Bey dönemine gelelim...

"Orhan Bey" mi, "Sultan Orhan Gazi" mi; bu tartışmalıdır. Bizde birtakım nümizmatlar, sikkeyi Sultan Orhan devrine kadar götürür. Ben onların verilerine inanıyorum. Fakat başka nümizmatlar da o devirde sikke olmadığını söylüyorlar. Biliyorsunuz; eğer sikke olmaması doğruysa bu, Osmanlı'nın henüz tam bağımsız olmadığı anlamına gelir.

Orhan Bey aynı zamanda da ittifaklar sayesinde devleti ayakta tutuyor denilebilir mi?

Evet, Orhan Bey enteresan bir hükümdar... İki eşinden biri tekfur kızı (Nilüfer Hatun), diğeri Bizans prensesi (Theodora). Dış dünyayla ilişkiler de buna göre şekilleniyor. Orhan Gazi'de adeta bir diplomat kurnazlığı var. Bizans İmparatoru'na, Balkan Slavlarına karşı altı bin asker göndererek yardım ediyor. Bu askerler İstanbul'un içine giriyor ama Sultan Orhan Gazi şehirde gecelemiyor. Bu, vakayinamelerde haber verilen bir husus ama bildiğim kadarıyla Yılmaz Öztuna dışında kimse yazmamıştır. Kendisinin şehrin içine girip kaleyi alma gibi bir teşebbüsü yok. Aksine davranışlar, göçebe savaşçılara has kurnazca strateji ve davranışlardır; Attila'nın Hunları, Vizigotlar gibi kavimlerin işidir. Uygar ve yerleşik devletler taktiklere teşebbüs etmez.

Caesar, Galya Savaşları'nda Keltonları görüyor. Yanında General Labienus ve Marcus Antonius var. Onlar diyor ki, "Beklemeden tarumar edelim hepsini." Caesar kabul etmiyor, önce *castrum*u yapıyor. Yani ordusunun etrafını kazıklarla çevirip -bu, *castrum*dur-, onun etrafına da hendek kazdırıyor. Görüldüğü üzere altyapıyı hazırlamadan hücum etmiyor. Hücumdan sonra anlıyorlar ki ortada görülen düşmanın birkaç misli adam da ormanda gizlenmiş. Caesar geri çekilebilmek için ortamı hazırlamış ve çekildiğinde de *castrum*un içine girip düşmanı da oraya çekiyor. İçeriye hapsedilmiş düşmanı imha etmek daha kolaydır. Dikkat edin; kendisinde "Ben bunları yenerim" gibi bir tez canlılık yok. Askerî bilgi çok önemli...

Osmanlı'da da bunu görüyoruz. Bir orduyla müttefiksen, karışıklıktan istifade etme düşüncesi yoktur. Bizim Gelibolu'ya geçişimiz bu yüzden kolay oldu. 1350'lerde Gelibolu'ya defaatle girip çıktık. Orada devamlı bir isyan var. Bizimkiler de sürekli *mersener* olarak yardım ediyorlar. Bu sayede o coğrafya öğreniliyor. Osmanlı'nın fütuhat politikasında bu tip öncüller vardır. Bölge öğrenilir, önce bağımsız üniteler olan manastırlar ikna edilir. Buna "istimâlet" denir. Ömer Lütfi Barkan da kolonizatör dervişler üzerinde durur. Başıboş görünen dervişler fethedilecek topraklara gidiyorlar.

Şüphesiz ordu gelene kadar yürütülen bu tip faaliyetler çok önemli... İşte tüm bunlar, Orhan Bey döneminde başlıyor.

O dönemlerde kardeş kavgaları var mıdır?

Osmanlı mersenerleri Rumeli'ye girip çıktığı sırada, konaklamaları için Çimpe Kalesi onlara verildi. O zaman şans da yaver gitti, gerçekleşen bir depremle Gelibolu'nun kaleleri yıkıldı. Bu sayede çok çaba sarf etmeden kalelere ikişer üçer yerleşildi. Orhan Gazi'nin son zamanlarına kadar bugünkü Gelibolu Yarımadası Türklerin olmuştu. Gelibolu'daki birliğin başında ise Orhan Gazi'nin kardeşi Alaeddin Paşa vardı.

"Osmanlı'nın fütuhat politikasında bazı öncüller vardır. Bölge öğrenilir, önce bağımsız üniteler olan manastırlar ikna edilir. Buna 'istimâlet' denir."

Bu ilk devirde kardeşler arasında taht kavgaları yok fakat durum böyle devam etmeyecektir. Nasıl ki gökte bir güneş varsa devlet sisteminde de bir kişi hâkim olur.

Orhan Gazi ne zaman "sultan" lakabını kullanmaya başlıyor?

Orhan Gazi, Pelekanon Savaşı'ndan sonra "sultan" unvanını kullanmaya başlıyor. Bütün Marmara ve Bitinya'nın sahibi olarak bir halef sultan olduğu iddia ediliyor fakat kendisi İlhanlılara karşı bir tavır içinde değildir. Hutbede İran'daki İlhanlı hanının ismi okutulur ama bu tamamen politika icabıdır. 1330'da Tebriz Moğollarının Osmanlı üzerine geleceği yoktu ama başka türlü arızalar çıkabilirdi. O yüzden lüzumsuz gerilime girilmiyor. Biz Pelekanon Savaşı'ndan itibaren Orhan Bey'den *Sultan* Orhan Gazi diye bahsetmek zorundayız.

Bir de Orhan Gazi'nin büyük oğlu Süleyman Paşa var...

Evet, Orhan Gazi'nin büyük oğlu Süleyman Paşa'yı unutmamak lazım. Balkan seferlerinde hep kendisi kullanılmıştır. Selanik'i ilk alan kişi de odur. Fakat bunu tam bir mersenerlik (*mercenaire*) hizmeti olarak yapmıştır. Keza kaleyi alıp imparator Kantakuzenos'a verdi (Bu sülale baba oğul usurpator ama tam bir yetkiyle Paleologların nezdinde onlar adına imparatorluğu yönettiler). Çimpe Kalesi de zaten bu sayede Osmanlı'ya üs olarak teslim edildi.

Süleyman Paşa attan düşerek vefat etmiştir; mezarı Gelibolu'dadır. Burada önemle belirtelim, bu Süleyman Şah değildir. Süleyman Gazi'nin ölümü sebebiyle I. Murad tahtın tek varisi olmuştur.

Orhan Gazi epey tahtta kalıyor.

Orhan Gazi 81 yaşına kadar hayatta kaldığı için I. Murad kırklı yaşlarında tahta çıkabildi. Kendisi çok kültürlü, son derece kurnaz, diline hâkim, nerede af göstereceğini bilen, affetmediği zaman da şedid olabilen bir hükümdardı. Tebaaya ve astlarına karşı müşfiktir. Balkan devletleriyle ilişkileri uygarcadır. Öyle ki döneme 14. ve 15. asrın hiçbir devletine benzemeyecek kadar yeni bir ideoloji ve hava getirmiştir. I. Murad'ın hükmettiği topraklar ve kazandığı başarılar da muazzamdır ama bir o kadar önemli olan başarısı kurduğu uygar ilişkilerdir.

Sultan Murad da babası Orhan Gazi gibi ilişkiler kuran bir hükümdar...

İlk önce yakın tarihimize bir bakalım; 1950'lerde bir yandan Sovyet Rusya göz korkutuyor, bir yandan da ABD ve Britanya küstahlığın fevkinde... Eski devletler, söz konusu küstahlıkla baş edebiliyorlardı. De Gaulle gibi adamlar bu küstahlığı demeçleriyle küçümsüyor. Ama birtakım üçüncü dünya ülkeleri için bununla baş etmek çok zor... Geleneksel Arap krallıklarının yerinde darbeyle gelen cumhuriyetçikler var. Ne yapacaklar? Orada başka bir hava çıktı; meselâ Hindistan'dan Jawaharlal Nehru. Çok bilgili bir adam, zarafeti var. Rusya'yla iyi geçiniyor ama belli bir sınır dâhilinde, ABD'yi de arada bir ısırıyor ama yerini de biliyor. Nehru; Nâsır gibi sınırsız gürültü yapan bir lider ve Tito gibi sakin ama etrafı bilen adamları kazanmayı başardı.

Gerçi zamanlar farklı ama Sultan Murad da bu tip ilişkiler kurabilmişti. Balkanlarda herkes birbirini yiyor, devlet teşkilatları oturmamış. Onlarla iyi ilişkiler kuran, alışveriş yapan Sultan Murad fevkalâde önemli hâle geliyor; çünkü ne doğularında ne batılarında böyle başka bir adam var. I. Murad Hüdavendigâr ilk esaslı girişimini Edirne'yle yaptı. Şehri 1361'de fethetti. Keza Edirne'yi almadan Trakya ve Rumeli'den söz edemezsin. Edirne Rumeli'de büyük bir merkezdir ve ona bir hinterland lazımdır. O hinterland (ard ülke) da ele geçirilmiş. Nitekim bu fetihten sonra ilerleme hızlandı. Balkanlara girildi, Kosova alındı. Kosova tarihte Arnavutların oturduğu bir yerdi. Sırplar, Nemanja ve Duşan devrinden beri onları itiyordu. Kosova'nın alınması bu itilme sürecini durdurdu.

Arnavutluk tarihinde Kosova çok önemlidir. Bugün bu olgu sadece Müslüman Arnavutların umurunda ama hakikat değişmez. Kosova, bugün Arnavut'sa, bunda Türk fethinin payı önemlidir.

Osman Bey tahtı kendi rızasıyla mı bıraktı?

Osman Bey tahta geçecek evladını seçmiş. Orhan Bey'in kardeşi Alaeddin Paşa da "Babam seni seçti" diyor. Osmanlı kronikleri bu olayı çok yazarlar; uyumlu iki kardeşin ikisi de fütuhat yaptı. Sonrakilere numune olsun diye ilk kaynaklarda bu olay sıkça tekrar edilir.

Biz vebayı hiç konuşmadık...

Veba çok yeni bitti. Bazı hastalıklar var ki biz onları unuttuk ama bıraktıkları tahribat unutulmadı. Bir arkadaşım anlattı; tifo olmuş, dinlenmiş, tedavi olup iyileşmiş fakat aynı dönemde tifoya yakalanan bir Avusturyalı profesör ölmüş. Adama teşhis koyamamışlar, çünkü hastalığı tanımıyorlar. Böyle bir hastalık unutulur mu? Biz de artık hastalıkları unutuyoruz, dahası tanımıyoruz; çocukluğumuzda geçirdiğimiz bazı hastalıklar artık yok.

Veba Osmanlı'da Avrupa'daki kadar kırıcı şekilde görülmüyor galiba.

Öyle, bunun sebeplerini tıb tarihçilerinin ciddi olarak ortaya koyması lazım. Olay ortada; veba Floransa, Marsilya ve Londra'da yaptığı tahribatı İstanbul'da yapmıyor. İlginçtir, bir panik havası da olmuyor. Avrupa'da ise kimse vebalıya el sürmüyor. Seyyahların aktardığına göre bizde vebaya karşı bir lakaytlık da var. El sürmeme, cenazeyi kaldırmama gibi şeyler burada yok.

Veba bizim topraklarımızda 19. asra kadar görülmüş. Vebadan ölen devlet adamlarımız da oldu; meşhur Ayas Paşa. Yavuz Sultan Selim'deki şirpençenin de aslında veba olabileceği söyleniyor. O kadar olur mu bilmiyorum fakat veba ordu gibi kalabalık gruplar arasında daha çok görülür. Bizde orduyla beraber yürüyen bir hamam çadırı vardır. Hamama temizlik için mi giriyorlar, yoksa itikâd-ı dîniyeden mi bilmiyorum. İslam'da gerektiği zaman gusül abdesti almak farzdır. Abdestsiz muharebe edilmez, seferde yürünmez. Belki bu bir önleyici sebep olmuştur. Aynı şekilde askere verilen belirli bir kumanya var. En önemlisi beslenmedir. Meselâ tayfaya çiğ sebze yedirene kadar Kaptan Cook'un adeta canı çıkmıştır. Bütün tayfa biftek, bira istiyor. Bunları uzun deniz seferinde yiyip içersin ama sonra da iskorpit hastalığından telef olursun; vitamin çok önemlidir. Kaptan Cook vitamini biliyor muydu emin değilim ama entelijans-ampirik diye bir şey var. Sebzelerin faydasını gözlemlemiş olmalı.

Temizliğe çok itina gösteriliyor.

Osmanlı'da sadece asker değil, saraydaki Enderunlu da çamaşırını yıkamayı bilmek zorunda... Şehirdeki halk için de temizlik önemli; neredeyse hamamsız mahalle yok. Bunlar, vebayı azaltan sebeplerdir. Son tahlilde şunu söyleyebiliriz; Osmanlı'da veba var ama kırıcı olmuyor. Devlet-i Aliyye 19. asırda karantina sistemine de geçmiştir. Fransız tarihçi Daniel Panzac karantina sistemini *Quarantaines et Lazarets* eserinde fevkalâde tasvir etmişti. Keza 19. asırda karantina sistemi hac farizası sırasında çok faydalı olmuştur, yoksa ortalık kırılırdı.

Osmanlı'nın ilk döneminde Ahilik teşkilatları da var. Ahilik bir meslek kuruluşu mu, yoksa tarikat mı?

Çağdaş Amerikan tarihçiliğinde Ira Lapidus ve onu takip edenlerin ileri sürdükleri bir görüş vardır; "İslam toplumlarında lonca

"Şehirdeki halk için de temizlik önemli; neredeyse hamamsız mahalle yok."

yok" diyorlar. Bunu çok sağlam bir görüş olarak görmüyorum. Kırk yıldır böyle bir tez var fakat ikna olmuş değilim. Buna karşılık Kahire loncaları üzerine araştırma yapan Andre Reymond gibi tarihçilerin gayet esaslı ve ikna edici anlatımları var. Daha önceden von Thornaw'ın "Islamische Zunftwesen"ine bakmalı... Anti-loncacı görüşler, zaten Türkiye tarihi için geçerli değil; Anadolu bir istisna olarak duruyor. Merhum Mustafa Akdağ, Selçuklu şehirlerinde kullanılan "iğdiş" gibi kavramları yakalamıştır; iğdişler, lonca şehirlerinin bir nevi kethüdalarıdır. Loncaların örgütlenmesinde "yiğit" ve "yiğitbaşı" kavramları var. Bunlar Osmanlı'da da kullanılmış. Meselâ usulsüz çalışan bir nalbant tespit edildiği zaman, "Nalbantların yiğitbaşına söyleyin, herifi üç gün meslekten men etsin" deniliyor. Herif de burada "zanaatkâr" demektir, "hirfet"-ten geliyor; "aşağılık herif" ifadesindeki gibi bir anlamı yok.

Ankara için bazıları Ahi Cumhuriyeti diyorlar.

Doğru bir laftır. Şehrin savunması çok iyi, burayı Timur bile alamadı. Ankara Kalesi tâ Galatlardan beri var. Ahiler de savunma sistemini iyi işletiyorlar. Şehir tamamen esnaf örgütlerinin elinde ve İbn Battûta da Ankara'da misafir olup bunları çok iyi anlatmıştır; keza nasıl yaşadıklarını, aralarındaki hiyerarşiyi onun seyahatnamesinden öğreniyoruz.

Ahilerin sürekli bağlı bulunduğu pîrler var mıydı?

Evet, Ahilerde tasavvuf bakımından bağlı olunan pîrler var; meselâ Ahi Evran (Türbesi, Arslanhane Camii'nin yanındadır). Söz konusu pîrlerin etrafında tarikatlar var. Zaten her mesleğin bir pîri bulunur. Floransa'da Orsanmichele Kilisesi'nin dört tarafındaki nefis madalyonlarda birtakım zanaatkârların amblemleri resmedilmiştir. Meslek bir pîre bağlanarak dinî bir hava oluşturulur. Peki dinî olmayan, laik bir pîre sahip lonca hangisidir? Farmasonluğun pîri

Mimar Hiram'dır. Bu, Orta Çağ'da ananeyi deşen bir pîr seçimi, bir başkaldırıdır. Entelektüel loncanın pîri de entelektüel oluyor.

Şeyh Edebali bu loncaların neresindeydi?

Şeyh Edebali'nin hangi tarikata bağlı olduğu tartışmalıdır. Kızı Bâlâ Hatun'un (Malhatun) Osman Gazi ile evlendiği de doğruya yakın bir rivayettir. Böylelikle bir akrabalık tesis edilmektedir. O mesele de yine herkesin bildiği rüya hikmetine bağlanır. Söz konusu rüyada Osman Gazi'nin karnından bir ağaç çıkıyor. Osman Gazi bu rüyayı Şeyh Edebali'ye yorumlatıyor. Şeyh diyor ki, "Bu ağaç, büyüyecek devlettir." Osmanlı İmparatorluğu bir çınardır; Imperial Ottoman Bank'ın ismi de bunun için çınardı. Osmanlı Bankası bizim yakın tarihimizde çok da iyi çağrışımlar yapmıyor ama emisyon bankamızdı, keşke özel banka tarafından millileştirilirken ismini tutabilseydik...

SON SÖZ

Türk kavminin klasik dünyaya; yani İran'a ve ardından Mezopotamya, Suriye ve Küçük Asya'ya geçişi dünyada Orta Çağlar diye bilinen 11. asrın çarpıcı bir olayıdır. 1040'ta bugünkü Afganistan ve Horasan'daki Gazne Devleti'ne karşı Dandanakan Savaşı'nı kazanan Selçuklu başbuğlarının komutasındaki Türkler kısa bir zaman sonra Malazgirt Savaşı'nı kazanan (1071) Sultan Alparslan'ın hemen ardından I. Süleyman Şah'ın öncülüğünde Suriye ve Filistin'e kadar iniyorlar. Buradaki duraklamalar üzerine hedef Küçük Asya oluyor. Aynı hükümdar ve komutanla İznik'i alıyorlar. Selçuklu saltanatının veraset sistemindeki sorunlar ve Haçlı seferleriyle karşılaşan bir dünyada Türkler, Küçük Asya'da tutunmayı başarıyorlar. 200 sene sonra da İran'ı ele geçiren İlhanlı Moğollarıyla karşılaşacaklar. Bunun getirdiği sarsıntının ardından Anadolu coğrafyası Selçuklu Hanedanı dışındaki diğer Türkmen hanedanlar tarafından yönetilecek. Görüldüğü üzere bütün Orta Çağlardaki gelişmeler adeta Türk tarihinin en uzun ömürlü ve görkemli devletini, Osmanlı'yı ortaya çıkarmaya yöneliktir.

Malazgirt'le Bosna'nın fethi arasındaki 400 yıl, Türkiye'nin Avrupa tarihindeki önemli bir ülke ve Türklerin bir Avrupa sorunu olmasının tarihidir. 1780'lerin Aydınlanma Dönemi Avrupa'sında dahi Alman İmparatorluğu ve Avusturya Büyük Dukalığı tacına sahip II. Joseph, Türklerle harp ederken sıkıntı ve ürküntü içindedir. Nitekim uzun savaş dönemi hem Rusya hem onun için başarısızlıkla bitecektir. Tarihinin zor dönemindeki Türk İmparatorluğu ise Avusturya ve Rusya'dan Fransız İhtilali'nin getirdiği kargaşa içinde durumunu koruyacak ayrı birer barış antlaşması yapacaktır; Ziştovi ve hemen ardından Yaş.

Görüldüğü üzere, 19. yüzyıl başlarında Türkler sekiz asır boyunca süratle aldığı toprakları yavaş yavaş devretse de henüz üç kıtada yaşayan bir imparatorluktu. Ama asıl önemlisi; süratle içtimaî, sınaî ve kültürel yapısı değişen Avrupa dünyasına intibak etmeye gayretliydi ve bu konuda küçümsenmeyecek bir uyum da sağlıyordu. Söz konusu 7-8 asrın ruhunu ve ana çizgilerini tarihimizi incelerken yakalamak gerekir.

* * *

Selçukluların dünyasında Şark kültürü henüz üstündü. 524'te Ostrogotların kralı Theodore tarafından idam edilen Boethius gibi parlak bir âlim, bürokrat ve yalnız bir hümanistin böyle feci şekilde saf dışı edilmesinden beri, Batı Avrupa bugünkü uygarlığının temeli olduğunu iddia ettiği eski Yunan'a kapalıydı. Doğu dünyası ise İlk Çağ'ın hem felsefesine hem bilimine halef durumdaydı. Uygarlık çemberindeki üstünlük 16. asırda daralacak ama her şeye rağmen askerî ve teknik gelişme ve büyümeyi devam ettirecektir. Keza Osmanlı Türkiye'sinin kuruluşu önemli ölçüde askerî örgütlenmenin ve askerî uygarlığın tarihidir. Anadolu Türkiye'sinin bu özelliği devam etmektedir. Kanun ve nizamın getirilmesi bâbında, zaman zaman uğranan kesintilere rağmen devlet hayatının ve bürokrasinin modernleşmesi dahi bu çizgi etrafında oluşuyor.

Modern Türkiye'nin tarihi henüz bin yıl değil. Bu bin yılın içinde Türklerin hukuk dünyası gelişti. Uygarlık referansları (demir alma noktaları) değişti. Asıl önemlisi Asya'dan gelen bir kara ulusu denizci bir ülke olma yolunda ilerlemeye başladı. Bunlar bizim farkına varamadığımız özellik değişmeleri ve bu değişmeler bazen hamasî edebiyat bazen de fikir ve araştırma tembelliğinin getirdiği bir karamsarlığın gölgesi altında kalıyor. Maalesef Türkiye Orta Çağ'ını birkaç uzman[25] ve hocamızın dışında layıkıyla bildiğimiz, algıladığımız söylenemez. Bu yüzden de önümüze çıkan sorunlar kadar sahip olduğumuz sağlamlıkları da değerlendiremiyoruz.

---

25 Orta Çağ, Yeni Çağ vs. gibi tarihî dönemlendirmenin Doğu Akdeniz ve Ortadoğu için geçerli olamayacağını belirtelim.

İNDEKS

1071 Malazgirt Zaferi 128
1921 Sözleşmesi 187
1928 Harf Devrimi 74
1936 Sovyet Anayasası 165
93 Harbi 82, 159
I. Cihan Harbi 7, 73, 95, 175, 213, 217
I. Gıyaseddin Keyhüsrev 175
I. Haçlı Seferi 128
I. Hüsrev 13
I. Kılıçarslan 129, 197
I. Murad 180, 245, 246
I. Roger 96
I. Süleyman Şah 16, 186, 251
I. Yezdigerd 91
II. Abdülhamid 226, 227
II. Basileus 190
II. Bayezid 48, 140
II. Cihan Harbi 53, 75, 126, 164, 189, 200
II. Kılıçarslan 141, 183, 197
II. Konstantin 226
II. Mahmud 146, 242
II. Meşrutiyet 100
II. Murad 222, 224, 237, 240, 241
II. Osman 227
II. Selim 227, 228
II. Şâpûr 91
II. Viyana Kuşatması 25, 228
III. Ahmed 226
III. Andronikos 226, 227
III. Haçlı Seferi 197
IV. Heinrich 155
IV. Henry 241
IV. Mehmed 227
IV. Murad 227
VII. Gregorius 155
XXIII. Ioannes 201

A

Aachen (Aix La Chapelle) 109
Abbasîler 36, 37, 92, 98, 107, 108, 109, 122, 126, 147, 163, 203
Abdurrahman 34
Adnan Sadık Erzi 132, 141
Adolf Hitler 48
Afganistan 69, 89, 90, 108, 109, 111, 112, 113, 145, 251
Afrika 134, 189, 227
Agafangel Efimoviç Krimski 95
Ahıska 51
Ahi Cumhuriyeti 217, 248
Ahi Evran 248
Ahiler 217, 218, 248
Ahmed Cevdet Paşa 39

Ahmed Vefik Paşa 70
Ahmet Yaşar Ocak 162
Akdeniz 8, 9, 17, 37, 81, 87, 88, 108, 124, 130, 157, 163, 170, 171, 175, 183, 184, 200, 202, 214, 223, 229, 239, 253
Ak Hunlar 41
Alaeddin Keykubad 170, 175, 180, 187, 189, 213, 221
Alaeddin Paşa 240, 244, 246
Alamut Kalesi 134
Aleksandr Nevskiy 201
Aleksios Komnenos 171, 190, 191
Almanya 17, 19, 21, 38, 51, 96, 109, 171, 199
Altın Orda Devleti 174, 184
Amerigo Vespucci 21
Amerika 21, 53, 134
Amr İbnü'l-As 89
Anadolu Araştırmaları Enstitüsü 83
Anadolu Selçuklu Devleti 79, 127, 128, 129, 175, 176, 186
Andreas Tietze 68, 192
Ani 127
Ankara 4, 22, 55, 84, 89, 113, 173, 188, 214, 217, 218, 222, 224, 248
Ankara Savaşı 222, 224
Annemarie von Gabain 48
Ann Lambton 144
Antakya 36, 89, 100, 129, 140, 163, 164
Antik Karya 84
Anuş Tigin 182
Apeninler 111
Arabistan 23, 159
Arap Yarımadası 89
Ârâmîler 64, 70, 90, 92, 160, 163
Aras Nehri 127
Ardeşîr-i Bâbek 85
Arnavutluk 222, 246
Artukoğulları 127
Asurya 84
Atina 43, 84, 162, 201
Attila 243
Avusturya 51, 81, 95, 140, 153, 179, 228, 251, 252
Aya Konstantinidi 158
Ayasofya 55, 56
Ayas Paşa 247
Aydın 40, 84, 208, 214, 231
Aydınoğulları 180, 207, 208, 214
Ayn Câlût 202
Ayn Câlût Savaşı 212
Azerbaycan 68, 125, 154, 164, 165, 173, 192, 209, 217, 224, 236

B

Babil 85, 91
Babilon Talmudu 92
Babilonya 92
Babür İmparatorluğu 147
Babür Şah 112
Bağdat 36, 80, 110, 115, 116, 122, 123, 126, 128, 146, 155, 202, 227
Bahreyn 145, 146
Baktriyalılar 142
Bâlâ Hatun 249
Balkanlar 9, 16, 24, 207, 218, 229, 237
Baltık 95, 199, 200
Bam Harabeleri 83
Barthold, Vasilij Vladimirovič
Bedreddinîler 172
Belçika 179, 242
Belgrad 218
Bergama 38, 184
Bergamalı Kadrî 68
Bernard Lewis 146

Bert Fragner 81
Besarabya 160
Beyaz Rusya 95
Beylikler Dönemi 181, 204, 207, 212, 213, 216, 218, 223
Bilâdü'ş-Şam 126, 141
Bilecik 186, 225, 237
Birinci Babil Esareti 85
Bîrûnî 80, 107, 113
Bitinya 186, 208, 244
Bizans İmparatorluğu 18, 70, 198
Bohemya 109
Bologna 146
Bosna 154, 211, 222, 251
Britanya 14, 245
Brockelmann, Karl 47
Budizm 33, 35, 110
Buhara 34, 98, 99, 107, 112, 153
Bulgar İmparatorluğu 109
Bulgaristan 23, 24, 26, 49, 51, 172, 207, 210, 211
Bulgaristan Halk Cumhuriyeti 24
Bumin Han
Bursa 188, 208, 211, 225, 226, 232, 236
Büveyhîler 116, 122, 123
Büyük Asya 18
Büyük İskender 113, 142
Büyük Petro 140, 146
Büyük Selçuklular 79, 182

C-Ç

Caber Kalesi 186
Candaroğulları 215
Canossa Şatosu 155
Celaleddin Harezmşah 221
Celile Hanım 115
Cem Sultan 140
Cengiz Han 108, 116, 198
Cengiz Han İmparatorluğu 108
Cenova 155, 191, 199, 200, 208, 210, 223, 224
Claude Cahen 47, 65, 71, 107, 124, 127, 142, 188
Cuma Ovası 208
Cündişâpûr 87, 91, 92
Çağrı Bey 50, 125
Çaka Bey 187
Çanakkale Boğazı 239
Çareviç (veliaht) Aleksey Petroviç 140
Çekya 180
Çerkezler 126, 216,
Çimpe Kalesi 244, 245
Çin 13, 16, 32, 42, 48, 49, 63, 80, 97, 102, 110, 134, 170, 183, 198, 203
Çin Halk Cumhuriyeti 49
Çöl Arapları 31, 58

D

Dandanakan Savaşı 50, 51, 115, 251
Daniel Panzac 247
Danimarka 199
Danişmendîler 126, 127, 129
Dede Korkut 152
Delhi Sultanlığı 112
Denizli 40, 214, 231
Dış Moğolistan 43
Dil Bayramı 69
Dmitry Donskoy 201
Divriği 124
Diyarbakır 129, 140, 163
Dmitry D. Vasilyev 15
Dokuz-Oğuz Konfederasyonu 15
Dündar Alp 240
Dürzîler 54

E

Ebû Gazân Mahmûd Han 216

Ebû Yusuf 143
Edirne 24, 26, 236, 237, 246
Efes Konsili 90
Eflak-Boğdan 117
Eğirdir Gölü 141
Elamlılar 81, 82
Emevîler 33, 36, 56, 92, 102, 108, 181
Enderun Mektebi 116, 232
Endonezya 88
Endülüs 96, 100, 109, 160
Erdel 117, 228
Erdoğan Merçil 116, 159, 214
Eretna 40, 215
Ermenek 188, 232
Ermeni Ortodoks Kilisesi 54
Ertuğrul Gazi 185, 187, 221, 240
Erzurum 127, 129, 175
Eski Galya 161
Estonyalılar 81
Etiyopya 20
Evliya Çelebi 68

F
Faruk Sümer 154, 169, 215, 224
Fatımiler 37, 40, 109, 123, 141, 146
Fatih Sultan Mehmed 188, 191, 217, 228, 230, 236, 240, 241
Fekete Lajos 73
Feridun Emecen 134, 223
Fetret Devri 211
Fırat Havzası 56, 80, 126, 211
Figânî 114
Filistin 16, 55, 89, 129, 181, 186, 198, 203, 213, 216, 251
Firdevsî 80, 85, 86, 99, 114, 131
Floransa 155, 208, 240, 246, 248
Fransa Krallığı 26
Fransız İhtilali 26, 252
Friedrich Barbarossa 175

G
Galiçya 25, 95
Galyalılar 172
Galya Savaşları 243
Gandjişapur (Cundişapur) 92
Gazi Osman Bey 185
Gazneliler Devleti 35, 50, 79, 98, 105, 108, 109, 110, 111, 113, 114, 115, 116
Gazneli Mahmud 69, 71, 80, 98, 108, 110, 111, 113, 114, 115
Gazne Sarayı 113, 114
Geç Antikite 86
Gelibolu 211, 236, 237, 243, 244, 245
Genceli Nizâmî 111
General Paleolog 183, 207
Georges Dumézil 83
Germanya 14, 32, 172
Germiyanoğulları 180, 214
Giray Hanlığı 117
Girit 36, 100, 190, 218, 228
Gordion 84
Göçebe Türkmenler 57
Göç Teorisi 40, 48
Göktürk alfabesi 65, 70
Göktürk Devleti 34, 66
Göktürk Kağanlığı 32, 34, 212
Göreme Vadisi 151
Guy Le Strange 40
Gündüz Alp 187
Gürcistan 51

H
Habeşistan 20
Habsburglar 208
Haccac-ı Zalim 34
Hacı Bektaş-ı Veli 162
Haçlı Seferleri 18, 130, 141, 175
Hâfız 131, 153, 154

Hakkâri 54
Haleb 140, 186
Halid bin Velid 89
Halife Mutasım 41, 123
Halil İnalcık 4, 134, 159, 189, 209, 210, 222, 223, 235, 237, 238, 241
Hannibal 111
Hansa Birliği 171, 199, 200
Harezmşahlar 116, 182, 221
Hasan Sabbah 135
Haşhaşîler 134, 135, 145
Hayber Geçidi 116
Hazar Denizi 170
Hazar Devleti 34
Heath Lowry 223
Helenistik Ptolemaios 146
Helenler 222
Heraklius sülalesi 89
Herat 112
Hereke 42
Hiksoslar 160
Hind Adaları 20
Hindistan 35, 80, 89, 90, 108, 109, 110, 112, 113, 115, 245
Hind Okyanusu 108
Holbein halıları 145
Hollanda 21
Holstein Kültürü 32
Horasan 34, 41, 50, 51, 56, 69, 79, 80, 84, 98, 99, 108, 112, 115, 135, 136, 141, 161, 164, 182, 188, 192, 224, 251
Horasan Valisi Tahir 41
Hürrem Sultan 242
Hüsameddin Çoban 182
Hüseyin Bayhâki 113
Hüseyin Baykara 112
Hüseyin Cahit Yalçın 48
Hüsrev-i Nûşirevân 85, 86, 88
Hz. Ali 40
Hz. İbrahim 114
Hz. İsa 151, 163
Hz. İsmail 114
Hz. Muhammed 36, 54, 87, 179
Hz. Ömer 55, 89

I-İ

Irak 55, 89, 98, 135, 145, 163, 203, 215
İbn Battûta 217, 225, 248
İbn Bîbî 141
İbn Fadlan 36
İbn Haldûn 160
İbn Hassûl 100
İbn Sînâ 80, 107
İbrahim İnal 127
İdrisî 96
İhşîdîler 37, 40
İlhanlı Moğolları 134, 202, 203, 237
İlteriş Kağan 34
İmam Rıza 99
İmparator Crassus 87
İpek Yolu 42, 88, 89, 124, 175, 188, 198, 236
İran 13, 14, 17, 32, 33, 34, 36, 37, 39, 40, 42, 47, 50, 54, 55, 59, 63, 64, 69, 70, 72, 79, 80, 81, 82, 83, 84, 85, 86, 87, 88, 89, 90, 92, 98, 99, 100, 103, 105, 107, 108, 109, 110, 112, 113, 114, 115, 117, 121, 122, 123, 124, 125, 127, 129, 130, 131, 132, 133, 135, 142, 143, 144, 145, 146, 147, 151, 152, 153, 157, 161, 165, 173, 175, 180, 181, 186, 188, 192, 193, 202, 203, 204, 209, 213, 214, 215, 217, 230, 232, 236, 244, 251
İran Büyük Selçukluları 123
İran-Selçuklu Devleti 69
İran Şiîleri 54
İsfahan 91, 122, 192

İsfendiyaroğulları 40, 214
İskenderiye 87, 146, 155, 163
İskenderiye tıbbı 87
İsmail-i Buharî Hazretleri 164
İsmâilîye mezhebi 134, 135
İspanya 17, 18, 26, 56, 96, 111, 224, 227, 242
İsrail 54, 89, 92, 126, 152, 163, 172, 193
İstanbul 2, 4, 18, 26, 47, 57, 66, 89, 128, 130, 158, 170, 183, 193, 201, 207, 217, 224, 225, 226, 227, 228, 236, 243, 246
İstiklal Savaşı 55
İsveç 37, 75, 96, 107
İsveçli Varegler 15
İtalya 26, 37, 96, 100, 109, 111, 133, 155, 156, 159, 174, 175, 185, 189, 190, 202, 208, 227, 229
İttihat ve Terakki 100
İyon Adaları 65
İyonya 79, 142, 214
İzmir 26, 40, 84, 170, 208, 211, 214, 231
İznik 128, 141, 183, 186, 207, 208, 210, 225, 226, 237, 239, 251
İzzeddin Keykavus 175

J
Jawaharlal Nehru 245
Joseph de Guignes 48
Julius Caesar 32, 171
Julius Theodor Zenker 38

K
Kadı Ahmed Endülüsi 31, 202, 212,
Kafkasya 14, 25, 35, 126, 130, 164, 203, 215, 216, 222
Kahire Müzesi 82
Kalde İmparatorluğu 84
Kalkedonlu Herophilos 87, 146
Kanunî Sultan Süleyman 218, 242
Kapadokya 126, 129, 158
Kapağan Han
Kaptan Cook 247
Karacahisar 239
Karaçaylar 35
Karahanlılar 35, 36, 49, 95, 97, 98, 99, 100, 101, 102, 103
Karamanlı Kara Mehmed 238
Karamanoğlu Mehmed Bey 67
Karaman Rumları 39
Karayip Denizi 171
Karaylar 172
Karesi Beyliği 209, 235, 237, 239
Karl Jahn 198
Karmatîler 145, 146
Kars 126, 127, 159
Kartaca 111
Kaşgar 72, 91, 133, 147
Kaşgarlı Mahmud 80
Katalunya 18
Katolik Kilisesi 109, 128
Kavalalı Mehmed Ali Paşa 202
Kazan Tatarları 49
Kazerun 98, 132
Kazerunî 98, 133
Kazvin 153, 192, 202
Kefe 171, 175, 183
Kemâleddin Bihzâd 112
Keşiş Dağı 225
Kıbrıs Kilisesi 201
Kıbrıs Krallığı 175
Kıpçak Türkleri 172, 173, 174, 184, 197, 198, 204, 210, 215, 224
Kırım 39, 117, 170, 171, 172, 175, 183, 184, 215, 223, 228
Kırımçaklar 39

Kırşehir 217
Kiev 49, 95, 159, 174, 197, 198
Kiev Büyük Knezi Vladimir 49
Kiev Üniversitesi 95
Kilikya 126
Kilikyalı Zemarkhos 42, 66, 89
Komnenoslar 191, 216, 217
Konstantiniyye 33, 155
Konya 128, 129, 158, 162, 175, 183, 188, 189, 229
Kosova 246
Koyunhisar 209, 235, 241
Koyunhisar Muharebesi 209
Köprühisar Savaşı 240
Kösedağ Savaşı 175, 179, 180, 181, 202, 213, 215, 237
Köse Mihal 193
Kösem Sultan 242
Kraliçe Elizabeth 170
Kral Layoş 218, 242
Kubilay Hanlığı 203
Kudret Ayiter 241
Kudüs 4, 89, 91, 92, 197, 200
Kudüs Talmudu 92
Kulikovo Savaşı 201
Kumanlar 172, 173
Kurtuba Camii 56
Kutadgu Bilig 100
Kutalmışoğlu Süleyman Şah 129, 141, 183, 185
Kuteybe bin Müslim 34, 47, 98
Kutub Minar 110
Küçük Asya 8, 18, 21, 33, 51, 55, 98, 103, 123, 124, 127, 129, 130, 131, 157, 161, 162, 176, 184, 185, 187, 189, 197, 202, 221, 251
Küçük Kaynarca Antlaşması 38
Kül Tigin 34
Kürd Beyi Şeddâdî Ebu'l Asvar 127

L

Lahor 110
Laskaris 128, 141, 183, 207
Leningrad 209
Londra 65, 171, 199, 246
Lübnan 54, 141, 216

M

Macaristan 24, 49, 51, 52, 65, 124, 172, 173, 198, 218, 222, 242
Makedonya 4, 26, 109, 172, 174, 190, 211, 227, 237
Malatya 163, 180
Malazgirt Savaşı 16, 18, 125, 126, 128, 173, 189, 192, 215, 251
Maniakh 42, 89
Manihaizm 33, 35, 39, 90
Manuel Komnenos 183
Mardin 127, 129, 163, 164
Maria Muhliotissa Kilisesi 216
Maria Muhliotissa Kilisesi (Kanlı Kilise) 216
Maria Pia Pedani 174
Marmara İktisadi Ünitesi 238
Marsilya 229, 246
Matrakçı Nasuh 115
Maveraünnehr 14, 33, 41, 50, 72, 80, 99, 108, 136, 192, 221
Medain 55, 92
Medine 89
Medyalılar 83
Mehmed Fuad Köprülü 134, 193
Mehmet Altay Köymen 133
Mehmet Genç 73
Mehmet Kuşman 82
Mekke 40
Melikşah 128, 135, 145, 182, 186
Menderes Ovası 208
Mengücekoğulları 127, 129, 215

Menteşeoğulları 40, 214
Mesudî 80
Meşhed 99
Mevlâna 122
Mezopotamya 16, 31, 34, 36, 79, 89, 91, 92, 124, 126, 131, 160, 189, 211, 251
Mısır 16, 34, 37, 38, 40, 55, 59, 79, 80, 82, 84, 86, 87, 89, 123, 126, 135, 141, 146, 160, 163, 181, 189, 202, 203, 212, 217
Michel Balivet 130
Midhat Paşa 24, 216
Millet Kütüphanesi 100
Milletler Holü 142
Mimar Hiram 249
Mimar Sinan 133, 145
Miryokefalon Savaşı 18, 128, 129
Mirza Kâzım Bey 38
Mitridat 87
Moğol İmparatorluğu 66, 199
Moğolistan 14, 43, 99, 160
Molotov-Ribbentrop Paktı 95
Muğla 40, 79, 214, 231
Mukaddes Mezar Kilisesi 92
Murad Hüdavendigâr 229, 236, 240, 242, 246
Mustafa Akdağ 210, 238, 248
Mustafa Celalettin Paşa (Kont Borjenski) 115
Mustafa Kemal Atatürk 4, 48, 56, 111, 133
Musul 140
Mübahat Kütükoğlu 73
Mükrimin Halil Yinanç 40
Müslüman Rusya 81
Mütercim Asım 70

N

Nakşidil Sultan 242
Nestûrîler 35, 39, 54, 66, 90, 92
Nâzım Hikmet 115
Nazi iktidarı 71
Nazlı Tlabar 19
Necati Lugal 144
Necdet Öztürk 240
New York 26
Nikolay Marr 83
Nicolas de Nicolay 19, 20
Nika İsyanı 227
Nilüfer Hatun 235, 236, 243
Nil Vadisi 111
Nişaburî 50
Nizamiye Medreseleri 125, 146
Nizamülmülk 125, 133, 135, 145, 146
Norman teorisi 15
Norveç 96, 171, 197
Novgorod 171, 199, 200, 201
Nûreddin Zengî 140, 182

O-Ö

Oğuzlar 154, 224
Oğuz Türkleri 215
Olcaytu Hüdâbende 202
Omeljan Pritsak 15, 95, 96
Orhun Vadisi 14, 43, 65
Orhun Yazıtları 43, 65, 66, 99
Orsanmichele Kilisesi 248
Orta Çağ Doğu Devleti 88
Orta Çağ Yunancası (Koine) 66, 157
Ortodoks Kilisesi 38, 54
Osman Gazi 185, 187, 225, 226, 237, 238, 239, 240, 241, 242, 249
Osmanlı Bankası 249
Osmanlı Beyliği 208, 209, 211, 225, 231, 235, 236, 241
Osmanlıca 72, 73, 74, 75, 76
Osmanlı İmparatorluğu 4, 20, 22, 24, 117, 134, 147, 170, 198, 216, 226, 231, 232, 249

Osmanlılık 25
Osman Turan 142
Otuz Yıl Savaşları 175
Ömer Hayyam 99, 131
Ömer Lütfi Barkan 134, 231, 243
Özbekistan 37, 182, 221

P
Paflagonya (Kastamonu) 40, 84, 214
Pakistan 115, 134
Palekanon Savaşı
Pargalı İbrahim Paşa 114
Part Hükümranlığı 91
Partlar 87
Patrik Nestorius 90
Paul Wittek 73, 134, 213
Paulisyenler 130
Peçenekler 16, 65, 173
Pehlevî 32, 48, 63, 64, 144
Persepolis 85, 142
Persler 83, 84, 85
Persoloji 71
Peşaver 110
Peştunistan 111
Petro (Büyük) 140, 146
Pîr Guşnasp 91
Podolya Seferi 227
Polonya 51, 95, 139, 200
Pomeranyalı 16
Pompei 185
Pontikuslar 210
Pontus Rumluğu 217
Prens Eugene 227
Prokopius 190

R
Radlov, Vasily 32, 48, 65
Radovan Samarcic 232
Rena Molho 26
Ren Nehri 241
Reş Galuta 91
Reşit Rahmeti Arat 100
Rey 98, 108, 140, 155
Roma-Germen İmparatorluğu 155
Roma İmparatorluğu 8, 19, 54, 86, 103, 108, 156, 157, 158, 161, 163, 184, 189, 198, 231
Roma İmparatoru Justinianus 85
Roma Katolik Kilisesi 128
Romanlar (Çingeneler) 58, 160
Romanos Diogenes 16, 189, 190
Romanya 173, 201, 210
Rumeli 9, 19, 25, 26, 215, 229, 230, 244, 246
Rûm-Roma Sultanlığı 19
Rûm Selçukluları 117, 237
Rus Kilisesi 39
Rusya 4, 20, 21, 38, 81, 95, 96, 124, 130, 140, 146, 153, 159, 170, 171, 174, 192, 197, 198, 199, 200, 201, 216, 217, 227, 245, 252

S-Ş
Saint Stephan 49
Samanîler 37, 97, 98
Samanoğulları 37, 40, 41, 107
Sanayi Devrimi 231
Saruhanoğulları 180, 214
Sâsânîler 41, 54, 55, 63, 79, 80, 81, 83, 85, 86, 87, 88, 89, 90, 91, 92, 125, 143, 144, 153, 163
Satuk Buğra Han 49, 97
Satukoğulları 127
Schottenstiftung İskoç Vakfı 20
Sebük Tegin 71, 108
Selahaddin Eyyubi 140
Selanik 26, 215, 237, 244
Selçukiler 35, 40, 98, 108, 116, 122, 123, 124, 125, 127, 129, 130, 133, 157, 171, 174, 175, 184

Selçuklu Devleti 57, 69, 79, 123, 127, 128, 129, 139, 175, 176, 186, 215
Semerkant 34, 98, 99, 107, 112, 153
Sergey Eyzenşteyn 199
Sicilya 36, 96, 100, 185, 190
Sicilya Norman Krallığı 96
Sina Manastırı 201
Sincan (Sinkiang) 49, 98, 99, 110, 221
Sinoloji 14, 48, 71
Sivas 124, 126, 127, 129, 175
Soğdlar 15, 34, 65, 66
Sohum Kalesi 226
Sovyetler 95, 112
Speros Vryonis 124
SSCB 135
St. George Şövalyeleri 200
St. Irene 89
St. István 49, 52
Stefan Duşan 207
Stefan Nemanja 207
Stralsund Antlaşması 199
Sudak Limanı 183
Sudaklar 183
Sultan Alparslan 16, 129, 141, 182, 189, 251
Sultan Melikşah 128, 186
Sultan Mesud 50, 114, 158
Sultan Sancar 135, 182
Sultanhisarı 208
Suriye 16, 34, 37, 54, 55, 64, 79, 83, 89, 98, 109, 123, 126, 129, 135, 141, 145, 161, 163, 181, 186, 187, 189, 203, 215, 216, 217, 251
Suriye Selçukluları 181
Süleyman Demirel 43, 136
Süleyman Paşa 244, 245
Süleyman Şah Türbesi 187
Sümerler 48, 71
Sümeroloji 71
Süryanî Kilisesi 163, 164,
Süryaniler 64, 126, 130
Sekelistan (Székely Land) 65
Şah İsmail-i Safevî 98, 216,
Şam 73, 126, 141, 155, 164, 181, 213
Şamanizm 39, 103, 121
Şarlman İmparatorluğu 109
Şehristânî 113
Şeyh Kazvinî
Şiraz 83, 85, 142
Şirazlı Sadî 86

T

Tacikistan 37
Tacitus 32
Tahirîler 37, 40, 41, 107
Talas Irmağı 34
Tanzimat Dönemi 216
Tavâif-i Mülûk 36, 37, 41, 213
TBMM 19
Tekeoğulları 40
Theodora 236, 243
Thomas Carlyle 179
Tırnova Çarlığı 174, 210
Todor Jivkov 23
Toharlar 15
Toharya (Döger) Türkleri 97
Toktamış Han 201
Tolunlar 37
Tophane 57
Topkapı 4, 42, 48, 85, 203, 217, 226, 227, 228
Topkapı Sarayı 4, 42, 85, 203, 226, 227, 228
Toroslar 31, 188
Toscana 37, 42, 208
Trabzon Rûm İmparatorluğu 216
Trakya 23, 210, 211, 215, 218, 237, 246
Transilvanya 210
Tribonianus 143

Tuğrul Bey 50, 115, 122, 127
Tuna 16, 24, 160, 174, 218
Tunus 111, 170
Tus 50, 114
Türgişler 32, 98, 212
Türk Dil Kurumu 68
Türk-Hıristiyan Kilisesi 158
Türkistan 35, 49, 72, 90, 97, 221
Türkiyelilik 21, 22
Türkmenistan 68, 99, 135, 136, 145, 182, 188
Türk Tarih Kurumu 40, 214

U-Ü

Ukrayna 32, 95
UNESCO 113
Urartular 82
Urfa (Edessa) 92, 140, 163, 186
Urfalı Nâbî 68
Uşak 145
Uygurlar 66
Uygurlar Konfederasyonu 72
Uzun Hasan 188, 228, 231
Ürdün 141, 216
Üsküdar 224, 239

V-W

Van 82, 126
Vatikan 39, 223
Venedik 37, 42, 132, 139, 155, 171, 174, 175, 191, 199, 200, 204, 208, 210, 215, 223, 224, 230, 237
Vikingler 107, 173
Viyana 4, 20, 25, 38, 191, 227, 228
Viyana Muhasarası 38, 227
Vizigotlar 243
Volga 14, 35, 36, 40, 49, 107, 174, 223
Wilhelm Thomsen 48, 65

Y

Yahudiler 26, 91, 92, 126, 155, 163
Yakındoğu 14, 63
Yakın Orta Çağ 17
Yanya 218
Yarhisar 225
Yavuz Sultan Selim 111, 188, 203, 211, 216, 228, 247
Yemen 25
Yesrib 89
Yezd 83, 98, 108
Yezidîler 54
Yılmaz Öztuna 151, 243
Yunanistan 20, 23, 26, 65, 79, 83, 152, 158, 185, 201, 202, 207, 215, 217, 218
Yusuf Has Hacip 100

Z

Zeki Velidi Togan 32, 40, 41
Zenta Savaşı 227
Zerdûştilik 50, 90, 91, 92, 98, 132

Büyük Selçuklular

CİHAN PİYADEOĞLU

Selçuklu tarihi konusunda ülkemizin en önemli isimlerinden biri olan Prof. Dr. Cihan Piyadeoğlu bu çalışmada, Büyük Selçukluların, kurucularının dedesi olan Selçuk ile başlayan ve Sencer'in ölümüyle sonlanan tarihini yeniden ele alıyor. Her yaştan, her kesimin rahatça okuyup anlayabileceği, ihtiyaç hâlinde ders kitabı olarak da tercih edilebilecek bir üslupla hazırlanan eser, Selçukluların kökeninden başlıyor.

Gazneliler

Ravzatu's-Safâ, Mülûk-i Gazneviye

ERKAN GÖKSU

963-1187 yılları arasında Afganistan'dan Kuzey Hindistan'a, Horasan'a ve Maveraünnehir'e kadar hüküm süren Gazneliler, siyasi ve kültürel faaliyetleri yanında hem İslam'ın yayılmasına hem de oluşturdukları kültürel ve medenî müesseselerle Türk İslam kültür ve medeniyetinin gelişmesine büyük katkıda bulunmuşlardır.

İlk Türkler

AHMET TAŞAĞIL

Ahmet Taşağıl, Orta Asya bozkırının derinliklerinden tarih sahnesine çıkan ilk ana boy grubundan başlayarak Oğuzlara kadar uzanan, Türk gövdesini meydana getiren boyları incelediği bu önemli çalışmasında; Türgiş, Oğuz, Kıpçak ve Karluk gibi büyük boyları ve her birinin ortaya çıkışını, tarihlerini ve siyasi-sosyal durumlarını değerlendiriyor. Bunun yanı sıra kitapta Sibirya'nın geniş alanlarında yaşamış ve sayısal olarak az olan boyları da ele alarak, Doğu ve Batı Oğuzlarının ortaya çıkışlarını anlatıyor, 10. yüzyıldan itibaren Macaristan ile Altay Dağları arasında dağılmış olarak yaşayan Kıpçaklara da özel bir yer ayırıyor.

İslam'ın Siyasal Söylemi

BERNARD LEWIS

ÇEVİRİ: ÜNSAL OSKAY

İslam'ın Siyasal Söylemi İslam siyaset dilinin tarih içerisindeki serencamını kısa ve öz biçimde sunuyor. Bernard Lewis bu kitabında sadece iyi bir tarihçi olduğunu değil, aynı zamanda ele aldığı konuyu ayrıntılara boğmadan aktarabilen mahir bir yazar olduğunu da gösteriyor.

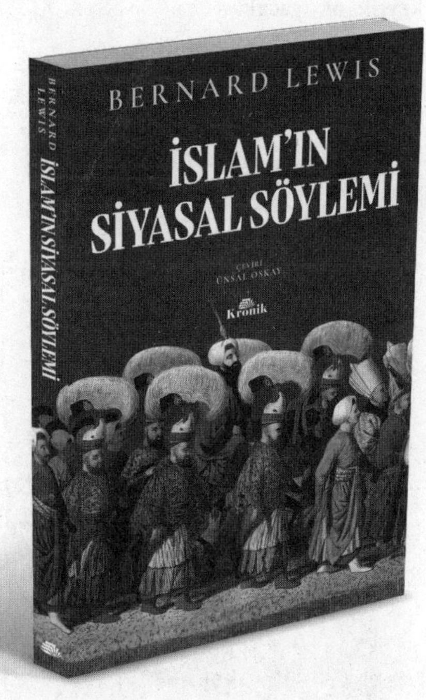

Timurlenk

BEATRİCE FORBES MANZ

ÇEVİRİ: ZUHAL BİLGİN

Manz, Timur'u bir göçebe hanedanın kurucusu ve çok yetenekli bir insan olarak ele alırken devlet kurma mekanizmaları, kabile politikalarının dinamikleri ve kişisel yönetimin doğası gibi daha geniş konuları da tartışmaya açıyor. Timur büyük imparatorluklar için ilham kaynağı olmuş; destansı ismi tarihteki unutulmaz yerini almıştır.

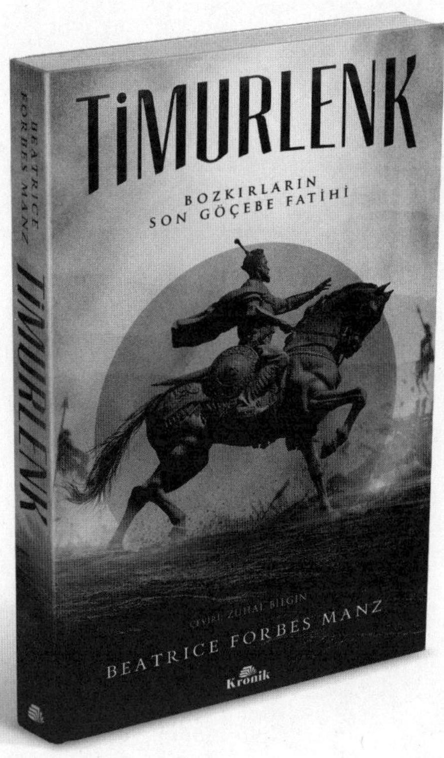